DAVID TAYLOR

MEIN GROSSES HUNDE BUCH

Photos
Dave King · Jane Burton

BECHTERMÜNZ VERLAG

Titel der englischen Originalausgabe:
THE ULTIMATE DOG BOOK
Ins Deutsche übertragen von Karin Balzer
Fachliche Bearbeitung und Beratung: Dr. Hubert Winzinger

Genehmigte Lizenzausgabe für
Bechtermünz Verlag im
Weltbild Verlag GmbH, Augsburg 1996
Illustration Copyright © 1990 by Dorling Kindersley Limited, London
Text Copyright © 1990 by David Taylor
Copyright © 1991 der deutschen Ausgabe by Wilhelm Heyne Verlag
GmbH & Co. KG, München
Einbandgestaltung: Peter Engel, München
Gesamtherstellung: Mohndruck Grafische Betriebe, Gütersloh
Printed in Germany
ISBN 3-86047-400-6

Inhalt

Der unentbehrliche Hund

8   Ursprünge und Domestikation
10   Gestalt und Anatomie
14   Intelligenz und Verhalten

Hunderassen

18   Laufhunde (Hounds)
66   Jagdhunde
70   Terrier
102   Gebrauchshunde
124   Arbeitshunde
172   Zwerghunde (Toy Dogs)

Die Haltung eines Hundes

202   Ihr neuer Hund
206   Ernährung
208   Die Fellpflege
211   Reisen mit dem Hund
212   Erziehung
214   Hundeausstellungen
216   Gesundheitspflege

Fortpflanzung

226   Geschlechtstrieb und Vererbung
228   Trächtigkeit und Geburt
230   Die Hündin als Mutter
232   Die Entwicklung der Welpen
234   Aufzucht und Pflege
236   Adressen/Danksagungen
237   Abgebildete Hunde
239   Register

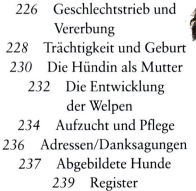

Der unentbehrliche Hund

Das beliebteste Haustier der Welt ist der Hund. *Canis familiaris* nimmt in der menschlichen Gesellschaft eine einzigartige Stellung ein. Schließlich sind Mensch und Hund zwei dem Fleischverzehr nicht abgeneigte »Säugetiere«, die seit langem Behausung und Nahrung miteinander geteilt und der Witterung wie dem Schicksal gemeinsam die Stirn geboten haben. Seit hunderttausend Jahren haben sie sich gegenseitig geholfen, sich gestritten und wieder versöhnt, gemeinsam gearbeitet und gespielt und es trotz aller Schwierigkeiten miteinander ausgehalten. Nicht einmal das Pferd war so eng mit der jüngeren menschlichen Entwicklung verbunden.

Der Mensch hat den Hund auf vielfältige Weise eingesetzt — als Wächter, Führer, Jäger, als Kriegsmaschine, Zugtier und Fußwärmer, aber auch als Fell- und Fleischlieferant. Heute leben allein in Deutschland etwa 4,5 Millionen Hunde und mindestens fünfzig Millionen in den USA. Etwa 400 Rassen sind uns bekannt. Trotz erheblicher Unterschiede in Größe und Erscheinung ist die Grundstruktur bei allen Hunden die gleiche, sie unterscheidet sich nur unwesentlich von den Urformen der Vorfahren. Hunde sind unverwüstlich und anpassungsfähig, und im Laufe der Evolution waren deshalb offenbar keine gravierenden Veränderungen notwendig.

Die große Zahl verschiedener Rassen bedeutet jedoch auch, daß es für jeden Geschmack, jede körperliche Konstitution, jede Wohnung und jeden Geldbeutel die richtige Rasse gibt. Und was Sie auch wählen, ein Riesentier oder eine Miniaturzüchtung, mit Stammbaum oder ohne, Kraftprotz oder Schoßhündchen, durch seine Loyalität und Liebe dankt Ihnen Ihr Hund hundertfach die Zuneigung und das Verständnis, das Sie ihm entgegenbringen. Vielleicht wird er sogar Ihr bester Freund.

Ursprünge und Domestikation

Vor etwa sechzig Millionen Jahren durchstreifte ein kleines, dem Wiesel oder Iltis ähnliches Säugetier die prähistorischen Wälder. Wir bezeichnen es heute als *Miacis*, und es war der Vorfahr der *Canidae*, zu denen wir die Familie der Hunde, Schakale, Wölfe und Füchse rechnen.

Anders als der heutige Hund, der auf den Zehen geht, trat Miacis mit dem ganzen Fuß auf. Das Tier hatte ein Fleischfressergebiß und ein ziemlich kleines Gehirn, war jedoch schon intelligenter als seine Zeitgenossen, die Creodontier, eine weitere Familie urzeitlicher Fleischfresser. Diese Urraubtiere waren weiter verbreitet als Miacis, starben jedoch allmählich aus, die letzten Exemplare vermutlich vor etwa zwanzig Millionen Jahren.

Canine Vorfahren

Vor etwa 35 Millionen Jahren waren aus Miacis die ersten frühen Hundearten entstanden. Wir kennen mehr als vierzig Rassen, manche wirken wie Bären, andere wie Hyänen, wieder andere wie Katzen. Doch gab es auch einige, die hundeähnlich aussahen: *Cynodictis* zum Beispiel glich einem frühzeitlichen Cardigan Welsh Corgi. Diese hundeähnlichen Caniden überstanden als einzige die Auslese der Evolution und gelten als unmittelbare Vorfahren unserer Haushunde.

Hunde, wie wir sie heute kennen, tauchten vor etwa 12 000 bis 14 000 Jahren zuerst in Europa und Asien auf. Von welcher Art stammen unsere Lieblinge aber wirklich ab? Ursprünglich glaubte man, ihr direkter Vorfahre sei eine Form des Schakals oder eine Schakal-Wolf-Kreuzung gewesen. Heute gehen die Wissenschaftler jedoch davon aus, daß nur die südliche Form des Grauwolfs (*Canis lupus pallipes*), wie er heute noch in Indien vorkommt, als Stammvater in Frage kommen kann. In der fraglichen Zeit war der Grauwolf (der trotz seines Namens sehr unterschiedliche Färbungen des Fells aufweist) in ganz Europa, Asien und Nordamerika verbreitet.

Als andere mögliche Vorfahren des Hundes kommen noch der wollige Wolf Nordindiens und Tibets und der Wüstenwolf des Nahen Ostens in Frage. Fest steht jedoch, daß alle Haushunde von einem dieser Urväter abstammen (möglicherweise auch von mehreren, die sich parallel entwickelt haben) und daß sie genetisch mit keiner anderen Art verwandt sind.

Sehr alte Hunderassen

Saluki und Greyhound haben gemeinsame Vorfahren und sind schon vor mehr als 4000 Jahren im Gebiet des heutigen Syrien gezüchtet worden.

Der Mexikanische Nackthund, den man in Lateinamerika findet, weist viele Gemeinsamkeiten mit dem Chinesischen Schopfhund des asiatischen Festlands auf; möglicherweise sind beide Arten verwandt.

Der Afrikanische Wildhund zählt zu den bedrohten Arten, sein Erfolg als Raubtier führte zu seiner fast vollständigen Ausrottung durch den Menschen.

Die frühesten Hundearten

Fünf deutlich unterscheidbare Hundearten wurden in fossilen Überresten aus der frühen Bronzezeit (um 4500 v. Chr.) gefunden:

- Mastiffs
- wolfähnliche Hunde
- Greyhounds
- Vorstehhunde (Pointer)
- Schäferhunde

Aus diesen Grundarten entstanden durch Züchtung, aber auch durch natürliche genetische Mutation mehrere hundert Rassen, so wie wir sie heute kennen.

Canis familiaris inostranzevi
Hunde vom Typ Mastiff aus Tibet wurden schon in der Steinzeit domestiziert und später von Babyloniern, Assyrern, Persern und Griechen als Kriegshunde in die Schlacht geführt.

URSPRÜNGE UND DOMESTIKATION

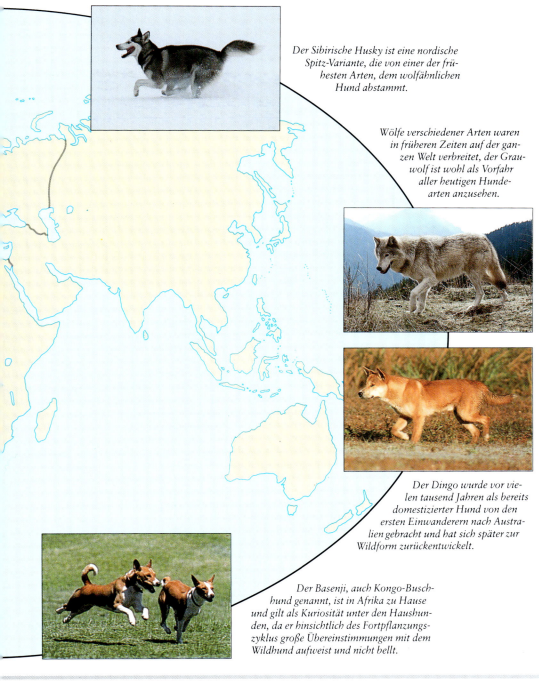

Der Sibirische Husky ist eine nordische Spitz-Variante, die von einer der frühesten Arten, dem wolfähnlichen Hund abstammt.

Wölfe verschiedener Arten waren in früheren Zeiten auf der ganzen Welt verbreitet, der Grauwolf ist wohl als Vorfahr aller heutigen Hundearten anzusehen.

Der Dingo wurde vor vielen tausend Jahren als bereits domestizierter Hund von den ersten Einwanderern nach Australien gebracht und hat sich später zur Wildform zurückentwickelt.

Der Basenji, auch Kongo-Buschhund genannt, ist in Afrika zu Hause und gilt als Kuriosität unter den Haushunden, da er hinsichtlich des Fortpflanzungszyklus große Übereinstimmungen mit dem Wildhund aufweist und nicht bellt.

Die Ausbreitung der Hunde

Aufgrund seiner Intelligenz, seiner Vielseitigkeit und sozialen Kooperationsbereitschaft innerhalb des Rudels verbreitete sich der Wildhund rasch über alle Kontinente. Der Dingo jedoch, der häufig als Urtyp des *Canis* betrachtet wird, aus welchem sich der heutige Hund entwickelt haben soll, war bereits domestiziert, als er vor einigen tausend Jahren mit den ersten Einwanderern nach Australien kam. Es ist anzunehmen, daß Wildhunde in verschiedenen Gebieten auf unterschiedliche Weise mit dem Menschen vertraut geworden sind, manche sicher, weil sie in der Nähe menschlicher Behausungen regelmäßig nach Nahrung suchten, andere wohl eher auf eine weniger angenehme Art und Weise. Denn der frühe Mensch jagte Hunde, um sie zu essen. Und so wird wohl irgendwer irgendwann einmal einen Wurf Welpen mit nach Hause gebracht haben, um die jungen Hunde zu mästen. Aus Knochenfunden und Ablagerungen auf allen Erdteilen, die 6500 Jahre zurückdatiert werden können, wissen wir, daß es zu dieser Zeit fünf verschiedene Hundearten gab: Mastiffs, Wolfähnliche, Greyhounds, den Pointer-Typ und Hütehunde. Seither sind durch künstliche oder natürliche Auslese Tausende von Rassen entstanden, von denen viele im Laufe der Zeit wieder verschwanden. Nur noch etwa 400 sind bis heute erhalten geblieben.

Als die Europäer im fünfzehnten und sechzehnten Jahrhundert Nord- und Südamerika entdeckten, fanden sie dort mindestens zwanzig verschiedene Rassen. Der mexikanische Nackthund, der Eskimohund und der peruanische bzw. chilenische Windhund zählen zu den wenigen einheimischen Rassen, die dort heute noch gehalten werden. Zu diesen frühen Rassen rechnet man auch den in Afrika heimischen Basenji, den ebenso ehrwürdigen Saluki des Nahen Ostens und den Afghanen.

Canis familiaris palustris
Ein wolfähnlicher Hund, den spitzähnlichen vergleichbar, etwa dem Elchhund (oben), dem Sibirischen Husky, dem Keeshond und den Eskimohunden.

Canis familiaris leineri
Der Greyhound zählt zu den ältesten Arten und ist bereits auf 8000 Jahre alten Zeichnungen auf mesopotamischer Töpferware zu sehen.

Canis familiaris intermedius
Hunde von der Art des Pointers oder Vorstehhunds wurden für die Jagd auf Niederwild wahrscheinlich aus dem Greyhound gezüchtet.

Canis familiaris metris optimae
Schafhütehunde wurden jahrtausendelang zum Schutz der Herde vor Raubtieren eingesetzt und stammen vermutlich aus Europa.

Gestalt und Anatomie

Der Hund ist vorwiegend ein Tier der Hetzjagd: ausdauernd, geduldig, intelligent und leichtfüßig. Und noch wichtiger: Er ist ein geselliges Tier, dem die gebieterisch-reservierte Rühr-mich-nicht-an-Haltung der Katzen ganz fremd ist. Das zeigt besonders deutlich das Verhalten von Wildhundmeuten, die nicht nur gemeinsam der Beute auflauern, sondern auch darauf achten, daß ungebundene erwachsene Tiere ihren Beitrag zum Gemeinschaftsleben leisten, indem sie als Kindermädchen fungieren, wenn die Eltern auf Jagd gehen.

Die Familie des Hundes, zu der auch Fuchs, Schakal und Wolf zählen, ist biologisch betrachtet nicht hochspezialisiert. Es sind im Gegenteil die große Anpassungsfähigkeit und die Mehrzweckanatomie, denen diese Arten ihre Überlebensfähigkeit verdanken. Dennoch ist es wichtig, einige der Faktoren kennenzulernen, die den Hund im Kampf ums Überleben bestehen lassen und für den Dingo ebenso bezeichnend sind wie für den Dackel, den Chihuahua oder den Cocker Spaniel.

Ein springender Hund wirkt außerordentlich elegant und kraftvoll. Der Schub kommt aus den kräftigen Hinterbeinen, der Schwanz sorgt für das Gleichgewicht, solange der Körper in der Luft ist.

Fortbewegung

Es ist allgemein bekannt, daß der Gepard mit einer Geschwindigkeit von bis zu knapp 130 km/h über kurze Distanzen das schnellste der Landsäugetiere ist. Selbst die leichtfüßigsten Mitglieder der Hundefamilie können da nicht mithalten, obwohl Wölfe Geschwindigkeiten von etwa 56 km/h und speziell für Hunderennen gezüchtete Salukis und Greyhounds etwa 70 km/h erreichen können.

In der Tierwelt geht die Jagd jedoch häufig über größere Entfernungen. Hier zahlt sich das Durchhaltevermögen des Hundes aus. Afrikanische Wildhunde lösen einander ab, einige bleiben zeitweilig etwas zurück, während andere die Führung übernehmen. Wenn dann die Anführer ermüden, kommen die Nachzügler nach vorne und halten den unbarmherzigen Schritt der Spitze. Nach einer langen Hetzjagd läßt sich auf diese Art schließlich sogar ein Löwe zur Strecke bringen. Ein überragender Schwimmer ist der Hund allerdings nicht, er rudert mit allen vier Beinen und praktiziert einen Stil, den wir »Hundepaddeln« nennen. Eine Rasse jedoch kann ausgezeichnet schwimmen und sogar tauchen: der wilde Waschbärhund in China, Japan und Sibirien. Er ist ein hervorragender Fischfänger und kann seine Beute mehrere Minuten lang unter Wasser verfolgen.

DIE SINNE

Der Hund hat die gleichen Sinne wie der Mensch, allerdings haben sich wegen der unterschiedlichen Anforderungen, die an unsere jeweiligen Vorfahren gestellt wurden, beim Hund andere Sinnesorgane stärker entwickelt als beim Menschen.

Der Geruchssinn

Hunde haben einen ausgezeichneten Geruchssinn, der von Rasse zu Rasse und auch von Individuum zu Individuum unterschiedlich ausgeprägt ist, doch sind ihre olfaktorischen Fähigkeiten hervorragend und den un-

Links: Hunde sind überwiegend Langstreckenläufer, sie können zwar auch sprinten, doch ihren Erfolg als Jäger verdanken sie ihrem leichten federnden »Galopp« und ihrer enormen Ausdauer.

Rechts: Trotz ihres in der Regel kraftvollen Körperbaus sind Hunde erstaunlich bewegliche Tiere, die ein Mehrfaches ihrer eigenen Körpergröße überspringen können.

GESTALT UND ANATOMIE

seren weit überlegen — fast eine millionmal besser. Nur Aale können noch besser riechen als Hunde, Schmetterlinge haben ein etwa gleich empfindliches Riechorgan, können jedoch Gerüche aus noch größerer Entfernung wahrnehmen. In Frankreich und Italien benutzt man Hunde für die Trüffelsuche, jene Pilze, die bis zu 30 cm tief unter der Erde wachsen, und in Holland und Dänemark helfen Hunde, Lecks in Gasleitungen aufzuspüren. Hunde reagieren weit empfindlicher als die besten Geruchsmeßgeräte und werden auf der ganzen Welt für die Suche nach Sprengstoffen, Drogen und Menschen eingesetzt. Wie stellen sie das nur an?

Gerüche bestehen aus Molekülen bestimmter chemischer Substanzen, die in der Luft schweben. Landen diese Moleküle auf der Geruchsmembran im Innern der Nase, leiten Nervenimpulse die »Geruchsinformation« an einen bestimmten Teil des Gehirns weiter. Dieses Riechzentrum ist beim Hund hoch entwickelt und weit größer als beim Menschen. Der olfaktorische Bereich in der Nase eines erwachsenen Menschen ist etwa drei qcm groß, beim Hund dagegen hat diese Zone eine Oberfläche von durchschnittlich 130 qcm, da sie in Falten angeordnet ist. Um ein solches Riechorgan unterzubringen, mußte der Hund eine lange Nase entwickeln (Ausnahmen von dieser Regel sind lediglich einige erst vor relativ kurzer Zeit »künstlich« gezüchtete Rassen). Außerdem »sitzen« in der olfaktorischen Membran des Hundes viel mehr Geruchszellen als in einer menschlichen Nase. Wir haben etwa fünf Millionen solcher Zellen, ein Dachshund dagegen 125 Millionen, ein Foxterrier 147 Millionen und ein Deutscher Schäferhund etwa 220 Millionen.

Eine nasse Nase unterstützt den Geruchssinn, denn die in der Luft schwebenden Moleküle lassen sich in wässriger Umgebung leichter auflösen, mit der olfaktorischen Membran in Berührung bringen, außerdem können alte Gerüche auf diese Weise leichter beseitigt werden. Auch Pigmente tragen zur Geruchsintensivierung bei, doch wie sie genau funktionieren, ist noch nicht bekannt. Das Pigment befindet sich nicht in den sensorischen Zellen, sondern in unmittelbarer Nähe. Auch die schwarze Pigmentierung der äußeren Nase des Hundes könnte auf noch unerforschte Weise zur Verbesserung des Geruchssinns beitragen.

Für den Spürhund ist es von Vorteil, daß der Schweiß eines jeden Menschen ebenso einzigartig ist wie seine Fingerabdrücke. Ein Hund kann das »Duftbild« eines Menschen erkennen und diesen Geruch von einer Vielzahl anderer Düfte unterscheiden. Deshalb ist er in der Lage, eine Spur einige Meter weit zu verfolgen, dann eine etwaige Veränderung im Gesamt-»Duftbild« festzustellen und so herauszufinden, welchen Weg der betreffende Mensch eingeschlagen hat.

Geschmackssinn

Im Vergleich zum Menschen ist beim Hund der Geschmackssinn relativ schwach entwickelt. Dies ist vermutlich darauf zurückzuführen, daß die Vorfahren des Menschen als vegetarische Primaten aus einem vielfältigen Nahrungsangebot auswählen konnten. Hunde dagegen waren von jeher Fleischfresser, die ihre Beute aus einer gewissen Entfernung ausmachten, stellten und dann fressen mußten, was sie zur Strecke gebracht hatten.

Die kräftige Schultermuskulatur hat beim Aufsprung die Hauptlast abzufangen, die Ballen der Vorderpfoten gewährleisten einen sicheren Stand.

Links: Alle Hunde können von Natur aus schwimmen, manche, wie beispielsweise der Labrador, besonders gut.

Rechts: Heute ist der Anblick eines Hundes, der einen zweirädrigen Karren zieht, eher selten geworden. Spitzähnliche Hunde sind für diese Arbeit besonders geeignet, und in kalten Gegenden ziehen sie wie vor Jahrhunderten noch immer die Schlitten.

DER UNENTBEHRLICHE HUND

Die Augen des Hundes

Gesichtsfeld 200°

Binokulares Blickfeld

Gesichtsfeld 270°

Boston Terrier

Greyhound

Der Hund hat ein breiteres Gesichtsfeld als der Mensch, da seine Augen weiter auseinanderstehen. Das Gesichtsfeld reicht von 200° bei flachschnäuzigen Rassen bis 270° bei Rassen mit langer Nase. Dagegen erreicht das Gesichtsfeld des Menschen nur einen Winkel von 100°. Aufgrund des kleineren binokularen Gesichtsfelds, kann der Hund Gegenstände in unmittelbarer Nähe allerdings nicht so klar erkennen wie der Mensch und Entfernungen weniger gut einschätzen als dieser.

Das Sehvermögen

Das Auge des Hundes ist gut gerüstet für die Jagd auf kleine sich rasch bewegende Tiere. Die meisten Arten vertrauen bei der Jagd jedoch nicht so sehr auf ihren Gesichtssinn und bemerken Tiere, die bewegungslos verharren, oft überhaupt nicht. Fest steht, daß Hunde nicht auf Farben reagieren, sie nehmen die Welt vornehmlich in Schwarzweiß und verschiedenen Grautönen wahr.

Das Gehör

Der Hund verfügt über ein ausgezeichnetes Gehör. Manche Rassen hören zwar besser als andere, doch besitzen die meisten Hunde große äußere Ohren, die von siebzehn Muskeln bewegt werden. Viele Rassen können ihre Geräuschempfänger kippen und drehen und daher genau auf die Geräuschquelle ausrichten. Sie können Töne bis zu 35 000 Schwingungen pro Sekunde wahrnehmen (zum Vergleich: der Mensch 20 000, die Katze: 25 000). Das bedeutet, daß Hunde Geräusche hören können, die weit über das Hörvermögen des Menschen hinausgehen. Außerdem reagieren Hunde so empfindlich, daß sie beispielsweise zwei Metronome, von denen das eine 100 und das andere 96 Takte pro Minute schlägt, unterscheiden können. Auch können die Tiere das Innenohr abschotten, wodurch einzelne Geräusche, auf die sich der Hund besonders konzentrieren möchte, aus der allgemeinen Geräuschkulisse herausgehoben werden. (Im Grunde genommen sind also Hunde die idealen Party-Gäste!)

Die Anatomie des Hundes

Die Größe des Hundes wird vom Boden zum Widerrist gemessen. Die Länge reicht vom Buggelenk zum Sitzbeinhöcker.

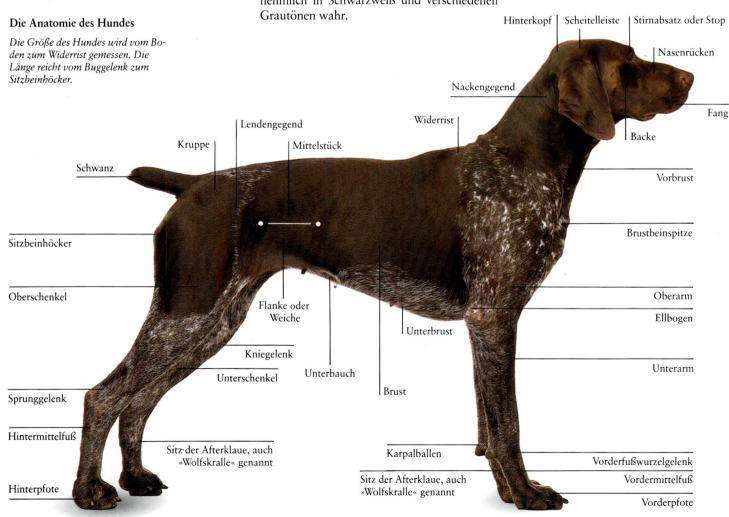

GESTALT UND ANATOMIE

Weitere Fähigkeiten

Ebenso wie Katzen reagieren auch Hunde sehr empfindlich auf Schwingungen. Sie geben schon einige Zeit, manchmal sogar Tage vor einem Erdbeben erste Alarmsignale, also lange bevor der Mensch die geringste Erschütterung wahrnimmt. Das Erstaunliche dabei ist, daß Hunde nur so reagieren, wenn tatsächlich ein Erdbeben bevorsteht. Irgendwie gelingt es ihnen, zwischen den Vorläufern eines echten Bebens und den 150 000 sonstigen harmlosen Schwingungen der Erdkruste zu unterscheiden, die jedes Jahr auftreten und die Tiere überhaupt nicht beunruhigen.

Der Hund verfügt über eine äußerst wirksame Waffe: sein Gebiß. Mit seiner kräftigen Kiefermuskulatur kann er notfalls unbarmherzig zubeißen. Bei einem kaum 20 kg schweren Mischling hat man einmal eine Bißstärke von 165 kp gemessen. Ein erwachsener Mensch erreicht im Durchschnitt nicht mehr als 20—29 kp, und auch der stärkste Mann schafft selbst nach einem Spezialtraining lediglich 73 kp.

Die Ohren des Hundes

Bluthund

Deutscher Schäferhund

Zum Schluß noch die Frage: Wie steht es mit der außersinnlichen Wahrnehmung bei Hunden? Die Ergebnisse wissenschaftlicher Experimente unter strengsten Bedingungen lassen den Schluß zu, daß manche Caniden psychotelepathische Fähigkeiten besitzen, die beim Menschen häufig als »sechster Sinn« bezeichnet werden. So weiß Ihr Hund beispielsweise, daß Sie mit ihm spazierengehen wollen, lange bevor Sie selbst diesen Entschluß gefaßt haben!

Hinsichtlich ihrer Hörfähigkeit unterscheiden sich die diversen Hunderassen ganz beträchtlich: Hunde mit Stehohren wie der Deutsche Schäferhund können ihre »Lauscher« drehen und wenden, wodurch ein besserer Empfang und eine genauere Ortung erzielt wird. Hunde mit langen Hängeohren wie der Bluthund können dies nicht. Der Zweck solcher Ohren ist noch ungeklärt. Vielleicht wurden sie vor allem zur Jagd in dichtem Unterholz eingesetzten Hunden angezüchtet, damit keine Fremdkörper in den Gehörgang gelangen können. Eine andere Begründung lautet, daß durch die am Boden schleifenden Ohren Gerüche aufgefangen und in die Nase gelenkt werden.

Haarfarben

Folgende Spezialausdrücke werden von Hunde-Experten zur Beschreibung der Farbe und Zeichnung des Fells verwendet:

Blaumarmoriert Gesprenkelte Mischung aus schwarzen, blauen und grauen Haaren.

Zweifarbig gescheckt Mit zweifarbigen Platten oder Inseln gezeichnet.

Sattel Meist schwarze Platte auf dem Rücken in der Form und Position eines Sattels, kleinere Form des Mantels.

Weizengelb Die Farbe reifen Weizens, fahlgelb bis rehbraun.

Trikolor Ein dreifarbiges Fell, zum Beispiel schwarz, weiß und lohfarben bis rot.

Gefleckt Schwarz, orangefarben, braun.

Sable Grau, gelb, lohfarben, sandfarben mit schwarzen Haarspitzen.

Gestromt Fell mit feinen schwarzen Streifen auf der helleren Grundfarbe.

Grau Mischung aus graublauen Tönen mit schwarzer Melierung.

Intelligenz und Verhalten

Hunde haben einen höheren Intelligenzquotienten als Katzen, Wellensittiche und Ponys. Sie sind ausgesprochen lernfähig und assoziieren rasch und sicher. Da sie gewöhnlich im Rudel leben, sind sie Meister im Interpretieren kaum wahrnehmbarer Signale, die andere Individuen — ob Menschen oder Hunde — aussenden. Das Zusammenwirken dieser Eigenschaften versetzt den Hund in die Lage, Menschen zu »verstehen« und enge Freundschaftsbande zu knüpfen.

Signale für Nase und Augen

Signale spielen eine wichtige Rolle im Leben des Hundes. Zahlreiche Informationen werden in Hunde-»kreisen« durch Gerüche übermittelt. Solche Signale sind: Markieren des Territoriums durch häufiges Harnabsetzen, das Hinterlassen von Duftmarken aus den Schweißdrüsen der Fußballen durch Aufkratzen des Bodens, das Wälzen in übelriechenden Stoffen wie Exkrementen zur »Aufbesserung« (für Hundenasen!) des eigenen Körpergeruchs.

Optische Signale durch Körpersprache gehören ebenfalls zum Ausdrucksverhalten des Hundes. Ein umfangreiches Repertoire verschiedenster Körperstellungen, Gesichtsausdrücke und Schwanzhaltungen gibt Auskunft über den Zustand des Tieres. Diese Signale können andere Hunde, aber auch der Hundebesitzer verstehen. Das breite Spektrum der lautlichen Mitteilungen reicht vom aggressiven Knurren bis zum erwartungsfrohen »Komm-doch-mit-raus«-Bellen.

Die Bedeutung des Spiels

Welpen tun nichts lieber als spielen, doch ist ihr Spiel mehr als nur Ausdruck ihrer Lebensfreude. Was dieses Spielen bedeutet, läßt sich bereits bei den wildlebenden Verwandten unserer heutigen Lieblinge beobachten. Es stellt nicht nur einen Ersatz für die Jagd dar, zu der ihr Instinkt als Rudeljäger die Welpen drängt, sondern es gibt dem heranwachsenden Tier auch die so wichtige körperliche Ertüchtigung. Der Welpe lernt die Welt kennen, indem er jeden Gegenstand mit Hilfe seiner Sinne untersucht. Gleichzeitig entwickelt er die sozialen Fähigkeiten, die für eine gesellig lebende Art unabdingbar sind. Mehr noch als Katzenkinder — Erben eines selbstbewußten, individualistischen Le-

Das »Maulspiel« der Welpen hat sich wahrscheinlich aus dem Betteln um Nahrung entwickelt.

Die Körpersprache des Hundes

Dieser Welpe wirft sich vor einem erwachsenen Artgenossen zu Boden, wobei er in einer Haltung äußerster Unterwerfung den Bauch zeigt.

Der stehende Hund zeigt aggressive Dominanz: erhobener Schwanz, aufgestelltes Rückenfell, Knurren mit gefletschten Zähnen.

Im Spiel übt dieser Hund die Position äußerster Dominanz, indem er die Vorderpfoten auf den Rücken des Rivalen stellt.

Bei dieser Begegnung wendet der Border Collie den Blick ab, um die Angriffslust des dominierenden Pudels nicht zu steigern.

Duftmarken

Hund 1 hinterläßt seine Duftmarke an einem Grasbüschel …

Hund 2 beschnüffelt sie und setzt seine eigene Marke an das gleiche Grasbüschel …

Hund 3 schnüffelt ebenfalls, bevor er seine Markierung anbringt.

bensstils — brauchen junge Hunde den häufigen Kontakt zu Artgenossen und Menschen, um gesund aufzuwachsen.

Spiel ist zwar vorwiegend Spaß und körperliches Training, doch bei den wilden Vettern mag es auch dazu gedient haben, jeden Mitspieler an seine Stellung innerhalb der sozialen Hackordnung zu erinnern. Die eigene Position zu kennen ist deshalb so wichtig, weil dadurch die Gefahr ernsthafter Rangstreitigkeiten vermindert wird.

Unsoziales Verhalten

Bei einer so intelligenten und vielseitigen Art ist es nur verständlich, daß auch einmal etwas schiefgeht und Hunde manchmal unter Verhaltensstörungen und psychischen

Spielerischer Ringkampf kann rasch in Knurren und Grollen umschlagen, wenn einer der Welpen versucht, den anderen zu dominieren.

Die »Verbeugung« (links) ist eine unmißverständliche Aufforderung zum Spiel.

Schäden leiden. Das kann schon mit dem »Problemwelpen« beginnen, der nicht stubenrein werden will. Extremere Fälle sind die gefährlichen Beißer, Kläffer, die »Beinbesteiger« und Hunde mit ganz spezifischen Phobien.

Wirklich psychotische Hunde, die sich völlig irrational verhalten, sind selten. In den meisten Fällen läßt sich das Verhalten des Hundes durch genauere Betrachtung des natürlichen Wesens des *Canis familiaris* verstehen. Oft reicht schon die Erklärung, daß der Hund von in Gruppen jagenden Wildtieren abstammt oder daß gerade dieser Hund nicht richtig aufgezogen wurde.

Ein kluger Besitzer beobachtet und erkennt den wahren Charakter seines Hundes. Wenn das Tier sozial auffällig wird, können Sie den Tierarzt fragen und schließlich vielleicht sogar einen Tierverhaltensforscher oder »Hundepsychologen« hinzuziehen.

Die unbeschwerte Freude, mit der sich diese Dänische Dogge im Gras wälzt, läßt vermuten, daß sie es nur tut, um sich den Rücken zu kratzen. Hunde dagegen, die sich in Schmutz oder Kot wälzen, machen einen weniger ausgelassenen Eindruck.

Rechts: Duftsignale sind sehr wichtig für den Hund. Es ist daher ein ganz natürliches Verhalten, wenn sie einander bei Begegnungen erst einmal beschnüffeln.

Hunderassen

Weltweit gibt es heute über zweihundert verschiedene domestizierte Hunderassen. Auch wenn allgemein behauptet wird, der Wolf sei der Vorfahre aller Hunderassen, fehlen uns Einzelheiten über den genauen Urstammbaum. Sicher ist jedoch, daß das Zusammenleben des Wolfshundes mit dem Menschen seine Körperform grundlegend verändert hat, zum Teil sicher durch selektive Züchtung, zum Teil aber auch, weil die Nähe zum Menschen die Lebensbedingungen des Wolfshundes veränderte und sich diese Umstellung nach und nach in seiner Anatomie niederschlug.

In der Bronzezeit gab es bereits mindestens fünf deutlich unterschiedliche Wolfshunderassen. Zwei von ihnen sind mit den großen Wölfen der subarktischen Gebiete verwandt, eine zählt zu den Vorfahren der Spitzhunde, eine andere zu den Vorfahren der Doggen und Mastiffs. Die drei anderen Arten, Schäferhunde, Vorstehhunde und Windhunde, führt man auf die kleinen Wölfe Indiens und des Nahen Ostens zurück, und eine frühe Übergangsform sieht man heute im Australischen Dingo und dem Pariahund Asiens. Obwohl wir auf archäologischen Funden, prähistorischen Malereien und Skulpturen Hunde identifizieren können, die den uns bekannten Hunderassen sehr ähnlich sind, existieren die meisten modernen Hunderassen erst seit etwa hundert Jahren.

Ende des 19. Jahrhunderts wurden die Rassen bereits systematisch in Gruppen zusammengefaßt, um ein Grundmuster für die Beurteilung bei Ausstellungen zu schaffen. Die meisten Länder unterscheiden sechs Gruppen. Die Englisch sprechenden Länder benutzen im großen und ganzen eine einheitliche Terminologie, jedoch vereinzelt mit Abweichungen. Der britische »Gebrauchshund« heißt in den USA und Kanada »Non-Sporting«-Hund; der britische und australische »Jagdhund« wiederum wird in den USA und Kanada als »Sporting«-Hund bezeichnet.

HUNDERASSEN

Laufhunde (Hounds)

Die zwei hervorstechenden Merkmale dieser Gruppe sind der athletische Körperbau und der ausgezeichnete Geruchssinn. Manche Rassen dieser Gruppe weisen nur eines, andere beide genannten Merkmale auf. Hounds oder Laufhunde waren die ersten Jagdhunde des Menschen überhaupt. Sie verfügen über die Schnelligkeit, die dem Zweibeiner Homo sapiens bei der Verfolgung der Lieferanten eiweißreicher Nahrung fehlte.

Elchhund

ki und Greyhound zählen, sind schnelle Kurzstreckenläufer, die bei der Jagd nicht bellen und sich hauptsächlich auf ihr ausgeprägtes Sehvermögen verlassen. Sie waren und sind die Sprint-Athleten unter den Hunden: in der Regel hochgewachsen und mit langen Beinen.

Basset

Schweißhunde

Viele Jahrhunderte später wurden in Europa Laufhunde gezüchtet, die das Wild auf der Bodenfährte aufspürten. Typisch für die damaligen Schweißhunde, wie auch für ihre heutigen Pendants, sind die kräftigen, stämmigen Läufe, der langgezogene Kopf, die hängenden Ohren und der ausgeprägte Geruchssinn, der die entsprechende menschliche Fähigkeit um das Tausendfache übersteigt. Heute gibt es sogar spezielle Schweißhunde mit besonders langen Körpern und kurzen Läufen. Im allgemeinen glänzen Schweißhunde bei der Hetzjagd ihrer Beute eher durch ihre außerordentliche Ausdauer als durch rasante Hochgeschwindigkeitsspurts.

Es ist daher nicht verwunderlich, daß Laufhunde mehr als alle anderen Hundearten in den Werken der Schriftsteller und Chronisten vieler Jahrhunderte immer wieder erwähnt werden.

Sichthetzer (Sight Hounds)

Wie wir es in der bemerkenswerten Geschichte des Haushundes immer wieder beobachten können, begann alles im Nahen Osten, wo geschmeidige, hochbeinige Tiere mit langem, beweglichem und muskulösem Körper für die Jagdspiele in der offenen Wüstenlandschaft gezüchtet wurden. Wir können dies anhand von ausgegrabenen Tonscherben beweisen, die den Assyrern und Persern um 6000 v. Chr. zugeordnet werden. Auf ihnen sind Abbildungen von windhundähnlichen Hunden bei der Gazellenjagd zu sehen. Diese »Sight Hounds«, zu deren modernen Nachkommen Rassen wie Afghane, Salu-

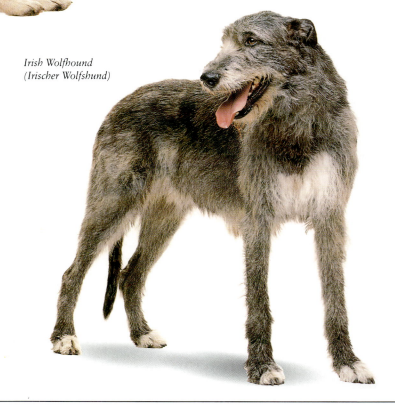

Irish Wolfhound (Irischer Wolfshund)

18

LAUFHUNDE (HOUNDS)

Europäische Rassen

Vor dem Jahr 1066 gab es zumindest eine Hundeart in Frankreich, nämlich den Hubertushund. Es ist anzunehmen, daß Wilhelm der Eroberer einige Exemplare nach England mitbrachte und damit Linien einführte, deren Blut heute noch in den Adern der modernen Rassen fließt. Abkömmlinge des Hubertushunds sind der Bloodhound, der inzwischen ausgestorbene Talbot und der alte English Staghound. Im 10. Jahrhundert erwähnen die Rechtsverordnungen des Prinzen Howel Dda riesige graubraune Laufhunde in Wales, Greyhounds sowie Buckhounds oder Coverthounds. Ein königlicher Buckhound wurde zu einem Pfund gehandelt, ein Greyhound gerade zur Hälfte dieses Preises.

Dachshund

Hound sowie die inzwischen ausgestorbenen Devon Staghounds und Welsh Hounds. Als später die Fuchsjagd populär wurde, züchtete man wahrscheinlich aus zwei alten englischen Laufhundrassen, nämlich dem Bloodhound und dem Greyhound, den Foxhound.

Segugio Italiano

Entwicklung der Rassen

Im Mittelalter sorgte der Landadel für die Züchtung verschiedener Laufhundrassen. Lange bevor die Fuchsjagd Mode wurde, waren Hirsche und Hasen begehrte Objekte des Jagdvergnügens. Für die Hirschjagd verwendete man hochgewachsene Laufhunde, für die Hasenjagd neben dem Beagle auch den, wie der Name schon sagt, Hasenmeutehund, auch Harrier genannt (»hare« bedeutet im Englischen »Hase«). Hinzu kamen andere Laufhunde, wie der schwere, solide Northern Hound und der etwas leichtere, dafür schnellere Southern

Andere eigenständige Rassen

Einige der Schweißhundrassen waren darauf trainiert, ihre Beute zu töten. Andere hingegen, zu denen beispielsweise der Elchhund zählt, hielten ihre Beute lediglich in Schach und alarmierten ihren Hundeführer durch »Laut geben« oder auch Verbellen. Altägyptische Wandmalereien zeugen von der langen Geschichte, auf die auch die kurzbeinigen Laufhunde mit länglichem Körper, wie zum Beispiel der Dachshund, zurückblicken können. Heute wird dieser Typ nur noch selten für die Bau- oder Bodenjagd, für die der Dachshund ursprünglich vorgesehen waren, eingesetzt. Im 15. und 16. Jahrhundert allerdings waren diese »Kläffer« in England, Deutschland und Italien beliebte Hunde bei der Jagd auf Füchse, Kaninchen und natürlich auf Dachse. Heute sind der Dachshund und der Beagle die in den USA meist verbreiteten Laufhundrassen, der Dachshund als liebenswertes Haustier, der Beagle als geschickter Kaninchenjäger.

Bloodhound

Afghanischer Windhund

Diese aparte majestätische Rasse sollte nicht allein nach ihrem eleganten Äußeren beurteilt werden. Der Afghanische Windhund sieht nicht nur atemberaubend gut aus, er ist auch bemerkenswert geschmeidig und ausdauernd, weshalb er auch im felsigsten Gelände gut zurechtkommt.

Geschichte

Diese auch unter dem Namen Kabul-Hund bekannte sehr alte Rasse ist bereits auf viertausend Jahre alten afghanischen Malereien und auf einem griechischen Wandteppich aus dem 6. Jahrhundert v. Chr. abgebildet. Der Afghane, dessen Ursprung wahrscheinlich in den Mittleren Osten führt, ist entlang der nach Afghanistan führenden Handelsstraßen weit verbreitet und wurde zur Jagd auf Antilopen, Gazellen, Wölfe und Schneeleoparden verwendet. 1886 gelangte der erste Afghane nach Großbritannien. In die Vereinigten Staaten wurde diese Rasse jedoch erst 1926 eingeführt.

Charakter

Afghanische Windhunde sind eigenwillig, lebhaft, anhänglich, aber auch empfindsam. Obwohl sie sehr widerstandsfähig sind, gehen sie rasch zugrunde, wenn sie vernachlässigt werden. Früher galt diese Rasse als unzuverlässig, heute jedoch hat sie den Ruf, zwar temperamentvoll und lebhaft, zugleich aber durchaus leicht erziehbar zu sein.

Der Afghane liebt besonders die Annehmlichkeiten des modernen Haushalts.

KÖRPER
Langgestreckt, mittellanger Rumpf, gerader, muskulöser Rücken, tiefe Brust

HAARKLEID
Sehr lang und seidig, an Rücken und Vorderkopf kurz und dicht. Alle Farben sind zulässig.

GRÖSSE
Ideale Höhe: Rüden 68—74 cm; Hündinnen 63—69 cm

LAUFHUNDE (HOUNDS)

Diese elegante und athletische Rasse verlangt viel Pflege und Auslauf, soll die beste physische und psychische Verfassung des Hundes erhalten bleiben.

Afghanischer Windhund
Der Afghane entwickelte sein langes Haar zum Schutz gegen die bittere Kälte der Hochgebirge Afghanistans und des Mittleren Ostens.

RUTE
Nicht zu kurz, tiefangesetzt, in Bewegung hoch erhoben. Die Rute ist schwach befedert und formt am Ende einen Ringel.

Unnahbar, exotischer Ausdruck

AUGEN
Goldfarben oder vorzugsweise dunkel, orientalisch schräggestellt.

KOPF
Lang, jedoch nicht zu schmal. Nase schwarz oder bei hellerfarbigen Hunden leberfarben.

LÄUFE
Lang und kräftig, Hinterläufe stark gewinkelt, Vorderläufe gerade.

Kiefer sollten kräftig sein.

OHREN
Lang, mit seidigem Haar bedeckt, tiefangesetzt und dicht am Kopf anliegend

PFOTEN
Groß und kräftig, mit dichtem Haar bedeckt, Zehen gewölbt.

GESICHTSMERKMALE
Afghanischer Windhund

HUNDERASSEN

Basenji

Der Basenji ist wirklich ein bemerkenswerter Hund — er trabt wie ein Pferd, hält sich durch unermüdliches Lecken sauber und »jodelt« mehr, als daß er bellt. Sein Name leitet sich von dem Wort »Basenji« aus der Bantusprache ab und bedeutet »Eingeborener« (des Busches). Man kennt ihn auch unter dem Namen Kongo-Buschhund. In Afrika wird er als Spür- und Wachhund eingesetzt.

Geschichte
Sein Stammbaum reicht wahrscheinlich bis in die Zeit der alten Ägypter zurück. Auf zahlreichen Reliefs, die man in den Gräbern der Pharaonen gefunden hat, sind Abbildungen von sehr ähnlichen Hunden zu sehen. Der Basenji wurde von westlichen Reisenden vor etwas über hundert Jahren in Zentralafrika entdeckt, wo er als Meutehund bei der Jagd eingesetzt wurde. Anfang dieses Jahrhunderts kamen die ersten Basenjis nach England, wo sie jedoch zunächst der Staupe zum Opfer fielen, einer Krankheit, gegen die sie keine natürlichen Abwehrkräfte hatten. Erst seit 1937 konnten sie in England und seit 1941 in den USA erfolgreich gezüchtet werden.

Charakter
Basenjis haben ein fröhliches, munteres und schelmisches Wesen. Auch wenn sie Fremden gegenüber manchmal zurückhaltend sind, gelten sie im allgemeinen als menschfreundliche Hunde. Werden sie mit anderen Hunden gemeinsam gehalten, so wird es in der Regel zunächst einiges Gerangel um die Führungsposition geben. Stellen Sie sich also, bis die Hackordnung endgültig festgestellt ist, auf jede Menge Balgerei und Zänkerei ein!

GRÖSSE
Ideale Höhe:
Rüden 43 cm;
Hündinnen 40 cm

KOPF
Von den Augen ausgehend, sich gleichmäßig verjüngend, mittlere Länge. Der Nasenspiegel sollte schwarz sein.

Basenji
Obwohl der Basenji ein lebhafter und neugieriger Hund ist, faulenzt er gerne im Haus herum.

HAARKLEID
Elastische Haut mit kurzem, feinen Haar. Schwarz, hellbraun, weiß, schwarz-weiß, rot-weiß-schwarz, hellbraun und weiß. Pfoten, Brust und Rutenspitze sind vorzugsweise weiß.

LÄUFE
Kräftig, muskulös und wohlproportioniert

PFOTEN
Klein und schmal, mit gewölbten Zehen

LAUFHUNDE (HOUNDS)

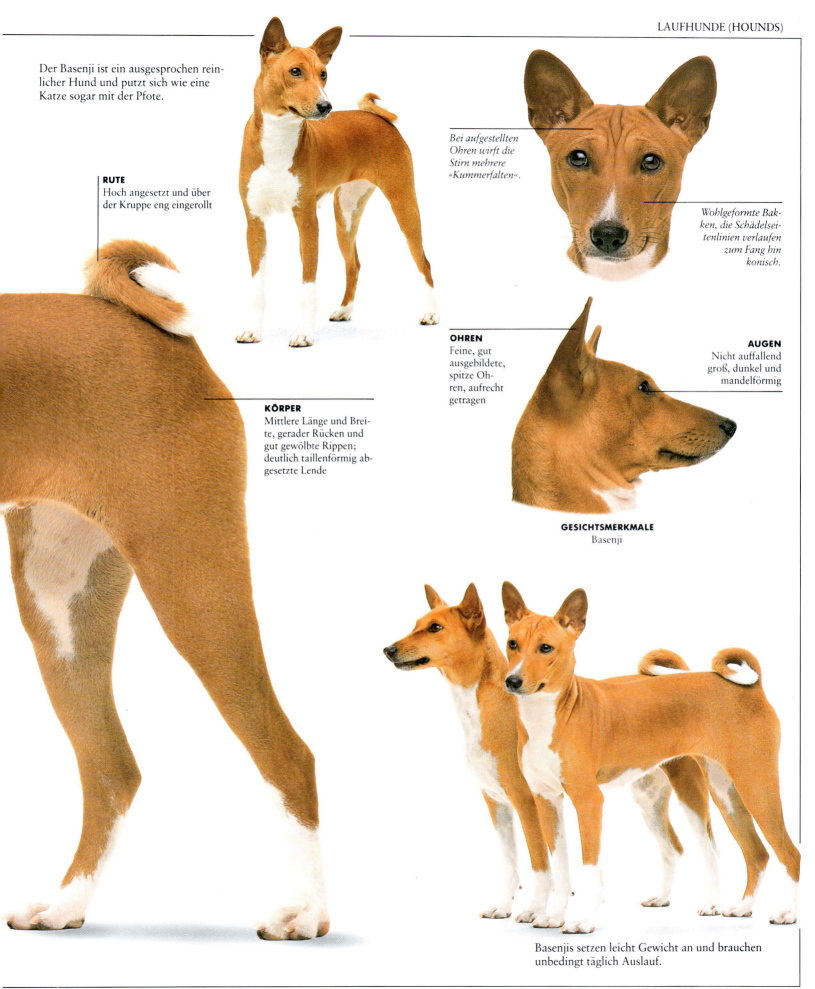

Der Basenji ist ein ausgesprochen reinlicher Hund und putzt sich wie eine Katze sogar mit der Pfote.

RUTE
Hoch angesetzt und über der Kruppe eng eingerollt

Bei aufgestellten Ohren wirft die Stirn mehrere »Kummerfalten«.

Wohlgeformte Bakken, die Schädelseitenlinien verlaufen zum Fang hin konisch.

KÖRPER
Mittlere Länge und Breite, gerader Rücken und gut gewölbte Rippen; deutlich taillenförmig abgesetzte Lende

OHREN
Feine, gut ausgebildete, spitze Ohren, aufrecht getragen

AUGEN
Nicht auffallend groß, dunkel und mandelförmig

GESICHTSMERKMALE
Basenji

Basenjis setzen leicht Gewicht an und brauchen unbedingt täglich Auslauf.

23

HUNDERASSEN

Basset

Trotz seiner Friedfertigkeit und seines Hanges zur Gemütlichkeit ist der Basset ein sehr guter Jagdhund. Er ist überraschend beweglich und eifrig und kann die Fährte von Hasen, Kaninchen und Fasanen noch im dicksten Unterholz aufspüren.

Geschichte
Diese Rasse stammt ursprünglich aus dem Frankreich des späten 16. Jahrhunderts. Der Name »Basset« leitet sich von dem französischen Wort *bas* ab und bedeutet »niedrig«. Die charakteristische Kopfform des Bassets und der ausgeprägte Geruchssinn lassen darauf schließen, daß die Rasse aus einer Zwergform des Bloodhound hervorgegangen ist. Erst in der zweiten Hälfte des 19. Jahrhunderts wurde der Basset in Großbritannien eingeführt, wo er 1875 auf der Wolverhampton Dog Show sein Debüt feierte. Der Basset Hound Club wurde 1883 gegründet. Königin Alexandra, die Gattin Edwards VII., war eine begeisterte Anhängerin der Rasse und stellte ihre Tiere regelmäßig auf Hundeschauen aus. Einer ihrer Hunde gewann 1909 die Cruft's Dog Show.

Charakter
Wenn der Basset auch ziemlich schwermütig aussehen mag, ist er doch ein lebhafter, geselliger und gutmütiger Hund. Er braucht viel Auslauf und liebt ausgedehnte Spaziergänge auf dem Land, wo er Hecken und Dickicht nach Herzenslust inspizieren kann. Hält man ihn als geruhsamen Haushund, so leidet er schon bald an Übergewicht und neigt später zu Arthritis.

GRÖSSE
Ideale Höhe:
33—38 cm

KÖRPER
Breit, lang und tonnenförmig

LÄUFE
Starkknochig, kurz und stämmig mit elastischer, faltiger Haut

PFOTEN
Gut gepolstert, breit, schwer, mit gut ausgebildeten Knöcheln

LAUFHUNDE (HOUNDS)

Schwere, faltige Augenbrauen

AUGEN
Dunkel- bis mittelbraun. Die Bindehaut des Unterlids ist sichtbar.

Der Nasenspiegel sollte schwarz sein und bei hellen Hunden braun.

OHREN
Lang und samtig; Ansatz unter der Augenlinie

Lange Lefze, die weit über die Unterlippe hängt.

GESICHTSMERKMALE
Basset

Basset
Der Basset hat ein tiefes, glockenähnliches Bellen. Der Klang der bellenden Basset-Meute ist ein beeindruckendes, unvergeßliches Erlebnis.

KOPF
Gewölbt, deutlich spitz und zum Fang hin sich verjüngend

Trotz seines wirklich ungewöhnlichen Aussehens ist der Basset ein eifriger Jäger. Er zeigt im Feld Eigenständigkeit und große Ausdauer.

HAARKLEID
Weich, kurz und dicht, aber nicht zu fein; schwarz, hellbraun und weiß oder zitronengelb und weiß oder jede andere für Laufhunderassen zugelassene Farbe

RUTE
Lang und spitz zulaufend; in der Bewegung aufrecht, leicht nach oben gebogen

Beagle

Das Wort Beagle leitet sich vermutlich von französisch *begueule* her und bedeutet »weit aufgerissenes Maul«. Die Rasse verdankt diesen Namen wohl dem Umstand, daß die Tiere in der Meute stets munter kläffen. Ob auf der Jagd oder vor dem Kamin, der Beagle ist überall zufrieden und deshalb ein lebhafter und treuer Begleiter.

Geschichte

Diese kleinste Rasse unter den Laufhunden geht wahrscheinlich zurück bis zu den alten Griechen. Die französischen Normannen gingen mit Beagles auf die Hasenjagd und brachten die Rasse 1066 nach England. Damals waren die Tiere noch um einiges kleiner als heute und wurden oft in Satteltaschen oder sogar in den Taschen der Reiter selbst transportiert. Aus diesen »tragbaren« Tieren entwickelte sich eine Mini-Varietät, der sogenannte Pocket-Beagle, eine Rasse, die heute nicht mehr existiert. Der Beagle war eine der am Hof Elisabeths I., Wilhelms III. und Georgs IV. vertretenen Hunderassen. Besonders Georg IV. verwandte sie bei der Jagd im hügeligen Sussex in der Gegend von Brighton gerne als Meutehunde. 1895 wurde im Vereinigten Königreich der Beagle-Club gegründet, und einige Jahre später wurden die ersten Beagles in die USA exportiert.

Charakter

Beagles sind gutmütige, lebhafte und fröhliche Hunde, die allerdings auch eigenwillig sein können. Sie benötigen eine konsequente Führung.

GRÖSSE
Mindesthöhe: 33 cm; maximale Höhe: 40 cm

Zum Leidwesen des Beagles und seiner Bewunderer gilt diese Rasse wegen ihrer geringen Größe als ideales Versuchstier in der medizinischen Forschung.

RUTE
Stark, mittellang und sich verjüngend; aufrecht getragen, jedoch nicht vornübergebeugt

HAARKLEID
Kurz, dicht und wetterfest; jede Laufhundfarbe außer leberfarben

PFOTEN
Rund, mit deutlich gebogenen Zehen und großen, festen Ballen

LAUFHUNDE (HOUNDS)

KOPF
Kräftig, wohlgeformt

OHREN
Ziemlich lang, flach und dünn, etwas nach vorne gerichtet

Große Nasenlöcher und schwarzer Nasenspiegel

AUGEN
Dunkelbraun oder haselnußbraun, groß und rund

Quadratischer schmaler Fang

Beagle
Die Jagd auf Niederwild, bei der diese munteren Laufhunde von Jägern zu Fuß begleitet werden, entspricht genau dem Charakter der mutigen, ausdauernden und intelligenten Hunde.

GESICHTSMERKMALE
Beagle

LÄUFE
Muskulös; stämmige gerade Vorderläufe und parallele Hinterläufe

Der Beagle gehört zu den beliebtesten Hunderassen. US-Präsident Lyndon B. Johnson besaß zwei Beagles, die er »Er« und »Sie« nannte. Der berühmteste Beagle ist aber sicherlich »Snoopy« von den *Peanuts*.

HUNDERASSEN

Bloodhound (Bluthund)

Dieser aus der wirklichen Kriminalistik ebenso wie aus der einschlägigen Unterhaltungsliteratur bekannte Spürhund ist ein gutmütiger, höflicher und sehr reservierter Zeitgenosse. Seinen Namen verdankt er wahrscheinlich seinem ausgeprägten Geruchssinn, mit dessen Hilfe er verwundetes (waidwundes) Wild aufspürt, vielleicht aber auch seiner Zugehörigkeit zu einer Rasse, die in enger Verbindung mit dem »blauen Blut« der Aristokratie steht.

Geschichte

Dieses Geschöpf mit seinem schwermütigen Blick gehört sowohl zu den reinsten als auch zu den ältesten Laufhundrassen. Erstmals erwähnt wird der Bluthund im 8. Jahrhundert, als der heilige Hubertus, der Schutzheilige der Jagd, in den Wäldern der heute belgischen Ardennen eine große Laufhundmeute (die späteren Hubertushunde) unterhielt. Diese Hunde wurden später die Lieblingsrasse der französischen Könige. Wilhelm der Eroberer brachte sie schließlich 1066 nach England. Heute wissen wir, daß durch selektive Züchtung über die Jahrhunderte hinweg der Hubertushund zum Bluthund verfeinert wurde.

Charakter

Der Bloodhound ist scheu, freundlich und auf Würde bedacht. Wenn er erst einmal seine Nase am Boden hat, nimmt er nichts anderes mehr wahr — auch nicht die Stimme seines Herrn!

Bluthunde können sehr anhänglich und Kindern gegenüber zutraulich sein. Sie benötigen jedoch viel Platz und Auslauf.

KOPF
Groß, lang und schmal, zum Fang hin leicht verjüngt; große, offene Nasenlöcher

HAARKLEID
Am Körper kurzes, dichtes Haar, an den Ohren und am Schädel weicheres und feineres Haar. Üblicherweise changiert das Fell zwischen Schwarz und Hellbraun, Leberfarben und Hellbraun oder Rot. Ein bißchen Weiß an der Brust, an den Läufen und der Rutenspitze ist zulässig.

LÄUFE
Kräftig und stämmig, mit abgerundeten Knochen und muskulösen Schenkeln

RUTE
Lang, dick und sich zum Ende hin verjüngend; tief angesetzt

LAUFHUNDE (HOUNDS)

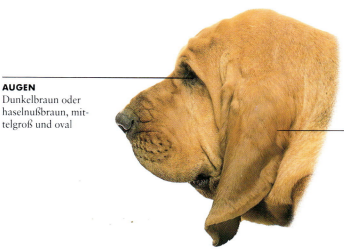

AUGEN
Dunkelbraun oder haselnußbraun, mittelgroß und oval

OHREN
Sehr lang, dünn und mit seidigem Fell bedeckt; tief angesetzt

Deutliche Falten an der Stirn und den Seiten des Kopfes.

Scherengebiß, Oberkiefer überragt den Unterkiefer

GESICHTSMERKMALE
Bloodhound

KÖRPER
Breiter muskulöser Rücken, tiefe Brust und kräftige Lenden

Die Wamme des Bloodhound, also die lose, faltige Überlappung der Haut unterhalb der Kehle, ist besonders ausgeprägt.

Bloodhound
Diese Rasse ist besonders für ihren außergewöhnlichen »Schnüffel-Drang« bekannt. Hat der Hund die Beute aufgestöbert, so erlischt sein Jagdinstinkt meist augenblicklich. Vielleicht versucht er sogar, mit der »Beute« Freundschaft zu schließen.

GRÖSSE
Rüden 63—69 cm;
Hündinnen 58—63 cm

PFOTEN
Rund und kräftig, gut ausgebildete Knöchel

HUNDERASSEN

Barsoi

Das russische Wort für flink, *borzoi*, ist zum Namen dieses schlanken, athletischen Hundes geworden. Die Zaren und die Aristokraten des vorrevolutionären Rußland verwendeten Barsois für die Wolfsjagdzeremonien. Der in Rußland auch als Wolfshund bekannte Barsoi ist von Natur aus ein flinker und impulsiver Jäger, der zur Zügelung seiner Instinkte häufig einer besonderen Erziehung zum Gehorsam bedarf.

Geschichte
Die Vorfahren des Barsoi waren wahrscheinlich im Mittleren Osten beheimatete kurzhaarige »Gaze Hounds«, die sich bei der Jagd auf ihren Gesichtssinn verlassen. Als diese Rasse in nördlichere Gebiete gelangte, kreuzte man sie mit einem langbeinigen russischen Collieschlag, um ihr die für das Klima notwendige Härte und das lange Fell anzuzüchten. Auch diese Rasse hat königliche Beziehungen: 1842 erhielt Königin Viktoria und später Königin Alexandra (die Gattin Eduards VII.) vom Zaren Barsois geschenkt. Königin Alexandras Hunde wurden auf dem Königlichen Landgut Sandringham in Norfolk gehalten und mit einheimischen Collies so gekreuzt, daß ein neuer Schlag rauhhaariger weißfarbener Collies entstand, der durch einen besonders langen und eleganten Fang auffiel. Barsois wurden erst 1889 in die USA exportiert.

Charakter
Obwohl Barsois häufig reserviert und manchmal auch widerspenstig sind, gelten sie allgemein als friedliche und ihren Freunden gegenüber anhängliche Hunde.

GRÖSSE
Mindesthöhe:
Rüden 73 cm;
Hündinnen 68 cm

KOPF
Lang, schmal und spitz zulaufend, extrem keilförmig. Nase ist schwarz.

HAARKLEID
Lang, seidig und vorzugsweise gelockt und wellig; jede Farbe ist zulässig, jedoch hauptsächlich Weiß mit dunkleren Stellen; an Kopf, Ohren und Vorderläufen kurz und weich; Brust und Vorderläufe mit viel Federn

Der Barsoi verlangt viel Pflege seines Äußeren; er braucht viel Auslauf und muß konsequent geführt werden.

30

LAUFHUNDE (HOUNDS)

AUGEN
Mandelförmig und dunkel, mit schwarzer Umrandung

Scherengebiß, Ober- länger als Unterkiefer

Die Ohren sind lang und herunterhängend behaart.

KÖRPER
Der knochige Rücken beschreibt einen leichten Bogen. Die Brust setzt tief an, ist aber ziemlich schmal.

OHREN
Schmal, fein und spitz zulaufend; hoch angesetzt und nach hinten gerichtet

Das Gesicht ist dünn und knochig.

GESICHTSMERKMALE
Barsoi

Barsoi
Der mit dichtem, lockigem Schmuckhaar am Hals und reichlicher Befederung an Brust, Läufen und an der Rute ausgestattete Barsoi ist eine zugleich elegante und imposante Erscheinung.

LÄUFE
Lang, gerade und parallel, gut ausgebildete Schenkel

RUTE
Lang, tief und sichelförmig; reichlich befedert

PFOTEN
Oval und schmal, mit kräftigen, dicken Ballen; Zehen engstehend

31

Dachshund (Dackel)

Böse Zungen nennen den Dachshund auch »Bettvorleger«. Zu Unrecht, denn der Dachshund ist in Wirklichkeit ein temperamentvoller und mutiger Geselle, der für die Jagd gezüchtet wurde und enorme Zähigkeit und Ausdauer bei der Verfolgung seiner Beute beweist. Obwohl er über eine gute Nase verfügt, gleicht er im Naturell doch eher einem Terrier als einem Laufhund. Er ist glücklich, wenn er seine Nase in den Boden stecken und Kaninchen, Füchse und am allerliebsten Dachse aufspüren kann.

Rauhhaardackel
Dieser anhängliche, ziemlich freche Schlag hat außer an Ohren, Augenbrauen, Kiefer und Kinn ein kurzes, gerades und rauhes Fell. Ein Bart, dichte Unterwolle, buschige Augenbrauen und eine deutliche Erhebung über den Augen sind die typischen Merkmale dieses Dackels.

Geschichte

Hunde mit langem Körper und kurzen Beinen sind bereits auf Wandgemälden der altägyptischen Tempel abgebildet. Außerdem wurden Stein- und Gipsabdrücke von dachshundähnlichen Hunden in Mexiko, Griechenland, Peru und China gefunden. Viele glauben, der Dachshund sei eine ausschließlich teutonische Rasse, zumal Überreste, die dem Dachshund ähnlich sind, in vielen römischen Siedlungen Deutschlands ausgegraben wurden. Es gibt sechs verschiedene Dachshundrassen: Kurzhaar-, Langhaar- und Rauhhaardackel und von diesen jeweils eine Normal- und eine Zwergdackelvariante. Hinsichtlich der Grundcharakteristika stimmen diese Rasen fast völlig überein. Sie unterscheiden sich lediglich in Größe und Haarkleid. Die ersten Zwergformen, die Kaninchenteckel, sind aus einer Kreuzung von Pinscher und Terrier mit dem kleinsten und leichtesten Dachshund entstanden.

Charakter

Alle Dachshunde sind lebhaft und intelligent, bisweilen aber auch sehr verspielt.

KÖRPER
Lang und muskulös; für die notwendige Bewegungsfreiheit ausreichend weit vom Boden abgesetzt

LÄUFE
Kräftige Muskeln an den Vorderläufen; von hinten gesehen, stehen die Hinterläufe parallel.

FARBEN
Alle Farben zulässig; Weiß nur als kleiner Fleck an der Brust oder als kleine Tupfer

PFOTEN
Gut ausgebildete Vorderpfoten, Hinterpfoten schmaler

Dachshunde verfügen über einen ausgeprägten Geruchssinn und sind dafür bekannt, ein waidwundes Wildschwein auch nach zwei Tagen noch aufspüren zu können.

LAUFHUNDE (HOUNDS)

Je nach Farbe des Haarkleids schwarzer oder brauner Nasenspiegel

KOPF
Lang und spitz zulaufend; leicht gewölbter Schädel

Lefzen straff; kräftige Kiefer

AUGEN
Mittelgroß und dunkel.

OHREN
Beweglich, ziemlich lang und breit, hoch angesetzt

GESICHTSMERKMALE
Dachshund

HAARKLEID
Kurzhaardackel: kurz, dicht, Haut lose und elastisch; an der Unterseite der Rute rauhes Haar

HAARKLEID
Langhaardackel: weich, anliegend und gerade oder leicht gewellt; hinter den Läufen reichlich befedert

Dachshunde eignen sich gut als Wachhunde. Sie sind aufmerksam und bellen lauter, als ihre Größe vermuten läßt. Sie sind treue und anhängliche Gefährten.

Dachshunde
Alle Dachshunde neigen zu Rückenproblemen durch Bandscheibenvorfall. Diese Tendenz wird überdies durch Überfütterung und durch die im Alter zunehmende Fettleibigkeit gefördert. Auch wenn sie nicht übermäßig viel Auslauf benötigen, müssen sich Dackel dennoch regelmäßig austoben können. Ebenso wichtig für den Erhalt ihrer Gesundheit ist ein vernünftiger Speiseplan.

RUTE
Leicht gebogen, in Fortsetzung der Linie des Rückgrats

GRÖSSE
Idealgewicht: Standard 9—12 kg; Zwergdackel 4,5 kg

Hunderassen

Elchhund

Schneidender Wind, Schnee und Eis machen diesem zähesten aller Hunde nichts aus. Er ist durch und durch ein Skandinavier. Der Elchhund eignet sich als Schlittenhund, hat sich aber auch als erstklassiger Haushund bewährt. Er gehört zur Familie der Spitzhunde und ist seit Tausenden von Jahren weitgehend unverändert geblieben.

Geschichte

In Norwegen hat man fossile Skelette gefunden, die mit dem Knochenbau des heutigen Elchhundes übereinstimmen. Schon tausend Jahre vor Christus arbeiteten Elchhunde mit nordischen Jägern zusammen und begleiteten später die Wikinger auf ihren Raubzügen übers Meer. Die Palette der traditionellen Jagdbeute dieser Hunde reicht von Kaninchen und Hirsch über Luchs und Bär bis hin zum Elch. Kurz nach dem Ersten Weltkrieg gelangte der Elchhund auch nach Großbritannien. 1935 wurde er vom American Kennel Club als Rasse anerkannt. Obwohl der Elchhund außerhalb seines Ursprungslandes nicht als Jagdhund verwendet wird, gilt er in Teilen Skandinaviens nach wie vor als nützlicher Jagdbegleiter.

Charakter

Elchhunde sind eine selbständige, zivilisierte und mutige Rasse. Außerdem sind sie sehr entschlossen, müssen sie doch, wenn sie ihre Beute gestellt haben, ihren Mann stehen und sogar den tödlichen Prankenhieben des Bären oder der gewaltigen Drohung durch die spitzen Elchgeweihe ausweichen können.

GRÖSSE
Rüden 52 cm;
Hündinnen 49,5 cm

Elchhund
Diese Rasse verfügt über ein reiches stimmliches Ausdrucksrepertoire. Die Tiere können ebenso eindrucksvoll jaulen und kläffen wie bellen. Hat der Elchhund auf der Jagd die Beute gestellt, so alarmiert er seinen Herrn durch ein ganz bestimmtes Lautsignal.

RUTE
Dick und reichlich behaart, hoch angesetzt und nach vorn geringelt

Der Elchhund verfügt über einen ausgeprägten Geruchssinn und verfolgt die Fährte der Beute, ohne dabei Laut zu geben.

KÖRPER
Kurz, kompakt und kräftig

LAUFHUNDE (HOUNDS)

Trotz des traditionell harten Arbeitslebens des Elchhundes gibt es kaum einen freundlicheren und seinem Herrn ergebeneren Hund. Erstaunlicherweise fühlt sich dieser Hund auch bei heißem Wetter und in tropischem Klima wohl.

HAARKLEID
Dicht, wetterfest und ziemlich rauh, in der Nakkenpartie kraus; verschiedene Grautöne, an den Unterseiten hellere Töne

KOPF
Breit, mit deutlichem Stop und schmaler werdendem Fang

AUGEN
Mittelgroß, dunkelbraun und oval

OHREN
Spitz, aufrecht und hoch aufgestellt

Gerader Nasenrücken

Kräftige Kiefer; mit perfektem Scherengebiß

GESICHTSMERKMALE
Elchhund

LÄUFE
Gerade, stark und kräftig

PFOTEN
Kompakt und leicht oval; mit deutlich gebogenen Zehen und festen Krallen

35

HUNDERASSEN

Foxhound

Wer wäre berufener, den Foxhound in der Sprache der Poesie zu beschreiben als Shakespeare? »Auch meine Hunde sind aus Spartas Zucht, weitmäulig, scheckig, und ihr Kopf behangen. Mit Ohren, die den Tau vom Grase streifen; krummbeinig, wammig, wie Thessaliens Stiere. Nicht schnell zur Jagd, doch ihrer Kehlen Ton folgt aufeinander wie ein Glockenspiel« *(Ein Mittsommernachtstraum)*.

Geschichte

Die Geschichte des Foxhound läßt sich bis ins 13. Jahrhundert zurückverfolgen, als in England die Fuchsjagd eingeführt wurde. Es scheint plausibel, daß der Foxhound unter anderem mit dem inzwischen ausgestorbenen Hubertushund (der auch ein Vorfahr des Bloodhound gewesen ist) und dem Talbot Hound verwandt ist. Aber auch Terrier-, Bulldog- und Greyhoundblut fließt in seinen Adern. In den siebziger Jahren des 18. Jahrhunderts hat George Washington wesentlich zur Entwicklung einer eigenständigen amerikanischen Foxhoundrasse beigetragen. Er führte französische Hounds in seine Meute englischer Foxhounds ein. Spätere Kreuzungen mit ausgewählten irischen und englischen Hounds ergaben nach und nach den besonders schnellen amerikanischen Schlag.

Charakter

Foxhounds sind immer lebhafte, freundliche und unbekümmerte Hunde, können aber auch sehr eigenwillig und unfolgsam sein. Sie benötigen eine entschlossene und konsequente Erziehung und eignen sich nicht als Familienhunde, am allerwenigsten für Stadtbewohner.

Amerikanischer Foxhound
Der amerikanische Foxhound ist leichter, hat eine schmalere Brust und längere Ohren als sein englischer Vetter. In den USA wird diese Rasse als Meutehund bei der Jagd verwendet, häufig aber auch nur als Ausstellungshund gezüchtet.

KÖRPER
Tiefe Brust, lange Schultern, sehr muskulöser, gerader Rücken, der sanft in die Lenden übergeht

PFOTEN
Feste, runde, katzenähnliche Pfoten. Die Ballen sind gut ausgebildet, die Zehen sind deutlich gebogen, die Krallen kräftig.

LAUFHUNDE (HOUNDS)

Foxhound
Diese äußerlich attraktive Rasse hat für einen angenehmen Haushund entschieden zuviel Energie und zu viele zerstörerische Anlagen. Jagdfreunde nehmen häufig Foxhoundwelpen im ersten Jahr zu Hause auf, um sie mit dem Straßenverkehr und anderen Tieren vertraut zu machen, geben sie dann allerdings gerne wieder in die Meute zurück!

HAARKLEID
Fest, glänzend, mittellang; jede Laufhundfarbe zugelassen

KOPF
Breit, von ausgewogener Länge, spitz zulaufend

AUGEN
Groß, haselnußbraun oder braun

OHREN
Tief angesetzt, nahe an den Backen herunterhängend

Ausgeprägter Stop

Langer und breiter Nasenspiegel, weite Nasenlöcher

GESICHTSMERKMALE
Foxhound

LÄUFE
Gerade, knochig und muskulös

RUTE
Zur Spitze hin sich verjüngend, an der Unterseite buschig, deutlich aufrecht; säbelförmig getragen, jedoch nicht über dem Rücken eingerollt

GRÖSSE
Rüden 58—59 cm hoch; Hündinnen etwas kleiner

HUNDERASSEN

Greyhound

Die uralte Rasse der Greyhounds verkörpert den Archetypus des ursprünglich für die Jagd mit dem Auge gezüchteten Hundes (des sogenannten Sichthetzers). Obwohl der Greyhound der schnellste Hund ist und Geschwindigkeiten bis knapp 65 km/h erreichen kann, ist er im Grunde eher faul und paßt sich gerne dem Familienleben an.

Geschichte

Der Ursprung dieser Rasse liegt wahrscheinlich im Nahen Osten. Nach Europa sind die Tiere wohl mit den ersten phönizischen Handelsschiffen gekommen. Hier fanden der Greyhound und sein kleiner Bruder, der italienische Greyhound, besonders im Mittelalter weite Verbreitung und erfreute sich besonders bei Hofe außerordentlicher Beliebtheit. Tatsächlich ist der Greyhound ein sehr verbreiteter Wappenhund. Er ist zum Beispiel im Wappen Karls V. von Frankreich und Heinrichs VIII. von England zu finden. Aufgrund ihrer ungewöhnlichen Schnelligkeit eignen sich Greyhounds ausgezeichnet für die Jagd auf Niederwild, wie zum Beispiel Hasen. Diese beiden ungleichen Partner treten auch in den sportlichen Greyhound-Rennen gegeneinander an, allerdings ist der Hase heute nicht mehr aus Fleisch und Blut, sondern eine mechanische Attrappe.

Charakter

Greyhounds sind einfühlsame, liebevolle Hunde, die sich zu benehmen wissen. Kindern gegenüber verhalten sie sich ausgesprochen rücksichtsvoll.

KOPF
Lang, aber zwischen den Ohren ziemlich breit

KÖRPER
Breit, quadratischer Rücken, elastischer Brustkorb

HAARKLEID
Dicht, fein und seidig. Schwarz, weiß, rot, beige, gestromt, rehbraun oder blau oder jede dieser Farben mit Weiß

Tiefe Brust mit viel Platz für das Herz

LÄUFE
Lang und stark; muskulöse, kräftige Schenkel

PFOTEN
Mäßig lang, fest, gut ausgebildete Knöchel, hasenähnlich, kräftige Ballen

Segugio Italiano

Der Segugio ist ein weiterer Jagdhund, der aus Kreuzungen ägyptischer Rassen mit dem Mastiff des klassischen Rom und Griechenland hervorgegangen ist. Besonders während der Renaissance war diese Rasse sehr verbreitet. Anfang dieses Jahrhunderts wurde sie wieder neu entdeckt.

LAUFHUNDE (HOUNDS)

AUGEN
Vorzugsweise schwarz, glänzend und oval, intelligent, ausdrucksvoll

Flacher Schädel und mäßiger Stop

Wohlgeformte, starke Kiefer

OHREN
Klein, gefaltet, fein, nach hinten gelegt

GESICHTSMERKMALE
Greyhound

Italienisches Windspiel
Das Italienische Windspiel ist eine perfekte Miniaturausgabe des Greyhound. Die Rasse ist zierlich und graziös und wird immer noch zur Jagd auf Hühnervögel verwendet. Im 16. Jahrhundert waren diese Hunde in Italien sehr verbreitet — daher auch der Name. Heute ist das Italienische Windspiel vorwiegend ein eleganter und friedfertiger Haushund.

Gewölbte und kräftige Lenden

RUTE
Lang, fein und spitz zulaufend; niedrig angesetzt, mit einem leichten Bogen

Greyhound
Greyhounds sind erstklassige Haus- und Ausstellungshunde. Natürlich benötigen sie reichlich Futter und enorm viel Auslauf.

GRÖSSE
Ideale Höhe:
Rüden 71—76 cm;
Hündinnen 68—71 cm

HUNDERASSEN

Irish Wolfhound

Dieser robuste Hund, der in den Erzählungen, Liedern und Geschichten immer wieder wegen seines freundlichen Wesens, aber auch wegen seines Mutes erwähnt wird, wäre im 19. Jahrhundert fast ausgestorben, wenn nicht die Einkreuzung anderer Rassen, insbesondere des Schottischen Hirschhundes, seine Zukunft gerettet hätte.

Geschichte

Der Cu, ein massiver, zottelhaariger Hund, der zur Jagd auf Wölfe, Elche und Wildschweine verwendet wurde, ist der Vorfahre des Irischen Wolfshunds. Irish Wolfhounds wurden im 17. Jahrhundert gerne verschenkt, so gerne, daß Oliver Cromwell schließlich den Export dieser Tiere unterbinden mußte. Anfang des 18. Jahrhunderts wurde in Schottland der letzte einheimische Wolf zur Strecke gebracht, und auch in Irland lebten schon seit 1766 keine Wölfe mehr. Deshalb verlor auch der große Hund, dessen Spezialität die Wolfsjagd war, seine »Daseinsberechtigung«. Die Rasse wurde in der zweiten Hälfte des 19. Jahrhunderts vor allem durch einen Offizier der britischen Armee, Captain George Graham, vor dem Aussterben bewahrt.

Charakter

Der Irish Wolfhound ist zuverlässig, sanft, intelligent und kinderlieb.

HAARKLEID
Rauh und drahtig. Grau, gestromt, rot, schwarz, reinweiß, rehfarben und weizengelb

KÖRPER
Mäßig langer Rücken, Brust tief, gewölbte Lenden

Diese Rasse ist der Nationalhund Irlands. Sie ist außerdem bekannt unter den Namen Irischer Wolfshund und Irischer Greyhound.

RUTE
Lang, mäßig dick, leicht gebogen

GRÖSSE
Mindesthöhe:
Rüden 79 cm;
Hündinnen 71 cm

40

LAUFHUNDE (HOUNDS)

OHREN
Samtig, klein, flach anliegend; vorzugsweise dunkel

AUGEN
Dunkel, oval, mit schwarzen Augenlidern

Maul etwas spitz zulaufend

Schwarzer Nasenspiegel und schwarze Lefzen

GESICHTSMERKMALE
Irish Wolfhound

Irish Wolfhound
Dieser unübersehbare Muskelprotz benötigt viel Platz zum Toben, verlangt aber überraschenderweise nicht mehr Auslauf als kleinere Rassen. Heutige Züchter versuchen gerade, einen noch größeren Wolfhound zu züchten. Man erwartet tatsächlich, bald eine »extragroße« Rasse mit einer Schulterhöhe zwischen 81 und 86 cm »genetisch fixieren« zu können

KOPF
Lang, jedoch nicht zu breit; Stirnbein leicht erhöht

LÄUFE
Vorderläufe gerade und kräftig; Hinterläufe lang und muskulös

PFOTEN
Groß und rund, deutlich gebogene Zehen

41

HUNDERASSEN

Rhodesian Ridgeback

Zur allgemeinen Überraschung ist das Ursprungsland dieses wohlproportionierten Laufhundes Südafrika und nicht etwa Rhodesien, das heutige Simbabwe. Die Bezeichnung »Ridgeback« bezieht sich auf das auffälligste Kennzeichen dieser Rasse: den lanzenförmigen Rückenkamm nämlich, dessen Haarstrich in der dem übrigen Fell entgegengesetzten Richtung verläuft.

Geschichte

Im 16. und 17. Jahrhundert brachten europäische Siedler Hunderassen wie den Bloodhound, den Mastiff und verschiedene Terrier nach Südafrika. Diese Hunde wurden mit einheimischen Rassen, insbesondere dem afrikanischen Jagdhund der Hottentotten gekreuzt, bis die uns heute bekannte Rasse entstand. Ridgebacks sind ausgezeichnete Jagdhunde. Sie verfügen über eine enorme Ausdauer, können bis zu vierundzwanzig Stunden ohne Wasser auskommen und vertragen selbst die extremen Temperaturschwankungen des afrikanischen Buschs. Als Meutehunde jagen sie Leoparden, Büffel und Antilopen. Löwen hetzen sie so erfolgreich, daß man sie auch Rhodesische Löwenhunde nennt.

Charakter

Der Rhodesian Ridgeback ist ein scharfsinniger, freundlicher und als Familienhund sehr beliebter Geselle. Obwohl er ausgezeichnet zu kämpfen versteht, ist er im Grunde ein ruhiger Hund, der selten bellt.

KOPF
Lang; wohlgeformte Kiefer, flacher Schädel

Rhodesian Ridgeback
Der »Hund mit der Schlange auf dem Rücken« ist ein hartnäckiger, unbeugsamer Jäger, der üblicherweise in Meuten zu je drei Hunden arbeitet. Dann aber greift er sogar ein aus fünf Löwen bestehendes Rudel an.

KÖRPER
Tiefe Brust, kräftig und ausgesprochen muskulös

Dieser Vielzweckhund — Jäger, Schutzhund und Kamerad — benötigt viel Platz und weiß großzügigen Auslauf zu schätzen.

GRÖSSE
Idealgröße:
Rüden 63—67 cm;
Hündinnen 61—66 cm

HAARKLEID
Kurz, dicht, glatt und glänzend; hell bis rotweizen

LAUFHUNDE (HOUNDS)

Je nach Farbe der Augen schwarzer oder brauner Nasenspiegel

Langes, tiefes Maul

AUGEN
Bernsteinfarben oder dunkelbraun, mit schwarzer Umrandung

OHREN
Mittellang, hoch angesetzt, nah am Kopf anliegend

GESICHTSMERKMALE
Rhodesian Ridgeback

RUTE
Mäßig lang, spitz zulaufend, an der Wurzel kräftig; beim Laufen nach oben gebogen

LÄUFE
Kräftig, mit gut erkennbaren Muskeln

PFOTEN
Mittelgroß, mit deutlich gebogenen Zehen

43

Saluki

Dieser elegante und grazile Hund ist extrem schnell und behende. Die Beduinen Südarabiens verwenden den Saluki noch heute zusammen mit dem Falken zur Gazellen- und Trappenjagd. Der Saluki jagt mit dem Auge und nicht mit seinem Spürsinn. Dank seiner atemberaubenden Schnelligkeit hetzt er jede Art von Wild zu Tode.

Geschichte

Die Ursprünge des Saluki verlieren sich im Nahen und Mittleren Osten und in der heute von Sand begrabenen Stadt Saluk, der er auch seinen Namen verdankt. Als Begleiter etlicher Nomadenvölker fand diese Rasse zwischen dem Kaspischen Meer und der Sahara weite Verbreitung. Auf persischen Tongefäßen von 4200 v. Chr. wurden Abbildungen salukiähnlicher Hunde entdeckt. Die Pharaonen hatten bei der Jagd einen Falken auf dem Arm und einen Saluki an der Leine. Außerdem wurden mumifizierte Überreste eines Saluki in einem ägyptischen Grab gefunden. Im Mittelalter nannten moslemische Jäger die Rasse »ein heiliges Geschenk Allahs«. Dank dieser religiösen Verehrung war es den Moslems sogar erlaubt, das von diesen Hunden zu Tode gehetzte Wild, das sonst als unrein gegolten hätte, zu essen. Der Saluki ist auch unter den Namen Gazellenhund, Arabischer Hound oder Persischer Greyhound bekannt, und wie sein Äußeres bereits vermuten läßt, ist er wahrscheinlich nahe mit einer anderen sehr alten Rasse, dem Afghanen, verwandt.

Charakter

Der Saluki ist ein ausgeglichener, loyaler und empfindsamer, aristokratisch wirkender Hund. Eine konsequente Erziehung zum Gehorsam ist notwendig, um die tiefverwurzelten Jagdinstinkte im Zaum zu halten.

HAARKLEID
Weich, glatt und empfindlich; weiß, cremefarben, beige, rotgold, grau, schwarz und hellbraun, dreifarbig (schwarz, weiß und hellbraun) und diverse Kombinationen dieser Farben

KÖRPER
Fein, wohlgeformt und muskulös; breiter Rücken und tiefe, relativ schmale Brust

Saluki
Es gibt zwei Salukischläge, die befederte und die glatthaarige Varietät. Der befederte Saluki hat eine dünne, seidige Befederung an der Rückseite der Läufe und Schenkel.

LÄUFE
Lang und dünn; mit starken Muskeln an den Schenkeln

PFOTEN
Ziemlich lang; Zehen deutlich gebogen; reichlich befedert

LAUFHUNDE (HOUNDS)

AUGEN
Groß und oval; haselnuß- bis schwarzbraun

Der Nasenspiegel schwarz oder leberfarben

KOPF
Lang, schmal; nur zwischen den Ohren ist der Schädel etwas breiter

Scherengebiß, obere Zähne greifen etwas über die unteren hinaus.

OHREN
Lang, mit seidiger Befederung, dicht am Kopf herunterhängend

GESICHTSMERKMALE
Saluki

Eine alte moslemische Tradition besagt, daß man einen Saluki nie verkaufen, sondern nur als Geschenk oder als Tribut an einen Höheren weitergeben darf.

RUTE
Lang, sanft gebogen, an der Unterseite mit langer Befederung, tief angesetzt

GRÖSSE
Rüden 58—71 cm hoch; Hündinnen etwas weniger

Whippet

Wie sein Vorfahr, der Greyhound, ist dieser Hund wohlgeformt, elegant und grazil. In seinen Adern fließt außerdem Terrierblut, insbesondere der Rassen Bedlington und Manchester Terrier. Er fühlt sich auf dem Hunderennplatz ebenso wohl wie in einer bequemen häuslichen Umgebung und eignet sich hervorragend als zuverlässiger Haushund.

Geschichte
In der Viktorianischen Epoche kreuzten Minen- und Fabrikarbeiter im Nordosten Englands einheimische Terrierrassen mit kleinen Greyhounds für das *snap racing*, das »Schnapp-Rennen« (Kaninchen- oder Hasenrennen). Wegen seiner Brutalität wurde dieser Sport in Großbritannien für ungesetzlich erklärt, so daß die ersten Whippets schnell für das *rag racing* (Lumpenrennen) umgeschult wurden. Bei diesem erlaubten Sport mußte der Hund so schnell wie möglich auf seinen Herrn zulaufen, der ihn mit einem Lumpen herbeiwinkte. So entwickelte sich der Whippet zum sogenannten »Lumpenhund«, dem *rag dog*. Diese Rennen sind in Nordengland nach wie vor ein beliebter sonntäglicher Zeitvertreib.

Charakter
Der Whippet ist der angenehmste Hund, den man sich nur vorstellen kann; sanft, liebevoll und loyal. Er ist völlig zufrieden in einer Stadtwohnung oder in einem Haus, braucht aber täglich viel Auslauf.

KOPF
Lang und feinknochig, flache Schädeldecke

Glatte und grazile Silhouette

Zweifarbig gestromtes Haarkleid

Whippet
Die zerbrechliche Erscheinung läßt die ungewöhnliche Kraft und bemerkenswerte Schnelligkeit dieses kleinen Hundes kaum ahnen.

HAARKLEID
Sehr fein, kurz und dicht

Die Angewohnheit der Whippets, ständig zu zittern, bedeutet nicht unbedingt, daß er Angst hat oder friert. Dennoch sollte er vor kaltem Wetter und Zugluft geschützt werden.

LAUFHUNDE (HOUNDS)

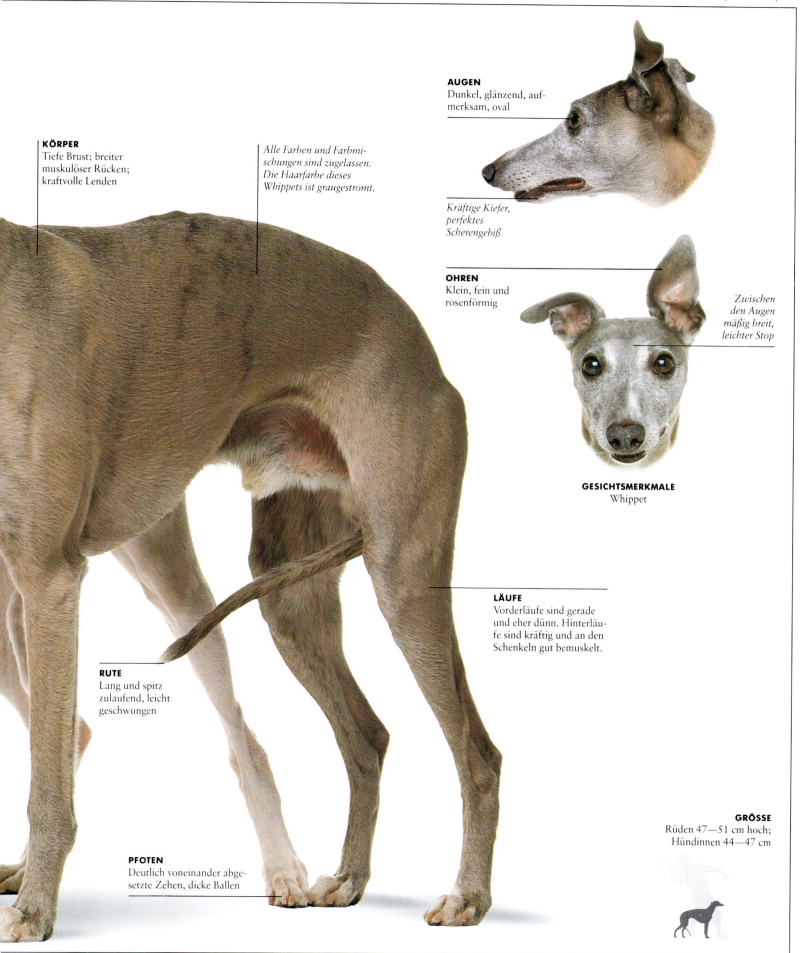

KÖRPER
Tiefe Brust; breiter muskulöser Rücken; kraftvolle Lenden

Alle Farben und Farbmischungen sind zugelassen. Die Haarfarbe dieses Whippets ist graugestromt.

AUGEN
Dunkel, glänzend, aufmerksam, oval

Kräftige Kiefer, perfektes Scherengebiß

OHREN
Klein, fein und rosenförmig

Zwischen den Augen mäßig breit, leichter Stop

GESICHTSMERKMALE
Whippet

LÄUFE
Vorderläufe sind gerade und eher dünn. Hinterläufe sind kräftig und an den Schenkeln gut bemuskelt.

RUTE
Lang und spitz zulaufend, leicht geschwungen

PFOTEN
Deutlich voneinander abgesetzte Zehen, dicke Ballen

GRÖSSE
Rüden 47–51 cm hoch; Hündinnen 44–47 cm

47

HUNDERASSEN

Jagdhunde

Die Gruppe der Jagdhunde — in den USA als »Sporting Dogs« bezeichnet — umfaßt eine breite Palette verschiedener Rassen, die den Jäger unterstützen, indem sie ihm beim Aufspüren des Wildes helfen oder die Beute apportieren. Jagdhunde nehmen die Witterung einer Beute meist in der Luft auf.

Spaniel

Die größte Untergruppe der Jagdhunde bildet die Spanielfamilie. Dabei handelt es sich um mittelgroße, intelligente, nicht sonderlich hochbeinige Hunde. Sie haben einen gut ausgebildeten Fang, eine große Nase und von langen »Lappen« geschützte Ohren. All diese Merkmale sind typisch für Tiere, die unter rauhen Bedingungen arbeiten müssen. Die Bezeichnung Spaniel kommt wahrscheinlich von dem altfranzösischen Wort *espagnol,* zu deutsch »Spanier«. Es wird vermutet, daß die Iren, in deren Land Spaniels schon früh beheimatet waren, die Tiere ursprünglich von der Iberischen Halbinsel bezogen haben. Im ersten Jahrhundert bereits findet sich in einem Dokument der Hinweis, daß dem König von Irland Wasserspaniels als Tribut überbracht wurden.

Deutsch-Kurzhaar

Cocker Spaniel

Spanielrassen

Die Spaniels lassen sich in Jagd- und Apportierhunde, in reine Apportierhunde und natürlich in Toy Spaniels einteilen, die nicht jagen und heute zur Kategorie der Toy-Hunde zählen. Die meisten Jagdspaniels laufen in Reichweite der Flinte vor dem Jäger her, also in einem Abstand von zwanzig bis fünfundsechzig Metern. Der Jäger kann das vom Spaniel aufgescheuchte Wild daher relativ leicht erlegen. Dies ist deshalb so, weil der Spaniel nicht Laut gibt, wie etwa die Vorstehhunde, wenn sie ihre Beute gestellt haben, sondern das Wild sofort aus seiner Deckung scheucht. Wenn der Jäger dann das Gewehr in Anschlag bringt, sitzt der Spaniel still da, denn es wäre gefährlich für ihn, dem aufgescheuchten Wild unter diesen Umständen nachzujagen. Ist das Wild erlegt, so schickt der Jäger den Spaniel zum Apport. Spaniel können aber auch dazu abgerichtet werden, in einem Versteck zu warten und bei Bedarf ins Wasser zu springen, um erlegte Wasservögel zu apportieren. Für diese Arbeit eignet sich ganz besonders der Springer Spaniel.

Vorstehhunde (Pointer) und Setter

Zur zweiten Gruppe der Jagdhunde gehören die Vorstehhunde und Setter, die in der Regel größer sind und längere Beine haben als der Spaniel; sie haben jedoch ebenfalls einen ausgeprägten Geruchssinn und lappige Ohren. Den athletisch gebauten Vorstehhunden sieht man ihre unverkennbare Verwandtschaft mit den echten Laufhunden sofort an. Anders als die Spaniels laufen sie

Labrador Retriever

JAGDHUNDE

Spinone Italiano

dem Jäger ziemlich weit voraus und geraten häufig außer Sichtweite. Haben sie ein Wild aufgespürt, so scheuchen sie es nicht gleich auf, sondern bleiben wie versteinert stehen. Sie verharren in dieser Stellung, bis der Jäger selbst das Wild aufscheucht und erlegt. Wie der Vorstehhund erstarrt auch der Setter in seiner Bewegung, wenn er die Beute entdeckt hat, dann legt er sich allerdings auf den Boden und nimmt die »Platz«-Stellung ein. Ein gut erzogener Hund bleibt starr wie eine Salzsäule, wenn nötig eine Stunde lang liegen und erwartet den nächsten Befehl seines Herrn. Setter wurden schon im 16. Jahrhundert verwendet, Vorstehhunde hingegen sind relativ junge Rassen, deren Entwicklung mit der Verbreitung des Jagdsports einherging. Das Schießen von Vögeln im Flug wurde um das Jahr 1700 populär, und damit begann auch die Blütezeit für die Züchtung und Abrichtung der »Hühner-Hunde«. Die meisten Vorstehhundrassen wurden in England gezüchtet. Erste Erwähnung solcher Hunde finden wir in Berichten aus dem Jahr 1650, in denen von Hunden die Rede ist, die Hasen stellen.

Apportierhunde

Die dritte Gruppe der Jagdhunde bilden die Apportierhunde (Retriever), echte Jagdspezialisten. Diese freundlichen, starken und wohlproportionierten Hunde sind darauf spezialisiert, das Wild aufzuspüren und gegebenenfalls zu apportieren, und wurden früher häufig zusammen mit »Aufscheuch«-Spaniels verwendet. Die Technik bestand darin, daß der Spaniel das Gebiet ablief und das Wild aufscheuchte, während der Apportierhund bei den Jägern blieb. War das Wild dann erlegt, wurde der Apportierhund vorgeschickt, um es zu holen. Wegen ihres ausgezeichneten Schwimmvermögens sind die Apportierhunde außerdem die beliebtesten Hunde für die Jagd auf Wasservögel. Bei dieser Spielart der Jagd bleibt der Apportierhund außerhalb der Schußlinie versteckt. Er wartet, bis das Wild geschossen ist, und springt dann vergnügt ins Wasser, um es zu holen. Neben diesen drei Gruppen gibt es noch einige weitere Jagdhunde, wie zum Beispiel den Weimaraner. Dieser Vielzweckhund ist sowohl zur Jagd auf Hoch- als auch auf Niederwild tauglich.

Golden Retriever

Magyar Vizsla

49

Vorstehhunde (Pointer)

Diese alten Jagdhundrassen sind schon seit Jahrhunderten in Jägerkreisen äußerst beliebt. Zwar haben die einzelnen Rassen ihre jeweiligen Spezialitäten und Begabungen. Allen gemeinsam ist jedoch die typische Vorstehhaltung mit erhobenem Schwanz und Vorderlauf, den Kopf in Richtung der Beute vorgestreckt.

Geschichte

Die ersten Vorstehhunde fanden Verwendung, um Vögel, insbesondere Rebhühner und Wachteln, mit dem Netz zu fangen. Anfang des 18. Jahrhunderts kam das Schießen von Wildvögeln mit der Schrotflinte in Mode, und Spanische Vorstehhunde wurden nach England importiert. Es handelte sich dabei um langsame und schwerfällige Hunde, die ihre Nase immer am Boden hatten. Um ihre Schnelligkeit und ihr Witterungsvermögen zu verbessern, kreuzte man sie mit dem Greyhound und dem Englischen Foxhound. Das Ergebnis war der Englische Pointer, der inzwischen auf der ganzen Welt verbreitet ist. Ein anderer Vorstehhund entwickelte sich im 17. Jahrhundert in Deutschland, wo man deutsche Laufhunde mit spanischen Vorstehhunden und Bluthunden kreuzte. Das Ergebnis war ein noch kräftigerer Hund als der heutige Deutsch-Kurzhaar-Vorstehhund, der erst im 19. Jahrhundert entstand, als dieser Rasse noch das Blut des Englischen Pointers beigemischt wurde.

Charakter

Vorstehhunde sind in der Regel freundlich und ausgeglichen, loyal und gehorsam. Sie haben aber auch viel Energie und sind stets arbeitswillig.

Deutsch-Drahthaar
Die erst um die Jahrhundertwende entstandene Rasse des Deutsch-Drahthaar verbindet die Vorteile eines vielseitig verwendbaren Jagdhunds mit der Wetterfestigkeit des drahtigen Terriers.

KÖRPER
Tiefe Brust, kurzer, gerader Rücken, kraftvolle Lenden

KOPF
Elegant, mit breitem, leicht gerundetem Schädel und langem Fang

LÄUFE
Vorderläufe gerade, kräftig und schmal; Hinterläufe muskulös

Der Deutsch-Kurzhaar ist ein äußerst vielseitiger Hund, ein Jagdspezialist für alle Arten von Wild im Feld, aber auch ein exzellenter Wach- und Haushund.

GRÖSSE
Rüden 58—64 cm hoch;
Hündinnen 53—58 cm

JAGDHUNDE

OHREN
Breit, hoch angesetzt, nahe am Kopf herunterhängend

Langer, muskulöser Nacken, leicht gewölbt

Je nach Haarfarbe ist der Nasenspiegel schwarz oder braun mit weiten Nasenlöchern.

GESICHTSMERKMALE
Deutsch-Kurzhaar

AUGEN
Mittelgroß, weicher und intelligenter Ausdruck

RUTE
Hoch angesetzt, an der Wurzel dick und zum Ende hin spitz zulaufend; üblicherweise um zwei Fünftel bis halbe Länge kupiert; in Bewegung horizontal getragen

Deutsch-Kurzhaar
Dieser kühne Athlet gehört zu den vielseitigsten Jagdhunden, die eine ganze Reihe verschiedener Wildarten aufspüren und aus dem Wasser und zu Land apportieren können. Seit seiner Einführung in die USA in den zwanziger Jahren erfreut er sich dort wachsender Beliebtheit.

HAARKLEID
Kurze, grobe Haare, dichtes, glattes Fell; schwarz, leberfarben, mit oder ohne weiße Strähnen und/oder Flecken

Pointer
Dieser auch unter dem Namen Englischer Pointer bekannte Jagdhund ist mittelgroß und elegant. Seine Schnelligkeit, seine Intelligenz und sein Enthusiasmus sind berühmt. Am besten arbeitet er im Feld, wo er mit seinem legendären Spürsinn und seinen Vorstehfähigkeiten glänzen kann. In der Regel ist er kein Apportierhund.

PFOTEN
Fest, rund bis oval, gebogene Zehen, harte Ballen, starke Krallen

Bracco Italiano

Der Bracco Italiano — auch Italienische Bracke — ist die wohl älteste europäische Jagdhundrasse. Der Bracco Italiano ist ein athletischer Hund, der die freie Natur über alles liebt und dessen Wesen deutlich seine harte Vergangenheit widerspiegelt.

Geschichte

Aufzeichnungen deuten darauf hin, daß die Entstehung dieser Rasse auf das 5. Jahrhundert v. Chr. zurückgeht. Der Bracco Italiano ist aus der Kreuzung einer Mastiffart aus Mesopotamien (heute Irak) mit helleren, leichtfüßigen Rennhounds aus Ägypten hervorgegangen und wahrscheinlich die Rasse, von der über den Spanischen Vorstehhund alle heutigen Vorstehhundrassen Europas abstammen. Er begann seine Karriere zunächst im Mittelalter als Helfer bei der Jagd mit Fangnetzen und als Begleiter der Falkner, stieg später aber zum obersten Jagdhund überhaupt auf.

Charakter

Der Bracco Italiano ist fast übertrieben vernünftig, gewissenhaft und wohlerzogen, aber ein durchaus freundlicher Hund. Er ist alles andere als ein »Städter«, sondern liebt die Weite und benötigt entsprechend viel Auslauf. Hauptsächlich wegen seiner knitterigen und langen Ohren braucht er von seiten seines Besitzers viel liebevolle Zuwendung.

Braque Français
Die Französische Bracke, auch Französischer Vorstehhund genannt, ist im 17. Jahrhundert wahrscheinlich aus einer Kreuzung des Bracco Italiano mit dem Spanischen Vorstehhund entstanden. Sie ist ein zäher, dynamischer und begabter Jäger. Die Rasse teilt sich in zwei Schläge: die Braque de Gascogne und den kleineren Schlag der Braque des Pyrénées. Bis zum 19. Jahrhundert gab es in Frankreich sehr viele dieser »Karl-X.-Bracken«. Später allerdings mußten sie anderen Vorstehhundrassen und den Settern das Feld räumen.

GRÖSSE
55—67 cm hoch

KOPF
Lang und hager. Ausgeprägter, wohlproportionierter Schädel mit gut geformtem Kiefer

KÖRPER
Tiefe, sehr elastische Brust; muskulöser Rücken und starke abfallende Schultern

HAARKLEID
Kurz, matt glänzend; reinweiß, rotbraun, grau oder weiß getupft oder mit orangebraunen Flecken

LÄUFE
Lang, muskulös und gut ausbalanciert

PFOTEN
Gut geformt, deutlich gebogene Zehen

JAGDHUNDE

Die Nase kann gerade oder leicht gebogen sein.

OHREN
Relativ weit hinten angesetzt, gut entwickelt, hängend

GESICHTSMERKMALE
Bracco Italiano

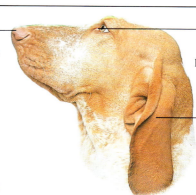

AUGEN
Sie dürfen weder zu tief liegen noch zu stark hervortreten. Gelb, orange oder braun.

Die Ohren sind faltig und ausgesprochen berührungsempfindlich.

RUTE
Dick und üblicherweise kupiert

Obwohl die europäischen Vorstehhundrassen den Bracco Italiano weitgehend aus seiner Vormachtstellung verdrängt haben, ist die Liebe zu dieser Rasse nach wie vor in vielen Herzen fest verankert.

Bracco Italiano
Diese stets von illustren Gestalten begleitete Rasse wird bereits bei Plinius und Dante erwähnt und war unter Ludwig XII. und Franz I. am französischen Hof sehr beliebt.

Griffon
Der nach dem niederländischen Jäger auch oft als Korthals-Griffon benannte Vorstehhund entstand Ende des 19. Jahrhunderts aus einer selektiven Züchtung, mit der Korthals den alten Griffon Hound, diesen Allwetter-, Vorsteh- und Apportierhund wieder zu neuem Leben erweckte. Er hat Setter-, Spaniel-, Otterhund- und Deutsch-Vorstehhundblut und natürlich Griffon-Anteile.

Golden Retriever

Mutig und unermüdlich sind die ursprünglich für die Jagd auf Wasservögel gezüchteten Golden Retriever auch bei Wind und Wetter stets zum Sprung ins Wasser bereit. Heute sind sie beliebte Haushunde, aber auch weiterhin von Jägern geschätzte Begleiter.

Geschichte

Der genaue Ursprung der Golden Retriever ist noch immer heftig umstritten. Aber offenbar hat sich Lord Tweedmouth Mitte des 19. Jahrhunderts um die Züchtung dieser Rasse große Verdienste erworben. Er begann die Zucht mit einem geheimnisvollen »Russischen Spürhund«, den er mit dem Flat-coated Retriever, dem Bluthund und dem Wasser-Spaniel kreuzte. Das Ergebnis war ein Hund mit einem natürlichen Apportinstinkt und einem ausgeprägten Geruchs- und Spürsinn. 1913 wurde der Golden Retriever vom UK Kennel Club als eigenständige Rasse anerkannt.

Charakter

Der Golden Retriever ist ein sanftmütiger und treuer Hund mit einem ausgeprägten Loyalitätsbewußtsein. Er eignet sich sehr gut als Familienhund, denn mit Kindern ist er ausgesprochen geduldig, er braucht allerdings genügend Auslauf.

KOPF
Breiter Schädel, deutlicher Stop, in ein kräftiges Maul übergehend

Golden Retriever
Dank seiner Ahnenreihe ist der Golden Retriever überall dort, wo ein naßkühles Klima vorherrscht, ein perfekter Arbeits- und Spielhund.

Starker, muskulöser und eher langer Hals

HAARKLEID
Dichte Unterwolle mit glattem oder gewelltem Oberfell. Reichliche Befederung. Die vorherrschenden Farben sind kräftiges Gold oder Creme. Nur an der Brust können vereinzelt weiße Haare auftreten.

Seit der Golden Retriever 1908 erstmals ausgestellt wurde, hat seine Beliebtheit ständig zugenommen. Inzwischen hat er sich auf der ganzen Welt einen festen Platz in den Herzen der Hundefreunde erobert.

JAGDHUNDE

Der Nasenspiegel ist vorzugsweise schwarz

Kräftiger Kiefer mit perfektem Scherengebiß

GESICHTSMERKMALE
Golden Retriever

AUGEN
Weit auseinandergestellt, dunkelbraun mit dunkler Umrandung

OHREN
Mittelgroß, auf gleicher Höhe mit den Augen

RUTE
In gleicher Höhe mit dem Rücken getragen, ohne Einrollung der Spitze oder Biegung über den Rücken

Flat-coated Retriever
Obwohl der Flat-coated Retriever heute nicht mehr so beliebt ist wie in den ersten Jahrzehnten dieses Jahrhunderts, ist er immer noch ein begehrter Jagd- und Ausstellungshund. Trotz seiner unglaublichen Energie eignet er sich auch gut als Haushund.

KÖRPER
Gut proportioniert; tiefe Brust mit geradem Rücken und muskulösen Lenden

LÄUFE
Gerade Vorderläufe; Hinterläufe gerade, kräftig und muskulös

PFOTEN
Rund, fest, katzenartig und mit üppigen Fußballen

GRÖSSE
Rüde: 56—61 cm hoch
Hündin: 51—56 cm

Basset Griffon Vendéen

Den in Frankreich, besonders in der Vendée im Westen des Landes lange beliebten Basset Griffon Vendéen gibt es in zwei Schlägen, einmal als sogenannten »Grand« und als kleineren »Petit«. Beide Arten sind energiegeladen, vor Leben sprühend und anhänglich; sie hätten eigentlich mehr Popularität verdient, als sie gegenwärtig genießen.

Geschichte
Die alten gallischen Jagdhunde bilden den Grundstock, aus dem sich der Basset Griffon Vendéen entwickelt hat. Mitte des 19. Jahrhunderts war die Rasse im Grunde genommen eine rauhhaarige (»Griffon«-) Form des Basset. Der Grand wurde ursprünglich zur Wolfsjagd verwendet und wird heute noch bei der Wildschweinjagd eingesetzt. Er zählt zu den größten der französischen Bassets, einer Gruppe, die den Basset Artésien Normand, den Basset Bleu de Gascogne und den Basset Fauve de Bretagne einschließt. Der Petit ist einfach eine Miniaturform des Grand, das Ergebnis selektiver Züchtung.

Charakter
Der Basset Griffon Vendéen ist munter, gesellig, loyal und hervorragend für Kinder geeignet. Beide, der Grand und der Petit, brauchen sehr viel Auslauf, um ihre überreichliche Energie zu entladen, und sind deshalb gewöhnlich nicht für das eingeschränkte Leben in einer Stadtwohnung geeignet.

KOPF
Gewölbt, aber nicht zu breit, mit deutlichem Stop, langem Maul und schwarzem Nasenspiegel

KÖRPER
Gedrungen, fest und gut ausbalanciert

Spinone Italiano
Der Spinone Italiano, eines der »vornehmsten« und ältesten Mitglieder der Griffon-Familie, ist als Jagdgefährte sowohl im offenen Gelände als auch im Wasser einsetzbar. Viele sehen in ihm den besten Vorstehhund überhaupt.

PFOTEN
Breit und kompakt mit kurzen, kräftigen Krallen und festen Ballen

JAGDHUNDE

AUGEN
Groß und dunkel, weder das Weiße des Auges noch die Rötung des unteren Augenlids sind sichtbar.

Gut gewachsener Bart und langhaariger Schnurrbart, der die Lefzen bedeckt

GESICHTSMERKMALE
Grand Basset Griffon Vendéen

Ausgeprägte, aber nicht überhängende Augenbrauen

OHREN
Niedrig angesetzt und lang. Sie sind dünn und geschmeidig, an den Enden oval und mit langem Haar bedeckt.

RUTE
Hoch angesetzt, sich verjüngend, reichlich behaart, fröhlich aufrecht getragen wie ein Säbel

LÄUFE
Gerade Vorderläufe und starke muskulöse Hinterläufe mit stämmigen Knochen. Die Ellbogen sollten in einer Linie mit dem Körper gehalten werden.

HAARKLEID
Lang und rauh, niemals seidig oder wollig, mit dichtem Unterfell. Auch bei Ausstellungstieren wird das Fell nicht getrimmt. Die vorherrschende Farbe ist Weiß in Kombination mit Zitronengelb und Orange; es gibt aber auch dreifarbige oder graumelierte Varianten.

GRÖSSE
Durchschnittlich: 39—43 cm

Grand Basset Griffon Vendéen
Der als Wildschwein-»Jäger« immer noch beliebte Basset Griffon Vendéen ist nicht nur in Europa weit verbreitet, sondern faßt auch langsam in anderen Ländern Fuß.

HUNDERASSEN

Labrador (Retriever)

Der beliebteste Retriever oder Apportierhund ist der Labrador, der besonders für seine Vielseitigkeit berühmt ist. Er wird häufig als Polizei- und Blindenhund eingesetzt, eignet sich aber auch ausgezeichnet als Jagdhund innerhalb und außerhalb des Wassers und als zuverlässiger Familienhund.

Geschichte
Diese Rasse hat ihren Ursprung nicht in Labrador, sondern an der Küste von Neufundland, wo sie darauf abgerichtet war, Fischernetze durch das eiskalte Wasser zu ziehen. Im 19. Jahrhundert besuchten Fischer aus Neufundland regelmäßig die englische Westküste, um ihre Fische zu verkaufen. Dabei überredete man den einen oder anderen auch zum Verkauf seines Hundes. Die Rasse setzte sich sofort als Jagdhund durch und wurde 1903 vom English Kennel Club anerkannt. Der Earl von Malmesbury gab ihr 1887 als erster den Namen Labrador.

Charakter
Der Labrador ist sanft, treu, ausgeglichen, intelligent und außergewöhnlich zuverlässig im Umgang mit Kindern. Er will immer gefallen, aber er schützt auch vor Eindringlingen. Die Rasse paßt bedeutend besser zum Landleben als in eine Stadtwohnung.

KOPF
Breiter Schädel mit ausgeprägtem Stop

HAARKLEID
Kurzes, glattes und dichtes Fell, das sich hart anfühlt und außergewöhnlich wasserabweisend ist. Die vorherrschenden Farben sind kräftiges Schwarz und Gelb; bisweilen ist das Fell aber auch leber- bzw. schokoladenfarben.

Chesapeake Bay Retriever
Diese Rasse hat ein dichtes, ölig glänzendes Haarkleid, Schwimmfüße und gelbe oder bernsteinfarbene Augen. Sie wurde in den USA im frühen 19. Jahrhundert aus zwei Hunden gezogen, »Canton« und »Sailor«, die vor Maryland Schiffbruch erlitten hatten und von denen man annahm, sie seien Neufundländer. Diese wurden dann gekreuzt mit dem Flat-Coated und dem Curly-Coated Retriever sowie mit dem Otterhund.

GRÖSSE
Rüde: 56—57 cm;
Hündin: 54—56 cm

PFOTEN
Fest, rund, mit gut gebogenen Zehen und kräftigen Ballen. Krallen passend zum Fell

JAGDHUNDE

AUGEN
Mittelgroß, braun oder haselnußfarben, intelligent

Die Nase sollte groß und gut entwickelt sein.

Kräftiger Kiefer, die oberen Zähne übergreifen die unteren dicht überlappend.

OHREN
Weit zurückgesetzt, nicht zu schwer, dicht am Kopf hängend

GESICHTSMERKMALE
Labrador Retriever

Labrador Retriever
Wegen seiner ausgezeichneten Nase wurde der Labrador in beiden Weltkriegen zur Minensuche eingesetzt. Heute werden die Tiere von der Polizei auch als Drogenhunde eingesetzt.

KÖRPER
Gut gebaut, mit tiefer, breiter Brust, geradem Rücken und breiten Lenden

Curly-Coated Retriever
Der Curly-Coated Retriever ist mit seinem dicht gelockten schwarzen oder braunen Fell nicht zu verkennen. Im 19. Jahrhundert verwendete man ihn hauptsächlich zum Apportieren von Wasservögeln und anderem Wild bei Wind und Wetter. Zu seinen Verwandten gehören wahrscheinlich der Labrador und der Wasserspaniel.

Berühmte Labrador-Besitzer sind zum Beispiel Bing Crosby und François Mitterand.

LÄUFE
Vorderläufe vom Ellbogen abwärts gerade verlaufend, kräftige Hinterläufe

RUTE
Auffälliger »Otterschwanz«, mit dichtem Fell bedeckt, mittellang, dick an der Wurzel und spitz zulaufend

HUNDERASSEN

Die Setter

Setterartige Hunde finden schon lange für Jagdzwecke Verwendung. Sie gehören zu den anmutigsten und natürlichsten Freilandhunden. Der Irische, der Englische und der Gordon Setter sind sich ähnlich in Größe und Gestalt, haben aber stark unterschiedliche Fellfärbungen.

Geschichte

Der Irische Setter stammt von diversen Spaniel-, Setter- und Vorstehhund-Varietäten ab und war ursprünglich ein rot-weißer Hund mit relativ kurzen Läufen. Im 19. Jahrhundert entstand schließlich nach intensiven Zuchtversuchen der glänzende kastanienrote Setter, der umgehend Preise, aber auch die Herzen für sich zu gewinnen verstand. Ungefähr zur gleichen Zeit wurde der gutmütige und elegante Englische Setter in erster Linie von Sir Edward Laverack hingebungsvoll gezüchtet, weshalb diese Rasse auch »Laverack Setter« genannt wird. Der Gordon Setter wurde von den Herzögen von Gordon auf deren schottischem Besitz mit großer Sorgfalt gezogen. Er verdankt seine schwarz-lohfarbene Färbung einem Collie-Vorfahren.

Charakter

Setter sind im allgemeinen anhänglich, temperamentvoll und voller Lebenskraft. Sie sind nicht immer leicht abzurichten, wahrscheinlich wegen ihres Unabhängigkeitsdrangs, doch wenn sie mit fester Hand geführt werden und sehr viel Auslauf bekommen, können diese Hunde sehr viel Freude bringen.

Irischer Setter

Seinen Namen hat der Irische Setter 1876 vom Ulster Irish Setter Club erhalten. In seiner Heimat Irland kannte man ihn schon lange unter dem Namen »Roter Spaniel«. Die Rasse wird deshalb heute auch unter der Bezeichnung »Roter Setter« geführt.

Der ehemalige US-Präsident Harry S. Truman besaß einen Irischen Setter namens »Mike«.

Gordon Setter

Der größte und stärkste Vertreter der Setter ist der Gordon Setter, den ein ausgezeichnetes Durchhaltevermögen und die nützliche Fähigkeit auszeichnet, lange Zeit ohne Wasser arbeiten zu können. Er hat ein ruhigeres Wesen als die anderen Setter und geht bei der Jagd langsam und methodisch vor.

KOPF
Lang und schmal, mit einem tiefen, an der Spitze quadratischen Fang

JAGDHUNDE

Oberseite von Schädel und Fang verlaufen parallel und sind gleich lang.

AUGEN
Mandelförmig, haselnuß‐farben oder dunkelbraun

OHREN
Mittellang, niedrig und deutlich zurückgesetzt, dicht am Kopf hängend

Die Nase ist dunkelbraun oder schwarz mit weiten Nasenlöchern.

KÖRPER
Tiefe, relativ schmale Brust, gerader Rücken und gewölbte Lenden

GESICHTSMERKMALE
Irischer Setter

RUTE
Mittellang, tief angesetzt und spitz zulaufend; auf Rückenhöhe oder etwas niedriger getragen.

HAARKLEID
Mittellanges glattes, seidiges Haar, mit Be‐federung an Bauch, Rute und Rückseite der Läufe. Die vorherr‐schende Farbe ist tiefes Kastanienrot.

LÄUFE
Gerade, sehnige Vorderläufe; lange und mus‐kulöse Hinter‐läufe

Englischer Setter
Dieser Hund ist ein verläßlicher Jäger in jedem Gelände, jedoch sammeln sich in seinem lan‐gen Fell Samen und Kletten.

PFOTEN
Eher schmale Pfoten mit gebogenen Ze‐hen; fedriges Fell zwischen den Zehen

GRÖSSE
Rüde: 61—66 cm; Hündin: ein wenig kleiner

Amerikanischer Cocker Spaniel

Obwohl der Amerikanische Cocker Spaniel jetzt in erster Linie ein Ausstellungs- und Haushund ist, hat er einen jagdlichen Hintergrund, der noch in seinem intelligenten, eifrigen Wesen nachklingt. Der Name »Cocker« ist wahrscheinlich eine Kurzform von »Woodcocker«, eine Anspielung auf die Fähigkeit des Hundes, Waldschnepfen (woodcock) aufzuscheuchen.

Geschichte

Der Englische Cocker Spaniel gelangte in den achtziger Jahren des 19. Jahrhunderts auch nach Amerika. In nicht allzu langer Zeit entwickelte sich aus der ursprünglich englischen Rasse eine neue, die den besonderen Anforderungen der amerikanischen Jäger besser entsprach. Bis Anfang der dreißiger Jahre dieses Jahrhunderts hatten sich dann zwei deutlich verschiedene Typen herauskristallisiert, die schließlich in den vierziger Jahren offiziell als zwei getrennte Rassen anerkannt wurden. Nach dem Zweiten Weltkrieg gehörten sie zu den beliebtesten Hunden in Amerika und wurden schon bald auch nach Europa eingeführt.

Charakter

Als kühner, lebhafter und eifriger Arbeiter ist der Amerikanische Cocker Spaniel gleichermaßen geeignet für ein Leben als Jagd- oder als Haushund.

Bretonischer Spaniel
Weil dieser Hund sowohl vorsteht als auch apportiert, erfreut er sich bei Jägern immer noch großer Beliebtheit. Das Tier eignet sich aber charakterlich auch hervorragend als Haushund.

KOPF
Rundlicher Schädel mit breitem, tiefem Maul

KÖRPER
Kurzer, fester Körper mit tiefer Brust und sanft abfallendem Rücken

PFOTEN
Fest und rund, mit kräftigen Ballen

JAGDHUNDE

Nasenspiegel und Nasenlöcher sind schwarz oder braun und gut entwickelt.

Der Nacken ist lang, muskulös und leicht gebogen.

AUGEN
Rund und voll, direkt nach vorne schauend; haselnußbraun bis schwarz

Scherengebiß: obere Zahnreihe greift eng über die unteren Zähne.

OHREN
Lang, gut behaart und tief angesetzt

GESICHTSMERKMALE
Amerikanischer Cocker Spaniel

Amerikanischer Cocker Spaniel
Dieser kräftige, athletische Hund braucht sehr viel Auslauf und regelmäßige Pflege.

RUTE
Üblicherweise um drei Fünftel ihrer Länge kupiert. Wird in einer Linie mit dem Rücken oder etwas darüber getragen.

Englischer Springer Spaniel
Der Springer Spaniel, ein weiterer Gebrauchshund, ist einer der größten Spaniels. Sein Name leitet sich von seiner ursprünglichen Aufgabe ab, das Wild für den Falkner aufzuscheuchen oder, wie es im Englischen heißt, »aufzuspringen«.

HAARKLEID
Dichtes, seidiges, flaches oder gewelltes, ziemlich langes Haar; auffällige Befederung. Viele Farben erlaubt, einschließlich Schwarz, Rot, Creme, Schwarz mit Hellbraun, Braun mit Hellbraun, mehrfarbig und trikolor.

GRÖSSE
Rüde: 36—39 cm;
Hündin: 34—36 cm

LÄUFE
Vorderläufe gerade und muskulös, Hinterläufe kräftig und parallel stehend

Cocker Spaniel

Dieser hervorragende Jagdhund scheucht Waldschnepfen, Fasane oder Rebhühner auf und apportiert sie zu Lande und aus dem Wasser. Heute ist der Cocker Spaniel allerdings besser bekannt als Ausstellungshund. Der in Großbritannien und den USA ausgesprochen beliebte Hund hat mehr Preise bei der Cruft's Dog Show gewonnen als jede andere Rasse.

Geschichte

Der Name »Spaniel« leitet sich wahrscheinlich von dem altfranzösischen Wort für »spanischer Hund«, nämlich *espagnol*, ab. Die Spaniel-Familie läßt sich — wie schon der Name vermuten läßt — bis in das Spanien des 14. Jahrhunderts zurückverfolgen. Um 1600 wurden in Westeuropa viele Spanielarten als Jagdhunde verwendet. Bis zum 18. Jahrhundert hatten sich zwei Mitglieder der Familie in Großbritannien durchgesetzt: der größere Springer Spaniel und der Cokker Spaniel. Die Rasse, die wir heute kennen, etablierte sich gegen Ende des 19. Jahrhunderts und war bereits in den dreißiger Jahren die beliebteste Hunderasse in Großbritannien.

Charakter

Der Cocker Spaniel, ein sehr aktives, verspieltes und intelligentes Tier, kann manchmal ziemlich eigensinnig sein. Sein lebhaftes Naturell zeigt sich auch darin, daß er fast ununterbrochen mit dem Schwanz wedelt, besonders wenn der Hund in Bewegung ist oder im Feld arbeitet.

KOPF
Schädel und Fang von gleicher Länge, mit deutlichem Stop genau in der Mitte

KÖRPER
Breite, tiefe Brust, gut federnde Rippen und breite, kurze Lenden

PFOTEN
Katzenartig und fest, mit kräftigen Ballen; Krallen passend zur Fellfarbe

GRÖSSE
Rüde: 39—41 cm;
Hündin: 38—39 cm

Irish Water Spaniel
Die Spezialität dieser an ihren dunklen Korkenzieherlocken zu erkennenden Rasse ist die Jagd auf Wasservögel.

JAGDHUNDE

Clumber Spaniel
Der massige Clumber wurde in Frankreich entwickelt. Unter seinen Vorfahren findet sich auch der Basset Hound. Er ist berühmt für seine Schläue; im Gelände arbeitet er völlig lautlos.

HAARKLEID
Flach anliegendes Fell aus seidigem Haar, in verschiedenen Farben, mit Befederung an Läufen und Bauch

Gut ausgebildete Nasenlöcher

OHREN
Lang, tief angesetzt, auf gleicher Höhe mit Augen, mit geradem, seidigem Haar bedeckt

Fast quadratischer Fang

AUGEN
Groß, dunkelbraun oder dunkelhaselnuß, freundlich, intelligent

Backenknochen nicht besonders vorstehend

RUTE
Tief angesetzt und meist kupiert

GESICHTSMERKMALE
Cocker Spaniel

Cocker Spaniel
Hunde dieser Rasse sind meistens treue Gefährten, die als Gegenleistung jedoch sehr viel Aufmerksamkeit fordern! Zur Pflege gehören unverzichtbar regelmäßiges Bürsten sowie Trimmen der Haare an Pfoten und Ohren und sehr viel Auslauf, um Fettleibigkeit zu vermeiden.

LÄUFE
Kräftige Knochen, gerade kurze Vorderläufe; sehr muskulöse Hinterläufe

65

HUNDERASSEN

Magyar Vizsla

Diese elegante Rasse ist mit ihren außergewöhnlichen Fähigkeiten im Gelände der geborene Jagdhund. Vizslas werden immer noch in erster Linie als Fährten-, Vorsteh- und Apportierhunde gezüchtet, eignen sich aber auch als Familienhunde, wenn sich ihre Besitzer auf einen hohen Bedarf an Auslauf einstellen.

Geschichte

Die Geschichte des ungarischen Nationalhundes reicht bis ins Mittelalter zurück. Seine Vorfahren — so erzählt man — begleiteten bereits die magyarischen Horden, als sie um 900 n. Chr. in Ungarn einfielen. Der Vizsla entwickelte sich wahrscheinlich auf den wildreichen Ebenen Ungarns zu dem stämmigen Hund, den wir heute kennen. Die Rasse wurde durch den Einschnitt der zwei Weltkriege fast ausgelöscht. In den vierziger Jahren jedoch konnten einige Vizsla nach Österreich importiert werden, wo sie sehr sorgfältig gezüchtet wurden und schließlich auch in anderen Teilen der Welt Verbreitung fanden. Sogar Papst Pius XII. und Zsa Zsa Gabor zählen zu den einstigen Besitzern von Ungarischen Vizslas.

Charakter

Der Vizsla ist ein äußerst aktiver, sanftmütiger, intelligenter, gehorsamer Hund mit einem ausgesprochen liebevollen Charakter. Er ist leicht abzurichten und verfügt über großes Durchhaltevermögen.

KOPF
Schmaler, edler Kopf. Der Schädel ist breit und etwas länger als der Fang. Der Nasenspiegel ist braun.

HAARKLEID
Kurzes, gerades und dichtes Haar, stark glänzend; fühlt sich ziemlich fettig an; gelblich-rotbraun

KÖRPER
Athletisch gebaut, mit geradem Rücken, nicht allzubreiter, tiefer Brust und hochgezogenem Bauch

Muskulöse Schultern

LÄUFE
Lang, mit geraden Knochen

1960 erkannte der American Kennel Club den Vizsla offiziell als Rasse an.

JAGDHUNDE

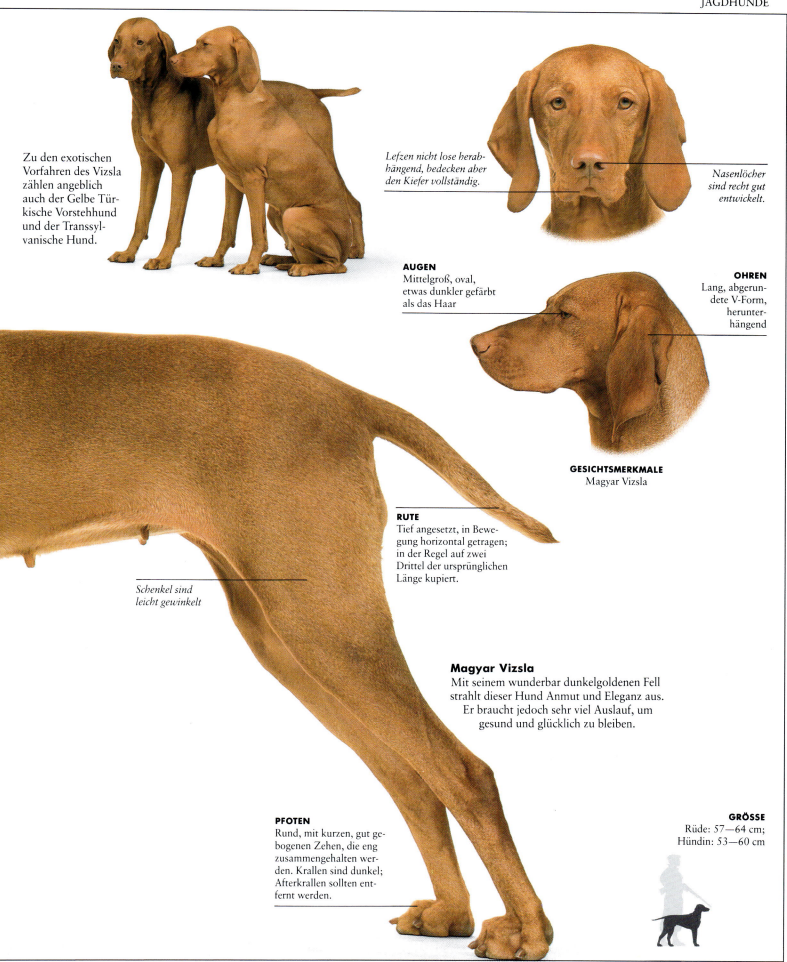

Zu den exotischen Vorfahren des Vizsla zählen angeblich auch der Gelbe Türkische Vorstehhund und der Transsylvanische Hund.

Lefzen nicht lose herabhängend, bedecken aber den Kiefer vollständig.

Nasenlöcher sind recht gut entwickelt.

AUGEN
Mittelgroß, oval, etwas dunkler gefärbt als das Haar

OHREN
Lang, abgerundete V-Form, herunterhängend

GESICHTSMERKMALE
Magyar Vizsla

RUTE
Tief angesetzt, in Bewegung horizontal getragen; in der Regel auf zwei Drittel der ursprünglichen Länge kupiert.

Schenkel sind leicht gewinkelt

Magyar Vizsla
Mit seinem wunderbar dunkelgoldenen Fell strahlt dieser Hund Anmut und Eleganz aus. Er braucht jedoch sehr viel Auslauf, um gesund und glücklich zu bleiben.

PFOTEN
Rund, mit kurzen, gut gebogenen Zehen, die eng zusammengehalten werden. Krallen sind dunkel; Afterkrallen sollten entfernt werden.

GRÖSSE
Rüde: 57—64 cm;
Hündin: 53—60 cm

67

Weimaraner

Dieser große graue Hund ist berühmt für seine vielseitigen jagdlichen Fähigkeiten. Er fand zunächst bei der Jagd auf Großwild — etwa Wölfe, Bären und Wildschweine — Verwendung. Später wurde bei der Züchtung das Schwergewicht jedoch auf das Aufspüren und Apportieren von Wildvögeln gelegt.

Geschichte

In Deutschland wurden große graue Jagdhunde seit dem 17. Jahrhundert verwendet, aber erst im 19. Jahrhundert taucht der Weimaraner als eigene Rasse auf. Er wurde vom Adel des Großherzogtums Weimar entwickelt, wahrscheinlich durch Kreuzung des Bluthunds mit verschiedenen Jagdhundrassen. Seine ausgezeichnete Nase ist zweifelsfrei ein Erbe, das er dieser Abstammung verdankt. Als das Großwild in Deutschland mit zunehmender Ausbreitung der Zivilisation ausstarb, wurde der Weimaraner als Vorstehhund auf die Jagd von Hühnervögeln spezialisiert. Obwohl die Weimaranerzüchtung längst nicht mehr Privileg des Adels war, wurde sie dennoch weiterhin stark kontrolliert und war außerhalb Deutschlands bis in die dreißiger Jahre verboten. Die Rasse hat seitdem eine bedeutende Anhängerschaft gewonnen sowohl in den USA als auch in Großbritannien.

Charakter

Ursprünglich war der Weimaraner als persönlicher Jagdhund adeliger Herren gedacht. Er ist ein aktiver, intelligenter, furchtloser und willensstarker Hund, der sehr viel Auslauf und eine feste Hand benötigt.

Kopf und Ohren haben eine hellere Grauschattierung als der Rest des Fells.

HAARKLEID
Gleichmäßig kurzes und geschmeidiges Haarkleid, vorherrschend in Grauschattierungen, besonders Silbergrau

Kleine weiße Abzeichen auf der Brust sind zulässig.

KÖRPER
Breite, tiefe Brust, hochgezogener Bauch, ziemlich gerundete Lenden und gerader Rücken

LÄUFE
Gut ausgebildete Schenkelmuskulatur an den Hinterläufen; Vorderläufe sind lang und gerade.

Holländischer Partridge Hound

Dieser schlanke, vielseitige Jagdhund existiert als Rasse in den Niederlanden nahezu unverändert mindestens schon seit dem 17. Jahrhundert. Er ist halb Spaniel, halb Setter und hat möglicherweise eine wichtige Rolle bei der Entwicklung anderer bedeutender Jagdhundrassen gespielt. Er eignet sich überdies auch ausgezeichnet als Hausgefährte.

JAGDHUNDE

AUGEN
Mittelgroß, blaugrau oder bernsteinfarben

Nase grau, mit zierlichen Nasenlöchern

Oberlippe den Kiefer voll bedeckend

GESICHTSMERKMALE
Weimaraner

OHREN
Hoch angesetzt, ziemlich lang und etwas gefaltet

Häufig zieht sich ein dunkler Strich über die ganze Rückenlänge.

RUTE
Abgewinkelt getragen und gewöhnlich kupiert

KOPF
Länglicher Kopf, Schädel und Fang gleichlang, mäßiger Stop

Wegen seiner einmaligen grauen Farbe und seines edlen Charakters war der Weimaraner besonders bei solchen Waidmännern begehrt, die eine Rasse mit Stil und Individualität suchten.

Weimaraner
Die meisten dieser Hunde sind kurzhaarig, aber es gibt einen langhaarigen Schlag, dessen Fell eine Länge von 2,5 bis 5 cm erreicht und bei dem Rute und Beinrückseiten befedert sind. Bei diesem Typ wird nur die Schwanzspitze kupiert.

PFOTEN
Fest mit gebogenen Zehen, engstehend; Krallen grau oder bernsteinfarben

GRÖSSE
Rüde 61—69 cm;
Hündin 56—64 cm

HUNDERASSEN

Terrier

Bedlington Terrier

Wenn eine Hundegruppe den Anspruch auf ein »Made in Britain« erheben kann, so sind es die Terrier. Diese Hunde, die für die Jagd auf in unterirdischen Bauten lebende Tiere wie Dachse, Füchse, Hasen und Ratten bestimmt sind, wurden hauptsächlich auf den Britischen Inseln entwickelt. Bei ihrer ersten Invasion bemerkten die Römer bereits den Nutzen dieser »Erdarbeiter« und gaben ihnen den Namen »Terrarii«, abgeleitet von dem lateinischen Wort *terra* = Erde.

Terrierarten

Manche Terrier haben die Aufgabe, Tiere unter der Erde aufzustöbern und zu töten, andere sind darauf trainiert, die Beute zu zwingen, ihren Bau zu verlassen und an der Oberfläche zu erscheinen, wo bereits der Jäger ansteht. Terrier sind im allgemeinen kleine kurzbeinige und stämmige, wachsame und beherzte Hunde. Von diesen hart arbeitenden Hunden gibt es viele verschiedene Schläge, die insgesamt nach der Art ihres Haarkleids in zwei Grundtypen eingeteilt werden: die Gruppe der weich- oder kurzhaarigen Terrier, der zum Beispiel der Smooth Foxterrier angehört, und die Gruppe der lang- oder drahthaarigen Terrier, die etwa den Schottischen und den Skye Terrier einschließt. Der größte Terrier, der Airedale, weist zwar alle elementaren Merkmale der Terriergruppe auf, seine Größe jedoch, die er der Kreuzung des jetzt ausgestorbenen Black and Tan Terriers mit dem Otterhound verdankt, hindert ihn daran, das Wild unter Tag zu verfolgen. Das Ergebnis dieser Kreuzung sollte ein Hund sein, der sowohl für die Dachs- als auch für die Jagd auf den Otter geeignet ist. Über den Bullterrier, eine Kreuzung der Bulldogge mit einer anderen Rasse, nämlich dem White English Terrier, den es nicht mehr gibt, sind die Terrier mit den großen Mastiff-Rassen verwandt.

Scottish Terrier (Scotch)

Britische Rassen

England brachte Rassen wie den Foxterrier, den Airedale, den Bullterrier, den Bedlington und den Manchester Terrier hervor. Schottland entwickelte den Cairn, den Skye und den West Highland sowie den Schottischen Terrier. Irland war der Geburtsort des Irischen und des Kerry Blue Terriers, Wales lieferte den Welsh und den Sealyham Terrier. Shakespeare mag mit dem Hund »Tray« auf einen Terrier angespielt haben, zumindest sehen manche Leute in dieser Bezeichnung eine Abkürzung des Wortes »Terrier«. Fast jede Region in Großbritannien hat ihren eigenen Terrierschlag hervorgebracht; viele von diesen Schlägen sind inzwischen ausgestorben oder in anderen Rassen aufgegangen oder blieben auf ein sehr enges Gebiet begrenzt. Hierzu zählen insbesondere Devon, Poltalloch, Clydesdale, Aberdeen, Roseneath und Cheshire Terrier.

Border-Terrier

70

TERRIER

Soft-coated Wheaten Terrier

Welsh Terrier

Helden in der Schlacht

Vermutlich hat keine Hunderasse so viele »Kriegshelden« hervorgebracht wie die Terrier. »Crib« war ein Bullterrier, der in der napoleonischen Zeit zusammen mit dem britischen East Kent Regiment in Spanien in den Krieg zog, mit einem Pudel französischer Herkunft im Niemandsland einen Kampf ausfocht und den Sieg davontrug. »Billy«, ein gestreifter Bullterrier, diente um die Jahrhundertwende bei den Royal Ulster Rifles in Transvaal, wurde verwundet und lernte, ein Hinken vorzutäuschen, um auf einem Kavalleriepferd mitreiten zu dürfen. »Bob« war ein der Schottischen Garde im Krimkrieg zugeteilter Terrier, der russischen Kanonenkugeln nachjagte, wenn sie hinter den britischen Linien landeten. »Scout« war ein Irischer Terrier der Royal Dragoons, der die siegreichen Truppen ins südafrikanische Bloemfontein führte. Er wurde dafür mit dem Sechs-Streifen-Orden der Königin und dem Zwei-Streifen-Orden des Königs ausgezeichnet. »Drummer Jack«, ein Foxterrier, diente bei den Coldstream Guards im Ersten Weltkrieg und verdiente sich den 1914-Star, den Viktoria-Orden und den General-Service-Orden.

Jack Russell Terrier

Es gab noch mehr solch tapferer Terrier. In Kunst und Literatur spielten Terrier stets tragende Rollen. Maler wie Brueghel, LeNain und vor allem Landseer stellten auf ihren Gemälden Terrier dar. Landseer verewigte seinen Rough White Terrier »Brutus« auf etlichen berühmten Gemälden, so zum Beispiel auf den Bildern *Rattenfänger* und *Zuneigung*.

Rauhe Individualisten

Keine andere Hunderasse besitzt mehr Tapferkeit und Zähigkeit, Kühnheit oder Mumm als der Terrier. Wer hat nicht schon einmal in der Zeitung gelesen, daß ein in einem eingestürzten Minenschacht verschütteter Terrier erst nach mehreren Tagen lebend geborgen werden konnte? Wer hätte nicht schon eine der Geschichten über die unglaubliche Zähigkeit dieser kleinen Kerle gehört, die sogar brutale — und illegale — Schaukämpfe überleben? Die meisten Terrier in Großbritannien werden heute glücklicherweise nicht mehr in solche Schaukämpfe geschickt, sondern gelten als liebevolle, loyale und lebhafte Haushunde und Gefährten.

Kerry Blue Terrier

Manchester Terrier

71

HUNDERASSEN

Airedale Terrier

Dieser Riese unter den Terriern ist nach dem Tal in Yorkshire benannt, aus dem er stammt. Ursprünglich für die Otterjagd vorgesehen, verfügt der Airedale über große Kraft und Energiereserven. Außerdem ist er ein ausgezeichneter Schwimmer. Nichts macht ihn glücklicher, als im Wasser herumplantschen zu dürfen.

Geschichte

Diese Rasse wurde im letzten Jahrhundert durch Kreuzung des Otterhound mit dem inzwischen ausgestorbenen Black and Tan Terrier entwickelt, und zur Jagd auf Bären, Wölfe, Wildschweine und Hirsche, aber auch auf Otter verwendet. Der Airedale war einer der ersten Hunde, die im Ersten Weltkrieg von der britischen Armee rekrutiert wurden. Er diente als Wach- und Meldehund in den Gräben von Flandern. Ein Airedale namens »Jack« hat übrigens posthum das Viktoria-Kreuz für Tapferkeit im Feld erhalten.

Charakter

Airedales sind freundlich und treu und geben ausgezeichnete Haushunde ab, eignen sich aber auch als Bewacher. Sie können allerdings bisweilen ein bißchen ungebärdig sein. Ihr Besitzer muß daher liebevoll, aber entschlossen mit ihnen umgehen.

Welsh Terrier

Diese Rasse schaut wie eine kleinere Variante des Airedale aus. Wahrscheinlich ist der gemeinsame Vorfahr der beiden Varietäten, nämlich der Black and Tan Terrier, für diese Ähnlichkeit verantwortlich.

KÖRPER
Tiefe, aber nicht besonders breite Brust; kurzer, kräftiger und gerader Rücken

HAARKLEID
Steif, drahtig und dicht am Körper anliegend. Die vorherrschenden Farben sind Dunkelgrau oder Schwarz; Kopf, Ohren, Unterkörper und Läufe meist braun bzw. lohfarben.

TERRIER

Airedale Terrier
Einer der großen Vorteile dieses Hundes ist, daß er kaum haart. Er ist jedoch voll Energie und braucht täglich ausgedehnte Spaziergänge.

RUTE
Recht hoch angesetzt und aufrecht getragen, aber nicht vorwärts über den Rücken gebogen. Üblicherweise kupiert, so daß die Schwanzspitze eine Ebene mit der Schädeldecke bildet.

Nasenspiegel sollte schwarz und nicht zu klein sein.

OHREN
V-förmig, klein und zum Kopf hin gefaltet, aber nicht auf die Augen weisend

KOPF
Lang und ziemlich schmal, mit flachem Schädel und langer Schnauze

Backen sollten eben sein, nicht voll.

GESICHTSMERKMALE
Airedale Terrier

LÄUFE
Vorderläufe lang und gerade; Hinterläufe lang und kräftig mit muskulösen Schenkeln

PFOTEN
Klein, rund und fest mit leicht gebogenen Zehen

GRÖSSE
Rüde: 58—61 cm;
Hündin: 56—59 cm

HUNDERASSEN

Bedlington Terrier

Er mag zwar aussehen wie ein Lamm, aber dieser faszinierende und ziemlich eigenartige Hund ist alles andere als ein Weichling! Er ist widerstandsfähig, zäh und schnell und kommt aus dem englischen Kohlenrevier Northumberland, wo er für die Jagd auf unliebsame Kleintiere, Otter und sogar Füchse gezüchtet wurde. Trotz seines ungewöhnlichen Aussehens und seines gelockten Fells ist der Bedlington ein bemerkenswerter Kämpfer mit prächtig entwickelten Kiefern.

Geschichte
Der älteste Bedlington, der nach seinem Herkunftsort Rothbury Terrier genannt wurde, hatte einen schweren Körper und kürzere Läufe als sein heutiger Nachfolger. Im späten 18. und frühen 19. Jahrhundert wurde er mit Whippet, Dandie Dinmont und möglicherweise mit pudelartigen Hunden gekreuzt, so daß eine größere, elegantere und schnellere Rasse entstand, die jedoch ihre wichtigsten Eigenschaften, nämlich Schneid und Ausdauer, bewahrte. Der »neue« Bedlington war der Traum eines jeden Wilderers und wurde als Zigeunerhund bekannt. Allmählich wurde die Rasse zu einem ausgezeichneten Begleithund verfeinert. Den letzten Schliff verdankt dies unverwechselbare Tier der Kunst des Scherens und Trimmens.

Charakter
Ganz nach Art seiner Vorfahren neigt der Bedlington gelegentlich dazu, Kämpfe mit anderen Hunden zu suchen, im allgemeinen ist er jedoch ein liebenswürdiger und treuer Freund.

KOPF
Birnenförmig, mit einem schmalen Schädel und ohne Stop

OHREN
Von bescheidener Größe, mandelförmig, tief angesetzt und flach gegen die Backen hängend

Bedlington Terrier
Den Bedlington Terrier zu pflegen kann ein ziemlich komplizierter Vorgang sein. Die erste Schur sollte immer von einem Spezialisten gemacht werden. Für den hygienischen Haushalt ist es sicher ein Vorteil, daß diese Rasse nicht haart.

Der Bedlington Terrier Club wurde 1875 in Großbritannien gegründet.

Die Augenfarbe entspricht seiner Fellfarbe; dunkle Augen bei blauen, helle bei zweifarbig blau und hellbraunen, blaßhaselnußfarbene bei sand- und leberfarbenen Hunden.

74

TERRIER

AUGEN
Klein, leuchtend und tief gesetzt. Im Idealfall erscheint das Auge dreieckig.

Das Schopfhaar ist fast weiß.

Die Schädellinie geht nahtlos in die »römische« Nase über.

Seidige weißliche Fransen an den Ohren

GESICHTSMERKMALE
Bedlington Terrier

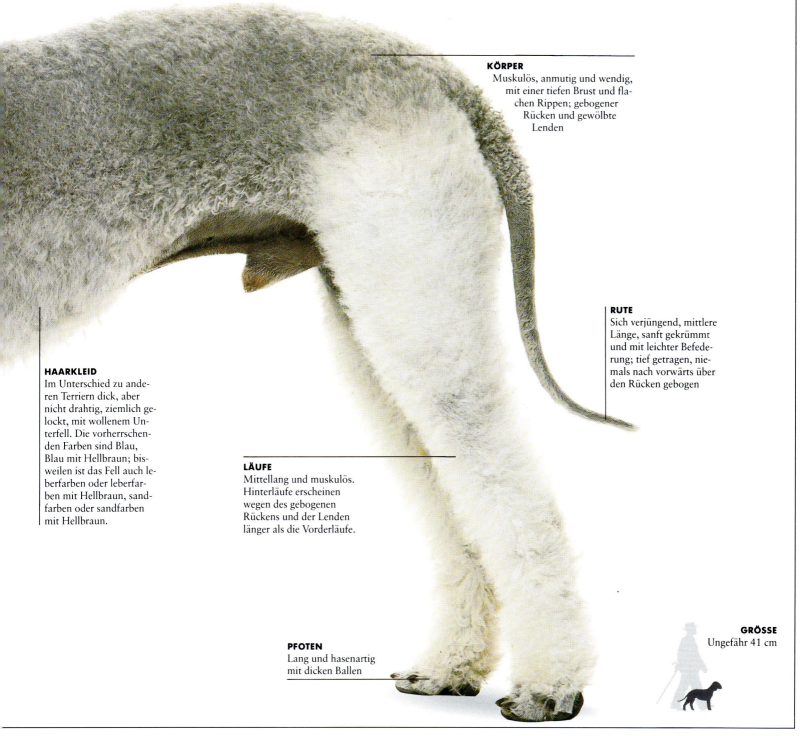

KÖRPER
Muskulös, anmutig und wendig, mit einer tiefen Brust und flachen Rippen; gebogener Rücken und gewölbte Lenden

HAARKLEID
Im Unterschied zu anderen Terriern dick, aber nicht drahtig, ziemlich gelockt, mit wolligem Unterfell. Die vorherrschenden Farben sind Blau, Blau mit Hellbraun; bisweilen ist das Fell auch leberfarben oder leberfarben mit Hellbraun, sandfarben oder sandfarben mit Hellbraun.

LÄUFE
Mittellang und muskulös. Hinterläufe erscheinen wegen des gebogenen Rückens und der Lenden länger als die Vorderläufe.

RUTE
Sich verjüngend, mittlere Länge, sanft gekrümmt und mit leichter Befederung; tief getragen, niemals nach vorwärts über den Rücken gebogen

PFOTEN
Lang und hasenartig mit dicken Ballen

GRÖSSE
Ungefähr 41 cm

75

HUNDERASSEN

Border Terrier

Das rauhe und einsame Grenzland zwischen Schottland und England ist die Heimat des kühnen und durchaus nützlichen Border Terriers. Sein rauhes, dichtes Fell kommt ihm besonders an langen feuchten Tagen zugute, wenn er seinen Herrn auf die Fuchsjagd begleitet. Außerdem ist er zäh und klein genug, um seinen wehrhaften Widersacher auch unter der Erde anzugreifen.

Geschichte

Die ersten Border-Terrier-Schläge gehen zurück auf das späte 17. Jahrhundert. Sie teilen ihre Ahnenreihe mit anderen Terriern dieser Region, wie zum Beispiel dem Lakeland, dem Dandie Dinmont, dem Bedlington und dem inzwischen ausgestorbenen, rein weißen Redesdale Terrier. Bevor sich 1880 schließlich sein heutiger Name durchsetzte, wurde er häufig Reedwater oder Coquetdale Terrier genannt. Der Border Terrier Club wurde 1920 in Großbritannien gegründet.

Charakter

Als Begleithund ist der Border lebhaft, liebevoll und treu. Er ist durchaus ein Hund, den man auch in einem Haus oder in einer Stadtwohnung halten kann, aber er braucht viel Auslauf, um seine überschüssige Energie loszuwerden.

KOPF
Otterartig, mit breitem Schädel und kurzem Fang

HAARKLEID
Hartes, drahtiges Deckhaar mit kurzem, dichtem Unterfell. Die vorherrschenden Farben sind Blaugrau mit Hellbraun, Blau mit Hellbraun, Rot oder Beige, oft mit ein bißchen Weiß auf der Brust.

KÖRPER
Lang, schmal und tief, mit kräftigen Lenden

RUTE
Ziemlich kurz, dick und spitz zulaufend; hoch angesetzt und in Bewegung aufrecht getragen

Obwohl der Border bei der Verfolgung des Fuchses traditionell hartnäckig und angriffslustig ist, gilt er im allgemeinen als liebenswürdiger Zeitgenosse.

TERRIER

Border Terrier
Diese attraktive Rasse ist berühmt für ihre Vitalität. Es wird sogar behauptet, der Border Terrier sei in der Lage, mit einem Pferd Schritt zu halten.

OHREN
V-förmig, schmal und nach vorn fallend, so daß sie dicht an den Backen liegen.

Ziemlich langer Nacken

AUGEN
Dunkel und aufmerksam

Nasenspiegel vorzugsweise schwarz

GESICHTSMERKMALE
Border Terrier

LÄUFE
Nicht sonderlich kompakt; Vorderläufe sind gerade, Hinterläufe haben abgerundete Schenkel.

PFOTEN
Klein, mit dicken Ballen

GRÖSSE
Schulterhöhe: 32—35 cm;
Gewicht: Rüde 6—7 kg;
Hündin: 5—6,5 kg

HUNDERASSEN

Bullterrier

Trotz seiner wilden und furchteinflößenden Erscheinung ist der Bullterrier Menschen gegenüber freundlich und zu Kindern durchaus sanft. Er braucht jedoch eine feste Hand, da er viel Kraft besitzt und anderen Hunden gefährlich werden kann.

Geschichte

Im 18. Jahrhundert wurden Bulldoggen mit Terrierarten gekreuzt, um »Bull and Terrier«-Kampfhunde zu züchten. Diesen wurde schließlich English-Toy-Terrier- und Whippetblut beigemischt, so daß sich in der neuen Rasse Schnelligkeit und Beweglichkeit mit Wildheit und Stärke verbanden. Um 1860 verfeinerte ein Hundehändler aus Birmingham namens James Hinks die Rasse durch Zuführung der Erbanlagen des English White Terriers und wahrscheinlich des Dalmatiners und des Spanischen Vorstehhundes. Dies ergab einen weißen, recht muskulösen Hund mit glattem Kopf und — im Vergleich zu seinen Vorfahren — kurzen Läufen. In den zwanziger Jahren dieses Jahrhunderts wurden, um die mit der rein weißen Rasse verbundene genetische Tendenz zur Taubheit zu unterbinden, andere Farben in das Haarkleid des Hundes eingekreuzt.

Charakter

Obwohl diese Rasse Fremden gegenüber mißtrauisch und anderen Hunden gegenüber mitunter gefährlich aggressiv ist, gilt sie als anhänglich, vorausgesetzt ihr wird genügend Aufmerksamkeit gewidmet und Bewegung ermöglicht.

KOPF
Lang, stark und eiförmig, mit sanft konvex gebogenem Profil (»Ramsnase«)

Bullterrier
In der zweiten Hälfte des 19. Jahrhunderts erfreute sich der weiße Bullterrier bei Spielern besonderer Beliebtheit.

KÖRPER
Kurz und ziemlich muskulös, mit tiefer, breiter Brust

PFOTEN
Rund und fest, mit gebogenen Zehen

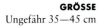

GRÖSSE
Ungefähr 35—45 cm

Im März 1865 stellte der gestreifte Bullterrier »Pincher« einen erstaunlichen Rekord bei der Rattenjagd auf: Er tötete 500 Ratten in 36 Minuten und 26,5 Sekunden!

TERRIER

Staffordshire Bullterrier
Der Staffordshire Bullterrier wurde ursprünglich für den blutigen Sport der Bullen- und Bärenhetze gezüchtet. Obwohl er inzwischen zum treuen, verläßlichen und liebevollen Haushund geworden ist, stürzt er sich auch heute noch mit wahrer Freude in eine zünftige Keilerei.

OHREN
Klein, dünn und dicht nebeneinandergestellt; aufrecht getragen

Scherengebiß: Die oberen Zähne greifen eng über die untere Zahnreihe.

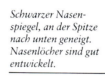

Schwarzer Nasenspiegel, an der Spitze nach unten geneigt. Nasenlöcher sind gut entwickelt.

AUGEN
Dreieckig, schräg gestellt und tief gesetzt; schwarz oder dunkelbraun

GESICHTSMERKMALE
Bullterrier

RUTE
Kurz, sich verjüngend, tief angesetzt und horizontal getragen

LÄUFE
Gerade und parallel, mit schweren Knochen und kraftvollen Schenkeln

HAARKLEID
Kurz, hart und flach, matt glänzend. Vorherrschende Farben sind Reinweiß, Rot, Beige, Schwarz gestromt; auch dreifarbig. Blau und Leberfarbe sind unerwünscht.

Amerikanischer Staffordshire Terrier
Im 19. Jahrhundert gelangte der Staffordshire Bullterrier über den Atlantik und wurde zum Stammvater eines schweren und besonders starkknochigen Schlages, der inzwischen unter dem Namen Amerikanischer Staffordshire Terrier als eigene Rasse anerkannt ist. In den Vereinigten Staaten haben diese Hunde bisweilen kupierte Ohren.

HUNDERASSEN

Cairn Terrier

Der Cairn, einer der kleinsten Gebrauchsterrier, hat seinen Namen von dem gälischen Wort *cairn*, das Steinhaufen bedeutet. Die Landschaft des schottischen Hochlands ist mit Steinhaufen übersät, man nimmt an, daß sie zur Markierung der altrömischen Gräber dienen. Der Cairn Terrier war auf die Jagd jener Beutetiere spezialisiert, die vorzugsweise in diesen Steinhaufen Zuflucht suchten, nämlich Nagetiere, Wiesel, Füchse und gelegentlich auch die gefährliche schottische Wildkatze.

Geschichte

Die Geschichte dieses anspruchsvollen, aktiven kleinen Terriers läßt sich mindestens fünfhundert Jahre zurückverfolgen. Er wurde erstmals auf der Isle of Skye gezüchtet und hat gemeinsame Vorfahren mit anderen Highlandern wie dem Schottischen Terrier und dem West Highland White Terrier. Wenn er gerade kein Raubzeug jagte, setzte man den Cairn früher auch gerne auf Hasen an oder ließ ihn nach Maulwürfen graben und am Wasser Otterspuren aufnehmen. Der Cairn Terrier wurde 1912 offiziell vom British Kennel Club als Rasse anerkannt, dennoch kreuzten einige Züchter Cairn Terrier mit West Highland White Terriern und bezeichneten die helleren Welpen als West Highland White Terrier und die dunkleren als Cairn Terrier. In dem Bemühen, die Rassen getrennt zu halten, verweigerte der British Kennel Club 1924 die Eintragung der Tiere aus solchen Kreuzungen. Die Rasse wurde erst 1913 vom American Kennel Club anerkannt.

Charakter

Als Begleithund braucht der Cairn keine Konkurrenz zu fürchten. Er gilt als intelligent, loyal, freundlich und munter.

KOPF
Breiter Schädel mit einem recht deutlichen Stop, der in einen kraftvollen Fang übergeht.

KÖRPER
Stark und kompakt, mit tiefer Brust und geradem Rücken

Australischer Terrier
Dies ist einer der wenigen Terrier, die außerhalb Großbritanniens gezüchtet wurden. Die äußere Erscheinung des Australischen Terriers ist ganz den harten und rauhen Lebensbedingungen angepaßt, die in seiner Heimat vorherrschend sind.

80

TERRIER

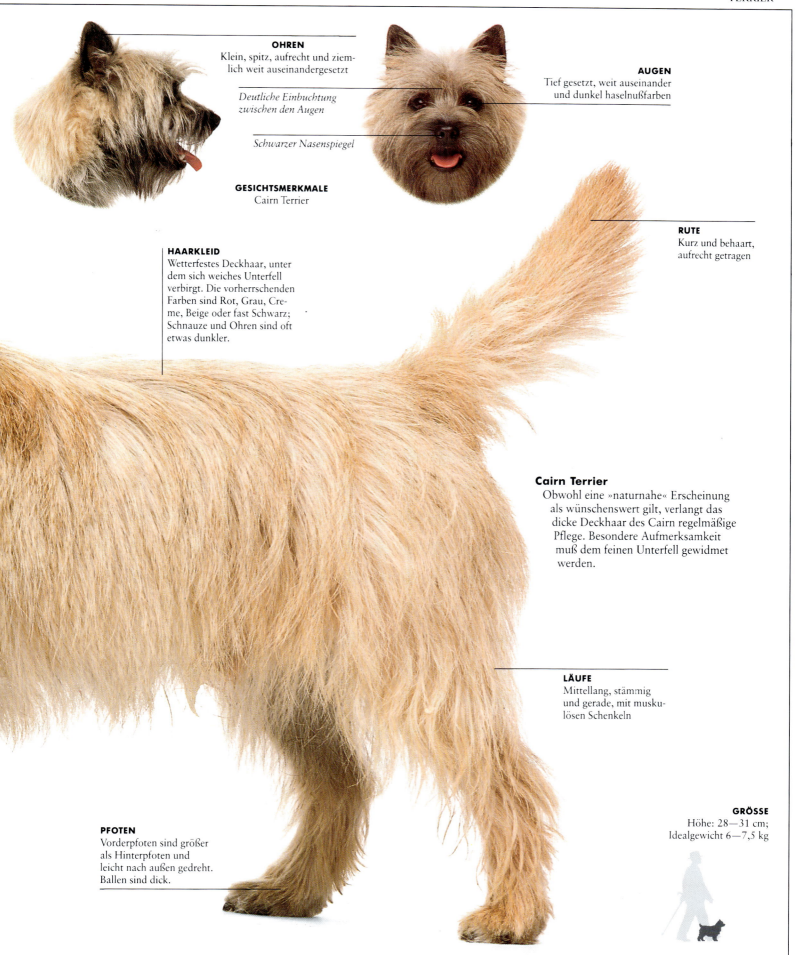

OHREN
Klein, spitz, aufrecht und ziemlich weit auseinandergesetzt

Deutliche Einbuchtung zwischen den Augen

Schwarzer Nasenspiegel

AUGEN
Tief gesetzt, weit auseinander und dunkel haselnußfarben

GESICHTSMERKMALE
Cairn Terrier

RUTE
Kurz und behaart, aufrecht getragen

HAARKLEID
Wetterfestes Deckhaar, unter dem sich weiches Unterfell verbirgt. Die vorherrschenden Farben sind Rot, Grau, Creme, Beige oder fast Schwarz; Schnauze und Ohren sind oft etwas dunkler.

Cairn Terrier
Obwohl eine »naturnahe« Erscheinung als wünschenswert gilt, verlangt das dicke Deckhaar des Cairn regelmäßige Pflege. Besondere Aufmerksamkeit muß dem feinen Unterfell gewidmet werden.

LÄUFE
Mittellang, stämmig und gerade, mit muskulösen Schenkeln

PFOTEN
Vorderpfoten sind größer als Hinterpfoten und leicht nach außen gedreht. Ballen sind dick.

GRÖSSE
Höhe: 28—31 cm;
Idealgewicht 6—7,5 kg

81

Dandie Dinmont Terrier

Dieser mutige kleine Terrier erhielt seinen Namen von einer Romanfigur, einem Farmer und Hundebesitzer aus Sir Walter Scotts Roman *Guy Mannering*. Ursprünglich war der Dandie Dinmont ein vollendeter Jäger, der Raubzeug, Hasen, Ottern und Dachsen das Leben schwermachte. Inzwischen wird er hauptsächlich wegen seines unverwechselbaren Äußeren und seines freundlichen Wesens geschätzt.

Geschichte
Der Dandie Dinmont aus dem Grenzland zwischen England und Schottland läßt sich als eigene Rasse bis ins 17. Jahrhundert zurückverfolgen. Er ist auch auf Gainsboroughs Porträt des Herzogs von Buccleuch zu sehen und war der Lieblingshund von König Louis Philippe von Frankreich. Von anderen Terriern setzt er sich durch seinen langen, gebogenen Rücken und seinen krummschwertartigen Schwanz deutlich ab. Unter seinen Vorfahren finden sich vermutlich der Otterhound und der Bassethound, aber auch Skye, Border, Cairn, Schottischer und Bedlington Terrier.

Charakter
Der Dandie Dinmont ist freundlich, verspielt und ausgesprochen treu. Er ist ein aufmerksamer Wachhund und bellt überraschend laut.

HAARKLEID
Ziemlich lang, mit einer Mischung aus harten und weichen Haaren. Die vorherrschenden Farben sind Schwarz bis Blaßgrau (»Pfeffer«) oder Rötlichbraun bis Beige (»Senf«).

Skye Terrier
Eine Theorie besagt, daß diese Rasse ihre Entstehung im 17. Jahrhundert dem Schiffbruch einer spanischen Galeone vor der Küste der schottischen Hebrideninsel Skye verdankt. An Bord befanden sich Malteser Hunde, die sich mit den einheimischen Hunden der Insel paarten, woraus die heutigen niedlichen, munteren kleinen Terrier entstanden.

TERRIER

Üppiger Haarschopf

AUGEN
Groß und rund, weit auseinanderstehend und tief gesetzt; dunkelhaselnußfarben

OHREN
Lang, dicht an den Backen hängend, weit auseinanderstehend und relativ weit hinten angesetzt

Ausgesprochen gefühlvoller Gesichtsausdruck

KOPF
Ziemlich groß, mit breitem Schädel, stark entwickelten Kiefern und schwarzer Nase

GESICHTSMERKMALE
Dandie Dinmont Terrier

Dandie Dinmont Terrier
Ausstellungshunde bedürfen regelmäßiger und sorgfältiger Pflege, wobei besonders der buschige Haarschopf zu beachten ist.

Soll der Dandie Dinmont tipptopp in Form bleiben, muß man täglich mit ihm spazierengehen und ihn relativ fettarm ernähren.

KÖRPER
Tiefe Brust und langer, starker Rücken; über den Lenden leicht gewölbt

RUTE
An der Wurzel dick, zum Ende hin spitz zulaufend; Unterseite hübsch befedert; gebogen und über Körperniveau getragen; bei Aufregung senkrecht nach oben stehend

GRÖSSE
Schulterhöhe: 24—28 cm
Gewicht: 8—11 kg

LÄUFE
Gut entwickelt und muskulös; Hinterläufe etwas länger als die Vorderläufe

Foxterrier

Foxterrier sind die klassischen englischen Terrier: voll Energie, unbezähmbar und streitsüchtig. Fachleute streiten, ob der Drahthaar- oder der Glatthaar-Foxterrier der ältere Schlag ist, beide zeichnen sich jedoch durch die gleichen Merkmale aus und unterscheiden sich lediglich in der Beschaffenheit des Fells.

Geschichte

Der Drahthaar-Foxterrier wurde im frühen 19. Jahrhundert für die Fuchsjagd gezüchtet. In seinen Adern fließt das Blut verschiedener Terrier, zum Beispiel des rauhhaarigen Black and Tan, während die glatthaarige Variante vom glatthaarigen Black and Tan vermischt mit Beagle, Bulldogge und Greyhound abstammt. Die Rasse kann auf eine beneidenswerte Militär-»Karriere« zurückblicken: Ein Drahthaar-Foxterrier namens »Drummer Jack« war im Ersten Weltkrieg den Coldstream Guards zugeteilt und wurde mit dem General-Service-Orden ausgezeichnet. Ein anderer, »Igloo«, begleitete von 1928 bis 1930 (voll ausgestattet mit vier pelzgefütterten Fußwärmern und einem Kamelhaarmantel) Admiral Bird in die Antarktis. Glatt- und Drahthaar-Foxterrier wurden von England aus in die ganze Welt exportiert. Ihre jeweilige Beliebtheit ist im Laufe der Jahre Schwankungen unterworfen gewesen. Obwohl der Drahthaar-Foxterrier anfänglich weniger Anhänger hatte als der Glatthaar-Foxterrier, hat er nach und nach seinen Rivalen an Beliebtheit übertroffen und in den zwanziger Jahren unseres Jahrhunderts den Höhepunkt seiner Popularität erreicht.

Charakter

Als Begleithund ist der Foxterrier anhänglich und ein guter Beschützer. Er braucht jedoch eine feste Hand, damit sein Jagdinstinkt nicht mit ihm durchgeht.

GRÖSSE
Rüde bis zu 40 cm;
Hündin etwas kleiner

KOPF
Flacher, ziemlich schmaler Schädel mit hageren Backen; Nase schwarz

HAARKLEID
Dichtes und drahtiges Deckhaar, mit feinerem Unterfell. Farbe: überwiegend Weiß. Flecken sollten schwarz, schwarz und hellbraun oder nur hellbraun, jedoch nicht gestreift, rot oder leberfarben sein.

Drahthaar-Foxterrier
Dieser Hund war 1872 erstmals im Ausstellungsring zu besichtigen. Inzwischen ist er beliebter als die Glatthaar-Variante.

KÖRPER
Kurzer, gerader Rücken, tiefe Brust, leicht gewölbte und muskulöse Lenden

Glatthaar-Foxterrier
Der Glatthaar-Foxterrier hat ein gerades, flach anliegendes Haarkleid. Dieser sehr begabte »Ratten«-Fänger wurde offiziell in den sechziger Jahren des 19. Jahrhunderts als Rasse anerkannt. Dies war der Hund, der auf den frühen »His-Master's-Voice«-Grammophonplatten abgebildet war.

TERRIER

Diese Rasse besitzt einen ausgeprägten Gleichgewichtssinn und ist immer für jeden Spaß zu haben.

Das Fell des Drahthaar-Foxterriers fühlt sich ungefähr so an wie das Äußere einer Kokosnuß.

Sein aufrichtiges Wesen macht ihn zum begehrten Familienhund.

SCHWANZ
In der Regel kupiert, gerade und stehend getragen, nicht über den Rücken geringelt

OHREN
V-förmig, klein und nach vorne gefaltet, so daß sie dicht an den Backen anliegen

AUGEN
Klein, rund und dunkel

Scherengebiß: obere Zähne dicht über die unteren greifend

Hals ziemlich lang und muskulös, zur Schulter breiter werdend

GESICHTSMERKMALE
Drahthaar-Foxterrier

LÄUFE
Starkknochig, gerade und parallel

PFOTEN
Rund, wohlproportioniert und fest, mit leicht gebogenen Zehen

HUNDERASSEN

Jack Russell Terrier

Das Liebenswerteste an diesem vor Leben überschäumenden Tier sind seine Intelligenz, seine Begeisterungsfähigkeit und sein treues, zuverlässiges Wesen. Die wichtigsten Hundeverbände der Welt verweigern dem Jack Russell die Anerkennung als eigenständige Rasse. Seine Liebhaber sind hingegen ganz froh darüber, daß seine ausgezeichneten praktischen Fähigkeiten nicht zum Spielball züchterischen Selbstdarstellungsdranges geworden sind.

Geschichte
Einer der »jagenden Pfarrer« der Kirche von England, ein gewisser Reverend Jack Russell aus Devon, führte diese Rasse im frühen 19. Jahrhundert ein und gab ihr seinen Namen. Der Reverend war ein passionierter Fuchsjäger und brauchte einen flinken Hund mit großem Kampfgeist, der mit der Meute mithalten konnte und den Mut hatte, seine Beute auch unter der Erde zu stellen. Wenn es gerade keine Füchse aufzuspüren gab, erwies sich der Jack Russell schon von jeher als großer Vernichter von Raubzeug. Der angenehme Charakter ist immer schon das Hauptkennzeichen dieser Rasse gewesen, von der es etliche Varianten gibt.

Charakter
Der Jack Russell Terrier ist begeisterungsfähig, fröhlich, treu und ein ausgezeichneter Wachhund.

HAARKLEID
Es gibt diesen Hund in zwei Fellvarianten: einmal mit kurzen glatten, zum anderen mit längeren rauhen Haaren. Die vorherrschende Farbe ist Weiß mit Flecken. Auch ein ganz hellbrauner Typ kommt vor.

KÖRPER
Kräftig, mit geradem Rücken, leicht gewölbten Lenden und einer ziemlich schmalen Brust.

RUTE
Kurz und hoch getragen

Die offizielle Anerkennung dieser ausgesprochen liebenswerten Tiere durch den British oder den American Kennel Club steht noch aus.

86

TERRIER

OHREN
V-förmig, klein und nach vorn fallend

Schwarze Lefzen

KOPF
Flacher, ziemlich breiter Schädel mit leicht spitz zulaufendem Fang und schwarzem Nasenspiegel

AUGEN
Dunkelbraun, mandelförmig, lebhaft

Leichter Stop

GESICHTSMERKMALE
Jack Russell Terrier

Jack Russell Terrier
Diese Rasse verfügt über ungeheure Energiereserven, verliert aber rasch die gute Kondition, wenn es an Auslauf mangelt.

LÄUFE
Kurz, mit muskulösen Schenkeln

PFOTEN
Fest, mit schön gebogenen Zehen

GRÖSSE
Bis zu 36 cm hoch

HUNDERASSEN

Kerry Blue Terrier

Der Kerry Blue Terrier, manchmal auch einfach Irish Blue genannt, ist der Nationalhund der Irischen Republik. Seine Vergangenheit ist von Geheimnissen umwittert: Er könnte ein Nachfahre der spanischen Hunde sein, die nach dem Schiffbruch der Armada 1588 die irische Küste erreichten, oder — wie manchmal vermutet wird — ein Verwandter des beträchtlich größeren Irischen Wolfshundes.

Geschichte

Manche glauben, der Kerry Blue sei ein echter »Sohn« Irlands. Sicher ist, daß er im 18. Jahrhundert auf der Grünen Insel als Kampf-, Jagd-, Hüte- und Wachhund verwendet wurde. Seitdem hat er wahrscheinlich die eine oder andere Portion Dandie Dinmont und Bedlington Terrier-Blut erhalten. Kerry Blues gaben 1922 in England ihr Ausstellungsdebüt und wurden zwei Jahre später offiziell vom American Kennel Club anerkannt.

Charakter

Der Kerry Blue ist trotz seiner Neigung zur Dickschädeligkeit ein ausgeglichenes, lebhaftes und treues Tier. Er eignet sich gut als Haushund, verlangt jedoch eine feste Hand.

KOPF
Lang und im Verhältnis zum Körper gut proportioniert. Der Schädel ist flach mit einem leichten Stop.

Soll das Tier ausgestellt werden, so bedarf es zuvor gründlichen Trimmens und Bürstens.

Der Kerry Blue ist ausgesprochen reinlich und haart nicht.

TERRIER

HAARKLEID
Sehr dick, weich, seidig und lockig. Die vorherrschende Farbe ist Blaugrau, manchmal mit dunkleren Partien.

RUTE
Üblicherweise kupiert, mittellang, hoch angesetzt und aufrecht getragen

AUGEN
Klein bis mittelgroß und dunkelfarbig

Buschiger Bart

OHREN
V-förmig, klein und nach vorn fallend, so daß sie dicht an den Backen anliegen

Üppiger Schnurrbart

GESICHTSMERKMALE
Kerry Blue Terrier

Kerry Blue Terrier
Kerry Blues sind bei der Geburt schwarz. Ihr Haarkleid erlangt erst im Laufe der ersten achtzehn Monate jenes auffällige Blaugrau und wird mit zunehmendem Alter noch heller.

KÖRPER
Kurz, mit tiefer, gut federnder Brust und geradem Rücken

LÄUFE
Mittellang und stark. Vorderläufe sind gerade; kräftige Hinterläufe

GRÖSSE
Rüde: 46—48 cm; Hündin etwas kleiner

PFOTEN
Relativ klein, rund und fest, mit schwarzen Krallen

89

HUNDERASSEN

Manchester Terrier

Der Manchester Terrier wurde ursprünglich für die Kaninchenjagd und den Kampf gegen Ratten gezüchtet. Er ist ein leicht reizbarer, mutiger und ziemlich bißfreudiger Hund. Mit der Zeit konnten die rauheren Seiten seines Charakters durch Zucht etwas gedämpft werden. Glücklicherweise sind ihm dennoch sein lebhaftes Gemüt und die Wachsamkeit verblieben, die typischen Eigenschaften dieser Rasse.

Geschichte
Auch dieser Hund zählt die inzwischen ausgestorbenen Black and Tan Terrier zu seinen Vorfahren. Der Black and Tan Terrier, ein flinker, aber kräftiger »Rattenfänger«, wurde von dem aus Manchester stammenden Züchter John Hulme im 18. Jahrhundert mit dem Whippet gekreuzt: So entstand der erste Manchester Terrier. Später wurde vermutlich noch West Highland Terrier-Blut eingekreuzt. 1959 wurde eine eigenständige Toy-Variante der Rasse registriert. Heute gilt diese jedoch nur mehr als kleinere Abart des Manchester Terriers.

Charakter
Obwohl nicht besonders populär, hat der Manchester Terrier eine Reihe treuer Liebhaber. Er ist zweifelsohne ein gutaussehender, aktiver und anhänglicher Gefährte.

Manchester Terrier
Dieser ungewöhnlich geschmeidige Terrier gelangte im 19. Jahrhundert in die USA, nach Kanada und nach Deutschland. Angesichts der Ähnlichkeiten in Fellbeschaffenheit und Farbe erscheint es naheliegend, daß der Manchester zu den genetischen Vorfahren des Dobermanns gehört hat.

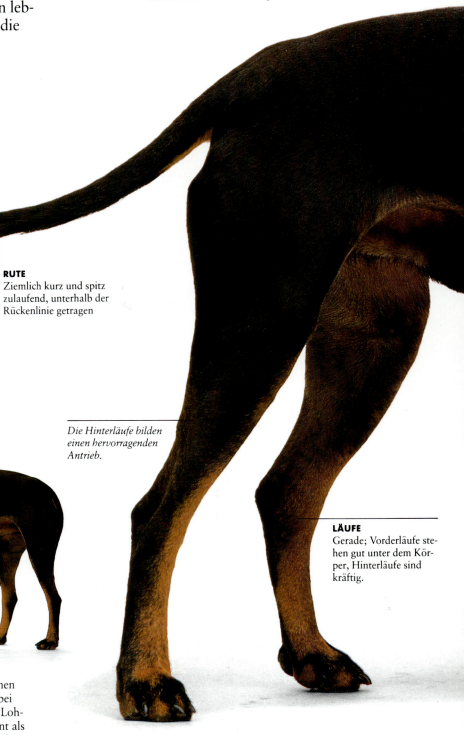

RUTE
Ziemlich kurz und spitz zulaufend, unterhalb der Rückenlinie getragen

Die Hinterläufe bilden einen hervorragenden Antrieb.

LÄUFE
Gerade; Vorderläufe stehen gut unter dem Körper, Hinterläufe sind kräftig.

Die pechschwarzen und mahagoni-lohfarbenen Abzeichen des Manchester Terriers müssen bei Ausstellungshunden scharf abgegrenzt sein. Lohfarbene Außenseiten der Hinterläufe, bekannt als »Breeching«, sind jedoch tunlichst zu vermeiden.

TERRIER

KOPF
Lang, flach und schmal, zur Nase spitz zulaufend

KÖRPER
Kurz, mit leicht gewölbten Lenden und gut federnden Rippen.

OHREN
V-förmig, oberhalb der Stirnlinie des Kopfes getragen und oberhalb der Augen herabhängend

AUGEN
Klein, nicht vorstehend, mandelförmig; dunkelfarbig und glänzend

Perfektes Scherengebiß, wobei die oberen Zähne eng über die unteren greifen

HAARKLEID
Kurz, glatt, dicht und glänzend. Die vorherrschenden Farben sind Schwarz und Hellbraun, jeweils deutlich abgegrenzt. Über den Augen, an der Kehle (in V-Form), an den Backen, (teilweise) in den Ohren, unterhalb des Schwanzes und an den Vorderläufen bis hinauf zu den Knien sind hellbraune Flecken erwünscht.

Englippiger Fang

Nacken verjüngt sich von den Schultern zum Kopf hin.

GESICHTSMERKMALE
Manchester Terrier

Vorderläufe weit ausgreifend

PFOTEN
Klein und fest, mit deutlich gebogenen Zehen und schwarzen Krallen

GRÖSSE
Rüde 40—41 cm; Hündin 38 cm

HUNDERASSEN

Norwich Terrier

Ostenglands Beitrag zur Vielfalt der britischen Terrierfamilie stellt die Rasse der Norwich und Norfolk Terrier dar. Beide Varianten sind sich bis auf die Ohren sehr ähnlich und wurden erst in jüngster Zeit als getrennte Rassen vom American und vom British Kennel Club anerkannt.

Geschichte
Die Abstammung des Norwich Terriers ist unklar, wahrscheinlich gehören jedoch Border, Cairn und Irish Terrier zu seinen Vorfahren. Seine ursprüngliche Bestimmung galt der Jagd auf schädliche Kleinräuber. In der Viktorianischen Epoche wurde er zu einem beliebten Begleiter der Studenten in Cambridge, die ihn häufig Cantab Terrier nannten. Nach dem Ersten Weltkrieg gelangten Norwich Terrier über den Atlantik und wurden fortan nach Frank Jones, einem der ersten seriösen Züchter dieser Rasse auch als Jones Terrier bezeichnet. Der Norwich Terrier wurde erstmals 1932 im Vereinigten Königreich anerkannt, wobei beide Varianten, die spitzohrige und die hängeohrige zugelassen waren. 1965 jedoch wurde der spitzohrige Schlag in Norfolk Terrier umbenannt. In den Vereinigten Staaten wurden 1979 beide Rassen getrennt anerkannt.

Charakter
Beide ostenglischen Terrier sind zähe, lebhafte, treue und unkomplizierte Hunde, ideale Haushunde und aufmerksame Wächter.

HAARKLEID
Hart, drahtig und dicht anliegend. Am Hals und an den Schultern lang und rauh, am Schädel kurz und glatt. Die vorherrschenden Farben sind Schwarz und Hellbraun, Weizengelb oder Grau; auch Rotschattierungen kommen vor. Weiße Flecken sind unerwünscht.

GRÖSSE
25—26 cm

Norfolk Terrier
Anders als beim Norwich sind die Ohren des Norfolk Terriers mittelgroß, V-förmig und an den Enden leicht abgerundet.

92

TERRIER

Amerikanische und britische Züchterstandards lassen sogar zu, daß an diesem furchtlosen Hund »ehrenvolle Spuren der Abnutzung und des Kampfes« sichtbar sein dürfen.

RUTE
Entweder unkupiert, zur Spitze sich verjüngend und fröhlich wedelnd getragen oder auf die Hälfte der ursprünglichen Länge kupiert und aufrecht getragen

KÖRPER
Kurz und fest, mit geradem Rücken

OHREN
Deutlich auseinanderstehend, aufrecht mit spitzen Enden

AUGEN
Oval, klein und dunkel

Gedrungener Nacken

KOPF
Breiter Schädel mit deutlichem Stop und keilförmigem Fang

Ausgeprägter Backenbart und auffällige Augenbrauen

GESICHTSMERKMALE
Norwich Terrier

Norwich Terrier
Ein idealer Haushund, denn sein hartes, dichtes Fell ist schmutzabweisend, muß nicht getrimmt werden und benötigt nur ein Minimum an Pflege.

LÄUFE
Kurz, stark und muskulös

PFOTEN
Rund mit dicken Ballen

Schnauzer

Man unterscheidet gegenwärtig drei Schnauzertypen: Riesen-, Mittel- und Zwergschnauzer. Ihr Name leitet sich vom deutschen Wort »Schnauze« ab. Die Schnauze dieses Hundes verdankt ihre Berühmtheit ihrem auffälligen Schmuck, dem unverwechselbaren Schnauzbart.

Geschichte

Dokumente aus dem 16. Jahrhundert, in denen von einem mittelgroßen schnauzerartigen Hund die Rede ist, deuten darauf hin, daß die Schnauzer ursprünglich aus den süddeutschen Rinder- und Schafzuchtgebieten Württembergs und Bayerns stammen. Zu ihren Vorfahren zählen sicherlich sowohl pudelähnliche Hunde als auch der drahthaarige deutsche Pinscher. Die ersten Schnauzer waren Allzweckhunde, die sich als Rattenfänger ebenso gut eigneten wie als Wachhunde. Wegen ihrer beachtlichen Ausdauer waren sie auch bei den Kutschern besonders beliebte Begleithunde. Heute zählen Riesen- und Mittelschnauzer in den USA zu den Arbeitshunden, in Großbritannien und Australien zu den Gebrauchshunden.

Charakter

Alle drei Schnauzerzüchtungen gelten als wachsame, energische Hunde, die sich gut als Begleit- und Familienhunde eignen.

KOPF
Breit, sich allmählich zur stumpfen Nase hin verjüngend; auffälliger Schnauzbart

KÖRPER
Tiefe, mäßig breite Brust, gerader, zum Hinterteil abfallender Rücken

Riesenschnauzer
Dieser kräftigste Schnauzer erreicht eine Schulterhöhe von 60 bis 70 cm. Er diente in Bayern ursprünglich als Viehtreiber.

LÄUFE
Schmale, gerade Vorderläufe; muskulöse Hinterläufe

RUTE
Hochangesetzt und über der Horizontalen getragen; in der Regel kupiert

Der Zwergschnauzer ist ein flinker und fröhlicher kleiner Gesell und daher wohl der beliebteste Schnauzer.

TERRIER

In den USA gehört der Zwergschnauzer zur Gruppe der Terrier, in Großbritannien und Australien zu den Gebrauchshunden. Dem hier abgebildeten Hund wurden die Ohren kupiert. Dies wäre in Großbritannien verboten. In den USA und auch in anderen Ländern ist es jedoch zulässig.

Gemäßigter Stop vom Schädel bis zum Maul, der die auffälligen Augenbrauen betont.

OHREN
V-förmig, hoch angesetzt, nach vorne fallend

AUGEN
Mittelgroß, oval, dunkel

Der Nasenspiegel sollte schwarz, die Nasenlöcher weit sein.

GESICHTSMERKMAL
Zwergschnauzer

Zwergschnauzer
Allein seine Größe läßt bereits vermuten, daß dieser Hund leichter zu führen ist als der Riesen- und Mittelschnauzer. Tatsächlich ist der Zwergschnauzer in der Regel weniger aggressiv als seine größeren Artgenossen.

HAARKLEID
Derbes, drahtiges Deckhaar und dichtes Unterhaar; an Läufen und Kopf lang, sonst kurz. Die vorherrschenden Farben sind »Salz und Pfeffer« (eine Mischung aus dunklen und blaßgrauen Haaren), reines Schwarz oder Schwarz und Silber.

PFOTEN
Rund und kurz; gebogenen Zehen mit dunklen Krallen

GRÖSSE
Rüden: 36 cm;
Hündinnen 33 cm

Hunderassen

Sealyham Terrier

Dieser vollbärtige Hund wurde ursprünglich für die Otter-, Dachs- und Fuchsjagd gezüchtet. Er verfügt deshalb über ein bemerkenswertes Durchhaltevermögen, ist leichtfüßig und hat einen ausgeprägten Jagdinstinkt, der ihn seine potentielle Beute sogar bis unter die Erde verfolgen läßt. Überdies ist er entschlossen, kräftig und zäh genug, einen Kampf bis zum Ende durchzustehen.

Geschichte
Der Sealyham ist im wahrsten Sinne des Wortes eine Ein-Mann-Kreation. Die Rasse entstand in den Jahren zwischen 1850 und 1891 im Rahmen eines von einem einzigen Mann sorgfältig durchgeführten Zuchtprogrammes; und dieser Mann war ein gewisser Captain John Edwardes aus Sealyham, einer Siedlung nahe Haverfordwest in Wales. Leider führte der Captain nicht Buch über seine Züchtung, so daß heute niemand mehr sagen kann, wie diese Rasse genau entstanden ist. Dennoch ist anzunehmen, daß Bullterrier, West Highland White Terrier, Dandie Dinmont und wahrscheinlich auch der Pembroke Corgi an seiner Entstehung beteiligt waren. 1903 nahmen Sealyhams das erste Mal zu Hause in Haverfordwest an einer Präsentation teil. 1911 wurde die Rasse offiziell vom British und vom American Kennel Club anerkannt. Der American Sealyham Terrier Club wurde 1913, fünf Jahre nach Gründung des britischen Verbands ins Leben gerufen.

Charakter
Der Sealyham ist ein typischer Terrier: ausgesprochen mutig und anhänglich.

GRÖSSE
Maximal 31 cm

HAARKLEID
Langes, hartes und drahtiges Deckhaar mit wetterfester, weicher und dichter Unterwolle. Die vorherrschenden Farben sind Weiß, Weiß mit Zitronengelb. Hinzu kommen braune oder dachsfarbene Abzeichen an Kopf und Ohren.

KÖRPER
Mittellang und kräftig, gerader Rücken und tief angesetzte Brust

LÄUFE
Kurz und kräftig. Vorderläufe gerade; Hinterläufe länger und weniger kompakt

TERRIER

Diese bärtige Rasse kennt keine Furcht, ist zutraulich und freundlich.

Angesichts der geringen Größe des Sealyhams sind seine Hinterläufe überraschend kräftig entwickelt.

Der Sealyham Terrier verfügt über alle Eigenschaften des geborenen Unterhaltungskünstlers: Er ist fröhlich, ausgeglichen und ausgesprochen selbstsicher.

Sealyham Terrier
Bei Ausstellungshunden ist die behutsame Pflege ein tägliches Muß. Ergänzt werden sollte die häusliche Pflege durch regelmäßige Besuche bei einem professionellen Hundefriseur.

RUTE
In der Regel kupiert; aufrecht getragen

OHREN
Mittelgroß, abgerundete Spitzen. Auf gleicher Höhe mit der Schädellinie nach seitlich vorn gefaltete Ohren, wobei der umgeknickte Ohrlappen eng an den Backen anliegt

AUGEN
Rund und sehr dunkel; tief angesetzt und ziemlich weit auseinanderstehend

KOPF
Lang, breit und kräftig; Nasenspiegel schwarz

Dicker, muskulöser Nacken

Quadratische Kiefer

GESICHTSMERKMALE
Sealyham Terrier

PFOTEN
Breit, fest und rund, mit schön gebogenen, nach vorne weisenden Zehen.

Soft-Coated Wheaten Terrier

Obwohl der Soft-Coated Wheaten Terrier die älteste in Irland heimische Terrierrasse ist, hat er seine Hochburg heute eindeutig in den USA. Der Name der Rasse leitet sich von dem weichen weizenfarbenen Fell der Tiere her.

Geschichte

Man vermutet, daß der Black and Tan, der Irish und der Kerry Blue Terrier zu den Verwandten des Soft-Coated Wheaten Terrier gehören. Ursprünglich war er ein Arbeitsterrier, der sich auf Bauernhöfen seinen Unterhalt als Viehtreiber und Wachhund verdiente und Dachsen, Ratten, Kaninchen und sogar Ottern nachstellte. In den dreißiger Jahren dieses Jahrhunderts ging die Zahl der Soft-Coated Wheaten Terrier alarmierend zurück. Durch sorgfältige Züchtung konnte jedoch der Fortbestand der Rasse gesichert werden. Der British Kennel Club erkannte den Soft-Coated Wheaten-Terrier 1943 offiziell als Rasse an. Der American Kennel Club akzeptierte diese Rasse jedoch erst 1973, obwohl sie bereits 1946 über den Atlantik gelangt war. Inzwischen nimmt die Beliebtheit der Soft-Coated Wheaten Terrier stetig zu, besonders in den USA.

Wie es sich für eine irische Rasse gehört, gab der Soft-Coated Wheaten Terrier sein Debüt 1937 am St.-Patricks-Tag auf einer Ausstellung in Dublin.

Charakter

Wegen seines intelligenten und liebenswürdigen Wesens ist der Soft-Coated Wheaten Terrier ein ausgezeichneter Begleiter, der freien Auslauf über alles liebt.

KOPF
Mittellang, mit abgeflachtem Schädel, deutlichem Stop und quadratischem Maul

PFOTEN
Kräftig und fest, schwarze Krallen. Die Afterkralle an den Hinterläufen sollte entfernt werden.

TERRIER

RUTE
In der Regel auf etwa 10—13 cm Länge kupiert; über der Horizontalen getragen

OHREN
V-förmig, klein- bis mittelgroß, in Höhe der Schädellinie gefaltet

Kräftiger, muskulöser, leicht gewölbter Nacken

KÖRPER
Kompakt, mit geradem Rücken und tiefer Brust

AUGEN
Mittelgroß, dunkelhaselußfarben, mit schwarzen Lidrändern

Breiter schwarzer Nasenspiegel

GESICHTSMERKMALE
Soft-Coated Wheaten Terrier

Soft-Coated Wheaten Terrier
Das lange, üppige Haar dieses einzigartigen Hundes fällt nicht aus und muß nur geringfügig getrimmt werden. Hingegen sollte es vom Welpenalter an täglich gekämmt werden. Spezialität: Keine Unterwolle

HAARKLEID
Ziemlich lang, üppig, seidig und weich. Es hat die Farbe reifenden Weizens: zwischen Blaßgelb und Beige.

LÄUFE
Kurz und kräftig; gerade Vorderläufe und muskulöse Hinterläufe

GRÖSSE
Rüden 46—50 cm; Hündinnen etwas kleiner

West Highland White Terrier

Für seine Anhänger ist der West Highland White Terrier der attraktivste schottische Terrier. Davon abgesehen ist er aber auch ein überaus kühner und zäher Hund. Er verlangt von seinem Besitzer eine feste Hand und ungeheuer viel Zuwendung.

Geschichte

Der West Highland White Terrier wurde aus Scottie, Cairn und Dandie Dinmont Terriern für die Otter-, Fuchs- und Raubwildjagd gezüchtet. Im 19. Jahrhundert entstand durch selektive Züchtung in Poltalloch in Argyllshire die reinweiße Rasse mit den uns heute vertrauten typischen Kennzeichen. Der »Westie« trug einst den Namen Poltalloch Terrier, wurde manchmal jedoch auch Roseneath Terrier genannt (in Anlehnung an den Namen des in Dumbartonshire gelegenen Landsitzes des Duke of Argyll, eines berühmten Förderers dieser Rasse).

Charakter

Der West Highland White ist ein anhänglicher, selbstbewußter und vorwitziger Hund. Trotz seiner geringen Größe ist er ein guter, wachsamer und mutiger Schutzhund.

Der Kopf ist dick behaart und wird meistens im rechten Winkel zum Hals getragen.

HAARKLEID
Hartes, gerades Deckhaar; kurzes, weiches Unterfell.
Farbe: Reinweiß

GRÖSSE
Zirka 28 cm

Scottish Terrier
Auch der »Scottie« ist früher schon unter anderen Namen bekannt gewesen, so zum Beispiel in Anlehnung an seinen alten und gemischt-keltischen Hintergrund als »West Highland« und »Aberdeen«. Die Rasse in ihrer heutigen Erscheinung ist gegen Ende des 19. Jahrhunderts entstanden.

TERRIER

West Highland White Terrier
»Westies« müssen regelmäßig gebürstet werden, da sie ständig mehr oder weniger haaren. Andererseits haben sie eine trockene Haut, die nicht den typischen Hundegeruch verströmt. Auch vor öffentlichen Präsentationen müssen sie nur geringfügig getrimmt werden.

Ein Vorteil der selektiven Züchtung des »Westies« liegt darin, daß sich ein weißer Jagdhund in freier Wildbahn deutlich von der Umgebung abhebt.

RUTE
Zwischen 13 und 15 cm lang, gerade, unbefedert, meist fröhlich wedelnd, nicht über dem Rücken eingerollt

KÖRPER
Fest und kräftig, mit tiefer Brust und geradem Rücken

OHREN
Klein, aufrecht, spitz, mit weichem Haar bedeckt

Schwarzer und ziemlich breiter Nasenspiegel

KOPF
Leicht gewölbter Schädel; zum Fang hin gemäßigt abfallender Stop; schwere Augenbrauen

AUGEN
Mittelgroß, aufgeweckt und möglichst dunkel; weit auseinanderstehend

GESICHTSMERKMALE
West Highland White Terrier

LÄUFE
Kurz und muskulös

PFOTEN
Rund, Vorderpfoten breiter als Hinterpfoten; mit kurzem, hartem Haar bedeckt; dicke Ballen; Krallen vorzugsweise schwarz

101

HUNDERASSEN

Gebrauchshunde

Zur Gruppe der Gebrauchshunde zählen all jene Rassen, die übrigbleiben, wenn alle sonstigen Züchtungen gewissenhaft einer der anderen Gruppen zugeordnet worden sind. Aber das tut dem Wert dieser Tiere keinerlei Abbruch. Das Wort »Gebrauchshund«, das den Eindruck reiner Zweckbestimmung erweckt, sagt natürlich kaum etwas über die Individualität und die speziellen Eigenschaften dieser Hunde aus und bezeichnet im übrigen auch nicht ein bestimmtes Merkmal, das ihnen allen gemeinsam wäre. Passender wäre vielleicht die Etikettierung »Spezialhunde«, denn diese Gruppe umfaßt ausgesprochen interessante und außergewöhnliche Hunde. Wie nicht anders zu erwarten, sind die Unterschiede in dieser Gruppe ebenso zahlreich wie die ihr zugeordneten Rassen. All diese Rassen sind entweder wegen einer besonderen ästhetischen Vorliebe oder zur Erfüllung bisweilen sehr ungewöhnlicher Aufgaben gezüchtet worden. Die Geschichte dieser Rassen reicht in manchen Fällen mehrere Jahrhunderte zurück, und einige von ihnen gehören in der Tat nachweislich zu den ältesten Züchtungen.

Shar Pei

Ungewöhnliche Aufgaben

Ein gutes Beispiel für die eigenartige Rolle, die diese Hunde in der Vergangenheit manchmal spielten, ist der Lhasa Apso, der früher in den Tempeln und Klöstern der tibetischen Lamas gezüchtet wurde. Er diente dort zum einen als Wachhund, zum anderen aber auch als »Glücksbringer«. Ähnlich verhält es sich mit dem wahrscheinlich mit dem Lhasa Apso verwandten Shih Tzu, den die Chinesen einst als Halbgott und Verkörperung des Löwengottes verehrten. Ungewöhnlich, wenn auch weniger »esoterisch«, ist die Funktion von Rassen wie dem Dalmatiner, an dessen Entstehung sicher auch der Pointer beteiligt war. Dalmatiner begleiteten früher häufig Kutschen und sollten Wegelagerer abschrecken. Auch der Chow Chow gehört zu dieser Kategorie. Er wurde bereits vor dreitausend Jahren in der Mongolei für den Kriegsdienst gezüchtet, später in China und den angrenzenden Gebieten in erster Linie wegen seines Fells und seines Fleisches. Es ist traurig, aber auch heute noch gelten in Korea und einigen anderen Teilen des Fernen Ostens die »Roten Hunde« als Delikatesse.

Chow Chow

Boston Terrier

Verschiedenheit der Rassen

Der heutzutage als Begleithund besonders dekorativ geltende Pudel zählt zu den Gebrauchshunden, stammt ursprünglich jedoch vom deutschen Jagdpudel ab, der Flugwild aus dem Wasser apportierte. Der vielleicht berühmteste und wahrscheinlich britischste Hund dieser Gruppe ist die Bulldogge. Dieser attraktive und überraschend gutmütige Genosse kann

GEBRAUCHSHUNDE

Pudel

auf eine lange, bis mindestens in das 14. Jahrhundert zurückreichende Geschichte zurückblicken. Früher wurde er von Menschen gezwungen, an barbarischen Bullenhetzen mitzuwirken. Ein jüngerer Typ aus der Gruppe der Gebrauchshunde ist der Boston Terrier, eine der wenigen — im 19. Jahrhundert in den USA gezüchteten Rassen.

Siegertypen

Die Gruppe der Gebrauchshunde ist wahrlich keine Ansammlung von »Mauerblümchen«. Zweimal im Laufe der letzten sieben Jahre sind Angehörige dieser Gruppe, nämlich Zwerg- und Mittelpudel, in Großbritannien bei der Cruft-Ausstellung siegreich gewesen. Boston Terrier, Bulldogge, Keeshond und Pudel sind allesamt Gebrauchshunde und gelten in den USA beziehungsweise in Großbritannien, Holland oder Frankreich in der hier aufgezählten Reihenfolge als »Nationalhunde«.

Berühmte Gebrauchshunde

1572 retteten zwei Schipperkes das Leben König Wilhelms von Oranien. Der im englischen Bürgerkrieg Mitte des 17. Jahrhunderts auf seiten der Königlichen kämpfende Prinz Rupprecht von der Pfalz hatte einen Lieblingshund, einen weißen Pudel namens »Boy«, dem einige der in Cromwells Heer versammelten Puritaner übernatürliche Kräfte zusprachen. Dieser Hund starb 1644 in der Schlacht bei Marston Moor. Der Lieblingshund des amerikanischen Präsidenten Warren Harding war eine weiße Englische Bulldogge namens »Oh Boy«. Eine andere Englische Bull-

Dalmatiner

dogge, die im Ersten Weltkrieg für die amerikanischen Streitkräfte »arbeitete«, wurde mit dem Bronze-Stern und fünf anderen Orden ausgezeichnet, und wieder eine andere wurde sogar zum Corporal befördert. Die Footballteams der Yale-Universität und der Universität von Georgia hatten lange Zeit Bulldoggen als Maskottchen. Modebewußte deutsche Studenten kultivierten im 19. Jahrhundert ein Faible für französische Pudel. Zu den berühmtesten Besitzern von Gebrauchshunden zählen auch Sigmund Freud, der einen Chow Chow namens »Jo-Fi«

Keeshond

besaß, John Steinbeck mit seinem Mittelpudel »Charley« und Eugene O'Neill mit seinem Dalmatiner »Blemie«. Gertrude Stein hätschelte einen weißen Pudel namens »Basket«, und auch Maurice Maeterlinck hielt große Stücke auf seine Französische Bulldogge »Pelleas«. Der Nonkonformist, der Eigenbrötler, der Exzentriker — all diese Typen sind in der Gruppe der Gebrauchshunde vertreten.

GEBRAUCHSHUNDE

Bichon Frisé

Die Karriere des Bichon Frisé ist so schillernd und faszinierend wie seine äußere Erscheinung. Einst war er auf zahlreichen Segelschiffen anzutreffen. Im 16. Jahrhundert erfreute er sich am französischen Hof großer Beliebtheit. Danach machte er eine Zirkuskarriere, und heute ist er der aufsteigende Stern sämtlicher Präsentationen.

Geschichte

Auch wenn der Bichon Frisé allgemein als französische Rasse gilt, stammt er vermutlich von den Kanarischen Inseln, von wo ihn italienische Reisende im 14. Jahrhundert auf den europäischen Kontinent mitgebracht haben. Damals gab es vier Schläge: Malteser, Bologneser, Ténériffe und Havaneser. Die Französische Revolution war jedoch nicht nur für die Aristokratie eine Zeit des Niedergangs, sondern auch für die Lieblinge des Adels, eben jene kleinen Hunde. Der Bichon Frisé mußte nun sein distinguiertes Leben in goldenen Palästen und Schlössern gegen ein vergoldetes, paillettengeschmücktes Dasein in der Manege tauschen. Dort machte er sich genau wie der Pudel als lernfähiger, niedlicher Artist nützlich. Dennoch verringerte sich besonders während des Ersten Weltkriegs die Zahl der Bichons erheblich, und die Rasse erlebte erst in den dreißiger Jahren in Frankreich einen neuen Aufschwung. 1933 schließlich erhielt der Hund seinen heutigen Namen, der übersetzt soviel bedeutet wie »gekräuselter Schoßhund«.

Charakter

Zwar fühlt sich der Bichon Frisé in menschlicher Gesellschaft durchaus wohl, zugleich aber ist er ein sehr unabhängiger kleiner Hund.

GRÖSSE
Bis zu 30 cm, Idealgröße etwas kleiner

RUTE
Tief angesetzt; in der Regel über den Rücken gebogen, jedoch nicht eingerollt

Bichon Frisé
Wie eine bauschige Wolke erscheint dieser charmante Hund, dessen Haarkleid immer wieder besonders ins Auge sticht. Sein Stofftier-Äußeres läßt seine Robustheit und Zähigkeit kaum ahnen.

LÄUFE
Die Vorderläufe sind gerade und stehen von vorne betrachtet senkrecht. Sie sollten nicht zu dünnknochig sein. Die Schenkel sind breit und wohlgerundet.

GEBRAUCHSHUNDE

Seine »Puderquasten«-Erscheinung kommt nur voll zur Geltung, wenn der Bichon Frisé regelmäßig äußerst sorgfältig getrimmt, gebürstet und gebadet wird. Für Begleithunde, die nicht auf Ausstellungen gezeigt werden, reicht zur Erhaltung eines angenehm-wuscheligen Fels die normale Pflege aus.

HAARKLEID
Dünn und seidig, mit Korkenzieherlocken, die ausgebürstet werden können. Das Fell sollte völlig weiß sein, wobei eine dunkle Pigmentierung der Haut wünschenswert ist.

KOPF
Gedachte Linien von den äußeren Lidecken der Augen zur Nasenspitze sollten ein gleichschenkliges Dreieck ergeben.

AUGEN
Ziemlich groß, rund und dunkel. Wenn der Hund geradeaus schaut, sollte das Weiße des Auges nicht zu sehen sein.

KÖRPER
Gut entwickelt; tiefe Brust; Lenden leicht gewölbt und muskulös; breites Becken

Großer, runder und schwarzer Nasenspiegel

OHREN
Eng und fein, dicht am Kopf hängend, mit langem dünnem Haar bedeckt

Fang sollte weder zu massig noch zu zierlich sein.

PFOTEN
Eng zusammenstehend, abgerundet und gut gegliedert; schwarze Ballen, besonders beliebt mit schwarzen Krallen

GESICHTSMERKMALE
Bichon Frisé

HUNDERASSEN

Boston Terrier

Dieser lebhafte, intelligente und mutige kleine Hund stellt keine besonderen Ansprüche und eignet sich ausgezeichnet als treuer Haushund. Er gehört zu den wenigen in den USA gezüchteten Rassen.

Geschichte
Ursprünglich wurde diese Rasse für Hundekämpfe gezüchtet, die im 19. Jahrhundert in der Gegend um Boston als eine Art »Sport« betrieben wurden. Die frühen Boston Terrier entstammen einer Kreuzung aus Bulldogge und Bullterrier. Später allerdings wurde die Rasse durch selektive Inzucht und Kreuzung mit der Französischen Bulldogge wesentlich abgeändert. 1891 beantragte der American Bull Terrier Club of Boston die Anerkennung der Rasse. Der Antrag wurde jedoch zurückgewiesen, bis das beleidigende »Bull« gestrichen wurde. 1893 schließlich wurde der Boston Terrier Club of America anerkannt. Von diesem Zeitpunkt an dauerte es nicht mehr lange, bis sich diese Rasse als Ausstellungshund, aber auch als Begleithund einen Platz unter den beliebtesten Hunden der USA sichern konnte. Auch in Großbritannien, Kanada und Australien genießt der Hund große Beliebtheit, jedoch nicht in gleichem Maße wie in den USA.

Charakter
Der Boston Terrier ist intelligent, lebhaft und anhänglich. Von der Aggressivität seiner Vorfahren ist bei ihm nichts geblieben.

Boston Terrier
Wegen der Kopfform der Welpen ist für die Geburt der meisten Boston Terrier ein Kaiserschnitt erforderlich. Diese Maßnahme ist teuer, so daß die Züchtung der Boston Terrier immer mehr auf jene Tiere beschränkt wird, die über eine robuste Abstammung verfügen.

HAARKLEID
Weiches, glänzendes Fell mit kurzen, dünnen Haaren. Farben: vorzugsweise gestromt mit weichen Abzeichen

Es gibt drei anerkannte Gewichtsklassen für Boston Terrier: das Leichtgewicht mit weniger als 7 kg, das Mittelgewicht mit zwischen 7 und 9 kg und das Schwergewicht mit 9 bis 11 kg.

GEBRAUCHSHUNDE

AUGEN
Große dunkle und runde Augen; weit auseinanderstehend; wachsam und intelligent

Bei geschlossenem Maul verdecken die Lefzen vollständig die Zähne

KOPF
Quadratisch, mit flacher Schädeldecke; kurzes Maul

Deutlich ausgeprägter Stop

Breiter schwarzer Nasenspiegel

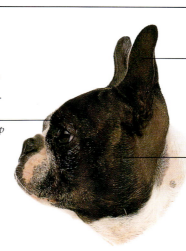

OHREN
Aufrecht, dünn, möglichst nahe am Hinterhaupt ansetzend

Der Kopf sollte im Verhältnis zur Größe des Hundes gut proportioniert sein.

GESICHTSMERKMALE
Boston Terrier

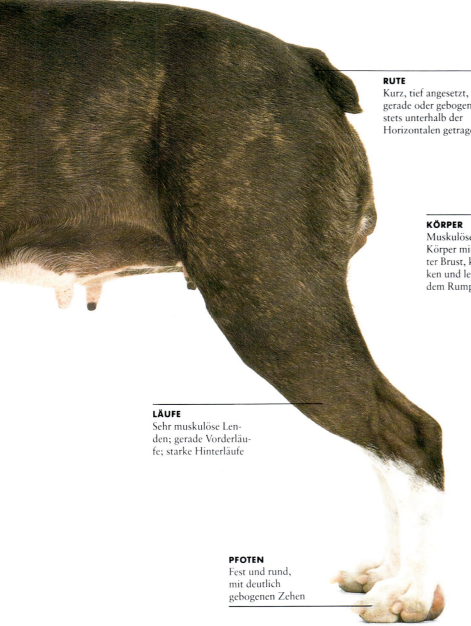

RUTE
Kurz, tief angesetzt, gerade oder gebogen; stets unterhalb der Horizontalen getragen

KÖRPER
Muskulöser, fester Körper mit tiefer, breiter Brust, kurzem Rücken und leicht abfallendem Rumpf

LÄUFE
Sehr muskulöse Lenden; gerade Vorderläufe; starke Hinterläufe

PFOTEN
Fest und rund, mit deutlich gebogenen Zehen

Der Vorfahre dieser munteren Rasse gehörte einem Mr. Hooper aus Boston und trug den Namen »Hooper's Judge« (Hoopers Richter). Dieser frühe Boston Terrier war eine Kreuzung zwischen Bulldogge und Englischem Terrier.

GRÖSSE
Das Gewicht sollte 11,5 kg nicht überschreiten.

107

HUNDERASSEN

Bulldogge

Trotz ihrer beeindruckenden Erscheinung ist die Bulldogge ein freundliches, anhängliches und treues Tier. Diese Eigenschaften und ihr Ruf, ein mutiger, zäher und ausdauernder Hund zu sein, haben die Briten wohl veranlaßt, die Bulldogge zu ihrem Nationalhund zu erheben und die Rasse auch nach Abschaffung der Bullenhetze weiter zu kultivieren.

Geschichte

Die vor über sechshundert Jahren in Großbritannien eingeführte Sitte, Hunde zur allgemeinen Unterhaltung auf Bullen zu hetzen, wurde erst 1835 verboten. Im 17. Jahrhundert wurde der Name Bulldogge für diese Art »Sport«-Hunde eingeführt. Wahrscheinlich hatten aber die damaligen Bulldoggen längere Läufe und waren sicherlich erheblich aggressiver als die heutige Rasse. In diesen Merkmalen der frühen Repräsentanten der Rasse klingt noch die Abstammung der Bulldogge von mastiffähnlichen Hunden nach, die die Phönizier bereits im 6. Jahrhundert v. Chr. nach Britannien brachten.

Charakter

Die heutige Bulldogge unterscheidet sich in ihrem Wesen erheblich von ihren Vorfahren. Sie ist ein anhänglicher und zuverlässiger Hund. Besonders Kindern gegenüber verhält sie sich freundlich und liebevoll. Sie ist aber auch bekannt für ihren Mut und ihre ausgezeichnete Eignung als Wachhund.

KÖRPER
Schwerfällig, an den Lenden etwas schmaler werdend; breite Schultern, gerader, leicht gebogener Rücken, großflächige rundliche Brust

KOPF
Groß, breit und quadratisch; wohlgerundete Bakken mit schweren Falten

Die Bulldogge wird in Großbritannien zu den Gebrauchshunden gerechnet. In den USA und in Australien gehört sie zur Gruppe der nicht jagdtauglichen Hunde.

LÄUFE
Gerade und muskulös; Hinterläufe sind länger als Vorderläufe.

GEBRAUCHSHUNDE

HAARKLEID
Dünn, kurz und weich. Die vorherrschenden Farben sind gestromtes Weiß, Rot und Hellbraun; Gesicht oder Maul bisweilen schwarz. Auch weißgescheckt in Kombination mit einer anderen der genannten Farben ist möglich.

Breiter schwarzer Nasenspiegel mit großen Nasenlöchern

OHREN
Klein, dünn, hochangesetzt und weit auseinander

RUTE
Mittellang, rund, weich, sich verjüngend. Sie nimmt zunächst einen horizontalen »Verlauf« und knickt dann nach unten ab.

Die Lefzen umschließen seitlich den gesamten Unterkiefer, stoßen aber an der Vorderseite des Mauls mit der Unterlippe zusammen und verdecken die Zähne völlig.

»Rosenohr«; das Rosa des Ohrinneren ist sichtbar.

AUGEN
Sehr dunkel, rund, weit auseinanderstehend, tiefe Augenhöhlen

GESICHTSMERKMALE
Bulldogge

Französische Bulldogge
Dieser muskulöse, energiegeladene kleine Hund ist anhänglich und zuverlässig und stammt zum Teil wahrscheinlich von kleineren Formen der Englischen Bulldogge ab.

Bulldogge
Dieser Trophäenjäger unter den Hunden hat sich mit seinem unerschütterlichen Mut einen Platz tief in den Herzen der Engländer erobert: Das Tier greift stets von vorne an, da es eine weniger direkte Konfrontation verachtet.

PFOTEN
Fest und rund; Vorderpfoten leicht nach außen gedreht; relativ große Zwischenzehabstände

GRÖSSE
Gewicht:
Rüden 25 kg;
Hündinnen 23 kg

HUNDERASSEN

Chow Chow

Dieser Exote unter den Hunden hat zwei einzigartige anatomische Kennzeichen: Sein Fang und seine Zunge sind schwarzblau, und sein Gang wirkt wegen seiner extrem geraden Hinterläufe etwas gestelzt.

In China trägt der Chow Chow wegen seines Äußeren den Namen *Hsiung kon,* was Bärenhund bedeutet.

Geschichte

In grauer Vorzeit diente der Chow Chow als Wächter vor den Toren des Tempels, den er vor dem Eindringen böser Geister und ihrem Einfluß behütete. Die Entstehung dieser Rasse, die auch unter den Namen Tatarenhund, Barbarenhund oder Chinesischer Spitz bekannt ist, geht wahrscheinlich auf die Mongolen zurück. Später gelangten die Tiere nach China, wo sie als Schutzhunde (wohl eher gegen Eindringlinge als gegen böse Geister) und Jagdhunde der Kaiser und Aristokraten dienten. Zu ihrem Unglück entdeckte man bald die Qualität ihres Fleisches — auch heute noch gilt in vielen Teilen Asiens Chow-Chow-Fleisch als Delikatesse — und ihres Fells und betrachtete sie von da an als Fleisch- und Fellieferanten. Es gibt den Chow Chow sowohl mit drahtig-hartem als auch mit weichem Fell: Häufiger ist die »harte« Variante. Typisch sind die buschige Halskrause und die »Pumphosen« an den Läufen. Auch bei der »weichen« Version ist das Fell ziemlich dick, dicht und abstehend.

Charakter

Die ausgeprägte Unabhängigkeit und Bedächtigkeit des Chow Chow kontrastiert mit der Treue und Anhänglichkeit, die er seinem Herrn entgegenbringt.

RUTE
Hoch angesetzt und über den Rücken gebogen

HAARKLEID
Dichtes und üppiges, vom Körper abstehendes Fell. Die vorherrschenden Farben sind Schwarz, Creme, Weiß, Rot oder Rehbraun. Auf der Rückseite der Schenkel und an der Unterseite der Rute in der Regel hellere Schattierungen

GRÖSSE
Rüden 48—56 cm;
Hündinnen 46—51 cm

Chow Chow
Mit seiner Löwenmähne, seinem Bärengesicht und seinem mißmutigen Gesichtsausdruck wirkt der Chow Chow manchmal recht überheblich. Er ist jedoch keineswegs streitsüchtig, es sei denn, er wird provoziert.

KÖRPER
Muskulös und ausgewogen, mit breiter, tiefer Brust und kurzem, geradem Rücken

110

GEBRAUCHSHUNDE

OHREN
Klein und dick, aufrecht und weit auseinanderstehend

Maul und Zunge schwarzblau

AUGEN
Mandelförmig, klein, ungewöhnlich dunkel

Großes quadratisches Maul

KOPF
Breit, mit flacher Stirn und kleinem Stop

GESICHTSMERKMALE
Chow Chow

Diese unnahbaren und distanzierten Tiere sind ihrem Herrn in erstaunlicher Treue ergeben. Fremden gegenüber verhalten sie sich jedoch stets zurückhaltend.

LÄUFE
Lange Vorderläufe mit schweren Knochen; muskulöse und fast gerade Hinterläufe

PFOTEN
Ziemlich kleine runde Katzenpfoten

HUNDERASSEN

Dalmatiner

KOPF
Langer, flacher Schädel und gemäßigter Stop

KÖRPER
Tief angesetzte, nicht sonderlich ausgeprägte Brust; muskulöse Lenden

Mit seinem weißen Fell und den auffallenden schwarzen Flecken gehört der Dalmatiner zu den elegantesten und auffälligsten Rassen. Im 19. Jahrhundert war es in Europa und insbesondere in England üblich, Dalmatiner neben der Kutsche hertraben zu lassen; dies diente einerseits dem Schutz der Fahrgäste vor unerwünschten Wegelagerern, andererseits aber auch durchaus der Repräsentation.

Geschichte

Obwohl viele Leute den Dalmatiner als ein »Accessoire« des britischen Adels betrachten und seinen Ursprung deshalb in England vermuten, ist seine Herkunft noch immer stark umstritten. Einige Kenner behaupten, seine Spuren ließen sich bis nach Nordindien verfolgen, von wo er im Mittelalter mit Zigeunern nach Dalmatien, in das heutige Jugoslawien also, gelangt sei. Andere hingegen vertreten die Ansicht, er stamme aus Ägypten oder Griechenland. Abgesehen von den Flecken weist der Dalmatiner in seiner Erscheinung erhebliche Übereinstimmungen mit den Vorstehhunden auf. Eine Verwandtschaft zwischen beiden Hundearten ist ziemlich wahrscheinlich.

Charakter

Der Dalmatiner ist lebhaft, extrovertiert, intelligent, von Natur aus freundlich und unübertroffen in seiner Kinderliebe. Er freut sich über regelmäßigen Auslauf und ist sehr ausdauernd.

HAARKLEID
Glänzend, mit kurzem, dünnem Haar. Die vorherrschende Farbe ist Weiß mit braunen oder schwarzen Flecken.

Walt Disneys 1959 entstandener Zeichentrickfilm *101 Dalmatiner* hat in den vergangenen Jahrzehnten zur anhaltenden Beliebtheit dieser Rasse sicherlich beigetragen.

112

GEBRAUCHSHUNDE

Wichtig für diese Rasse ist das ausgewogene äußere Erscheinungsbild.

RUTE
Leicht gebogen und lang. Im Idealfall gepunktet.

Dalmatiner

Anders als beim Leoparden ändert sich beim Dalmatiner im Laufe des Lebens die Farbintensität der Flecken. Bei der Geburt sind die Welpen zunächst völlig weiß. Etwas später bekommen sie erste schwache Farbtupfer, die sich schließlich mit zunehmendem Alter zu dicken, deutlichen Flecken auswachsen.

Dunkle Augenumrandung, vorzugsweise in der Farbe der Flecken

Kopf ohne Falten

OHREN
Hoch angesetzt und am Kopf anliegend

AUGEN
Rund; bei schwarzen Flecken sind die Augen dunkel, bei braunen Flecken bernsteinfarben.

Langer kräftiger Fang

GESICHTSMERKMALE
Dalmatiner

LÄUFE
Gut entwickelte Schenkel. Gerade Vorderläufe, abgerundete Hinterläufe

PFOTEN
Rund und fest, mit gebogenen Zehen. Krallen können weiß sein oder farblich mit den Flecken übereinstimmen.

GRÖSSE
Idealhöhe:
Rüden 58–61 cm;
Hündinnen 56–59 cm

HUNDERASSEN

Keeshond

Der Name dieses typischen Spitzhundes leitet sich möglicherweise von dem in Holland weitverbreiteten Namen »Jan Kees« her oder aber von dem Vornamen der beiden Patrioten Kees de Witt und Kees de Gyselaer. Der Keeshond wurde früher vielfach als Wachhund auf Lastkähnen verwendet und erhielt deshalb alsbald auch den Namen Holländischer Barkassenhund. Im Viktorianischen England allerdings nannte man ihn wenig liebevoll den Fetten Spitz.

Geschichte

Im 18. Jahrhundert galt der Keeshond als »Volkshund«. Er symbolisierte den Widerstand gegen die Herrschaft Wilhelms von Oranien. Tatsächlich besaß einer der führenden holländischen Patrioten, Kees de Gyselaer, einen Keeshond. Die Herkunft des Keeshonds ist weitgehend unbekannt. Möglicherweise stammt er von frühen Spitzhunden ab, etwa dem Wolfsspitz. Mrs. Wingfield-Digby brachte den Keeshond erstmals nach Großbritannien. Ende der zwanziger Jahre dieses Jahrhunderts gelangte die Rasse dann in die USA.

Charakter

Ein offener, freundlicher, überaus wachsamer Hund, der sehr schnell lernt. Er eignet sich gut als Wachhund.

KOPF
Keilförmig, in das mittellange Maul übergehend

KÖRPER
Kurz, fest und kräftig; tiefe, gut gerundete Brust

HAARKLEID
Aschgrau, dicht, mit weichem Unterfell und langem, hartem, grauem, vom Körper abstehendem Deckhaar. Muß täglich gründlich gepflegt werden.

Der Keeshond erkennt meistens nur eine Person als Herrn an. In der Regel hat er eine hohe Lebenserwartung.

114

GEBRAUCHSHUNDE

Keeshond
Obwohl der Keeshond ziemlich groß ist, nimmt er im Haus wenig Platz für sich in Anspruch. Von seinen Vorfahren auf den holländischen Lastkähnen hat er die Angewohnheit geerbt, sich klein zu machen, wenn es eng wird.

Großspitz
Er ist der Doyen unter den Spitzhunden des Nordens. Vom Keeshond und vom Wolfsspitz unterscheidet er sich in Größe und Farbe. Für gewöhnlich ist er kleiner als diese und hat ein schwarzes, braunes oder weißes Fell.

RUTE
Mäßig lang, hoch angesetzt, mit schwarzer Spitze; über dem Rücken eng eingerollt getragen. Ein zweifacher Kringel ist wünschenswert

Fuchsähnlicher Kopf mit buschiger Halskrause

AUGEN
Mandelförmige dunkle Augen; auffallend »brillenähnliche« Umrandung

OHREN
Klein, hoch angesetzt, samtig und aufrecht stehend

Dunkler Fang mit schwarzem Nasenspiegel

LÄUFE
Gerade Vorderläufe mit starken Knochen; muskulöse Hinterläufe

GESICHTSMERKMALE
Keeshond

PFOTEN
Cremefarben, fest, mit schwarzen Nägeln. Pfoten und Fesseln mit kurzem, weichem Haar bedeckt

GRÖSSE
43—46 cm

115

Lhasa Apso

Noch im 19. Jahrhundert war diese Rasse außerhalb ihres Herkunftslandes Tibet nur selten anzutreffen. Der wahre Ursprung des Namens liegt im dunkeln. »Lhasa« leitet sich wahrscheinlich vom Namen der Hauptstadt Tibets her. »Apso« kommt möglicherweise von *abso seng kye,* was in der tibetischen Sprache soviel heißt wie »bellender Wachhund«, oder von *rapso,* dem tibetischen Wort für Ziege. Sollte die letzte der erwähnten Deutungen richtig sein, dann wäre der Name wohl eine Anspielung auf das lange drahtige Haar dieser Rasse.

Geschichte

Mindestens zweitausend Jahre lang wurde der Lhasa Apso ausschließlich von den Mönchen und Würdenträgern Tibets gezüchtet. Er diente zunächst als Bewacher der Tempel und Klöster und wurde als heilig angesehen. Man glaubte, daß beim Ableben des jeweiligen Hundebesitzers seine Seele in den Körper des Lhasa Apso schlüpfe. Außerdem galt der Lhasa Apso als Glücksbringer für seinen Besitzer. Er war jedoch praktisch unverkäuflich. Glücklicherweise wurden diese ausgesprochen wertvollen Hunde dank der Großzügigkeit des Dalai Lama, der sie ausländischen Diplomaten bisweilen als Geschenk überreichte, in vielen Teilen der Welt heimisch. In den zwanziger Jahren gelangte die Rasse erstmals nach England, ein Jahrzehnt später auch in die USA.

Charakter

Dieser kühne Hund ist freundlich, aber selbstbewußt. Er ist intelligent und lebhaft, eignet sich gut als Haushund, bleibt aber Fremden gegenüber mißtrauisch.

GRÖSSE
Rüden 25—26 cm,
Hündinnen etwas kleiner

HAARKLEID
Langes, grobes und gerades Deckhaar, dichte Unterwolle. Deutlicher Scheitel auf der ganzen Länge des Rückgrats. Die vorherrschenden Farben sind: Sand, Honig, Gold, Schiefer, dunkles Grau, Rauch, Schwarz, Weiß, Braun oder mehrfarbig.

Lhasa Apso

Häufig nennt man den Lhasa Apso wegen seines gold- bis honigfarbenen Haarkleids auch den Löwenhund Tibets. Das schöne lange Haar kann sehr leicht verfilzen und muß daher regelmäßig und sorgfältig von dem engagierten Besitzer gepflegt werden.

GEBRAUCHSHUNDE

KOPF
Schmaler Schädel, schwarzer Nasenspiegel, reichlich langes Haar

AUGEN
Dunkelbraun, mittelgroß und oval. Das Weiße des Auges sollte weder am oberen noch am unteren Lidrand zu sehen sein.

OHREN
Befedert, hängend

Mittelstarker Stop

Langer Schnurr- und Kinnbart

GESICHTSMERKMALE
Lhasa Apso

PFOTEN
Stark befedert, fest und rund; bemerkenswert dicke Ballen

In Großbritannien ist diese Rasse auch unter dem Namen Tibet Apso bekannt.

KÖRPER
Eher lang als hoch, mit geradem Rücken und kräftigen Lenden

RUTE
Reichlich befedert, hoch angesetzt und über dem Rücken eingerollt. Das Ende ist häufig in sich verdreht.

LÄUFE
Schwer befedert; gerade Vorderläufe; muskulöse und gut ausgebildete Hinterläufe

117

HUNDERASSEN

Pudel

Es ist vielleicht bedauerlich, daß diesem Hund auf Ausstellungen bisher wegen seiner auffälligen Schuren meist mehr Aufmerksamkeit zuteil geworden ist als wegen seiner außergewöhnlichen Intelligenz und Fähigkeiten. Dennoch gehören die Pudel zu den beliebtesten Rassen der Welt.

Kleinpudel
Von den vier Schlägen wird dem Kleinpudel im allgemeinen die beste Gesundheit zugeschrieben.

Geschichte
Über seinen Ursprung weiß man nichts Genaues, obwohl der Pudel in Westeuropa seit mehr als 400 Jahren bekannt ist. Sehr vielseitig verwendbar, paßt er sich bereitwillig den unterschiedlichsten Milieus an. »Boy«, ein Pudel, der den bereits erwähnten Prinzen Rupprecht von der Pfalz ständig begleitete, starb 1644 in der Schlacht bei Marston Moor mitten auf dem Schlachtfeld. Französische Pudel wurden früher darauf abgerichtet, Federwild aus dem Wasser zu apportieren. Und im Zirkus bewirkten das auffallende Äußere des Pudels und seine Neigung, sich zur Schau zu stellen, daß diese Tiere immer eine Zuschauerattraktion waren. Es gibt vier Pudelschläge, die man ausschließlich aufgrund ihrer Größe unterscheidet: Groß- bzw. Königspudel, Klein-, Zwerg- und Toy-Pudel.

Zwergpudel
Der Zwergpudel ist kleiner als der Kleinpudel, jedoch etwas größer als der Toy. Er erfreute sich in den fünfziger Jahren besonderer Beliebtheit.

Charakter
Pudel sind lebhafte und gutmütige Hunde, intelligent, gesellig und ausgesprochen treu.

GRÖSSE
Toy: bis zu 28 cm;
Zwergpudel: 28—35 cm;
Kleinpudel: über 38—45 cm;
Königspudel: 45—58 cm

LÄUFE
Vorder- und Hinterläufe sind gerade und muskulös.

PFOTEN
Klein und gedrungen, mit deutlich gebogenen Zehen, dicken, harten Ballen und dunklen Krallen

GEBRAUCHSHUNDE

Nase, Lefzen, Augen und Lidränder sind meist schwarz, entsprechen jedoch jeweils der Farbe des Haarkleids.

OHREN
Lang und breit, tief angesetzt und am Kopf anliegend, hängend

AUGEN
Mandelförmig, dunkel und verhältnismäßig weit auseinanderstehend

Abgeflachte Backen und schmale enganliegende Lefzen

GESICHTSMERKMALE
Pudel

HAARKLEID
Reichlich dichtes, festes für den Pudel so typisches krauses Haar, alle einfarbigen Färbungen

KOPF
Schmal, gut modelliert und hoch getragen

Schuren	
Klassische oder Löwenschur	
Schur mit »Schal«	
Schur à la »Bedlington«	
Welpenschur	

Toy Pudel
Alle Pudel haben den Vorteil, daß ihr krauses Haar keinen Haarwechsel durchmacht, sondern stetig wächst und regelmäßig geschoren werden muß.

KÖRPER
Tiefe Brust, kurzer Rücken, kräftige muskulöse Weichen

RUTE
Hoch angesetzt, schräg aufwärts getragen, meist kupiert

Schipperke

Der Name dieses ziemlich grimmig dreinblickenden Gesellen geht wahrscheinlich auf seine Arbeit als Wachhund und Rattenfänger auf belgischen Kanalschiffen zurück. *Schipperke* bedeutet im Flämischen »kleiner Kapitän« oder »Bootsmann«, doch könnte der Name auch auf das glänzend dunkle Fell und die soldatisch stolze Haltung des Tieres hinweisen.

Geschichte

Die Ursprünge des Schipperke sind wohl in Holland zu suchen, wo er bereits seit Jahrhunderten als eigene Rasse belegt ist. Manche Experten meinen, er stamme von einer alten belgischen Schäferhundrasse ab oder vom Nordischen Spitz, andere Fachleute betrachten ihn eher als Kreuzung zwischen einem Terrier und einem in England »Pomeranian« genannten Spitz. Dieser lebhafte, intelligente Hund war und ist sehr beliebt und gilt heute als belgische Nationalrasse. Gegen Ende des 19. Jahrhunderts gelangte er nach Großbritannien und in die USA, wo bereits 1929 der Schipperke Club of America gegründet wurde.

Charakter

Der »Schip« ist ein treuer, munterer und neugieriger kleiner Hund. Diese Wesenszüge und seine robuste Gesundheit machen ihn zum idealen Haushund.

KÖRPER
Gedrungen und muskulös, breite Brust und kraftvoller Rumpf

Gerader kräftiger Rücken

LÄUFE
Gerade Vorderläufe, kräftige, muskulöse Hinterläufe; kraftvolle Keulen mit etwas längerem Haar an der Rückseite

Wenn sich der Schipperke aufregt, stellt sich seine dichte kräftige Mähne auf.

GEBRAUCHSHUNDE

OHREN
Dreieckig, aufrecht, mittellang

Fuchsartige Kopfform

AUGEN
Relativ kleine ovale, dunkelbraune und intelligente Augen

KOPF
Flacher, breiter Schädel mit mäßig langem Fang;

Kleine schwarze Schnauze

GESICHTSMERKMALE
Schipperke

RUTE
Sofern vorhanden, wird die Rute kupiert, doch kommt das Tier häufig bereits ohne Rute zur Welt.

HAARKLEID
Zarte Unterwolle, dichtes und hartes Deckhaar, das am Hals und über der Brust eine Mähne bildet. Die Farbe ist für gewöhnlich Schwarz.

Schipperke
Da das Tier keine Rute hat, erscheint der Rumpf hinten auffällig abgerundet. Vermutlich sind der gedrungene Körper und die kräftigen Stehohren ein Erbe des Spitzes.

PFOTEN
Katzenpfoten, schmale Zehen und kurze Krallen

GRÖSSE
Gewicht:
5,5 bis 7,5 kg

121

HUNDERASSEN

Shar Pei

Dieser Hund mit seinen vielen Falten ist eine der seltensten Rassen der Welt. Wo immer er auftaucht, dürfte er einiges Aufsehen erregen. Seinen Namen verdankt das Tier seinem borstigen Haarkleid — denn auf Chinesisch bedeutet »Shar pei« Haifischhaut oder Sandpapier. Es handelt sich beim Shar Pei um eine liebenswerte, freundliche Rasse, die ihren anderen Namen, Chinesischer Kampfhund, auf den ersten Blick wirklich nicht zu verdienen scheint. Doch haben die Tiere früher in Hundekämpfen beträchtliche Erfolge erzielt, denn die scheinbar zu groß geratene Haut erschwert es anderen Hunden, den Shar Pei mit den Zähnen richtig zu erwischen.

Geschichte

Die fernöstlichen Vorfahren des Shar Pei lassen sich wahrscheinlich bis ungefähr 206 v. Chr. zurückverfolgen, denn auf Kunstwerken aus der Zeit der chinesischen Han-Dynastie ist immer wieder auch ein dem Shar Pei sehr ähnlicher Hund zu sehen. Manche Fachleute meinen, daß die Rasse auf einen weit größeren inzwischen ausgestorbenen Hund zurückgeht, der vor etwa 2000 Jahren in Tibet und der Nordprovinz Chinas verbreitet war. Andere halten eher eine Verwandtschaft mit dem Arbeitshund der chinesischen Südprovinz für wahrscheinlich. In der Vergangenheit haben es die Tiere nicht immer leicht gehabt. Denn als 1947 die Hundesteuer in China erheblich angehoben wurde, konnten sich viele Shar Pei-Besitzer diesen Hund nicht mehr leisten, und die Zahl der Tiere ging drastisch zurück. Um 1970 nahmen sich amerikanische Züchter des Shar Pei in seiner mißlichen Lage an. 1981 gelangte dann schließlich der erste Shar Pei nach Großbritannien.

Charakter

Das Zusammenleben mit einem Shar Pei ist die reinste Freude — er ist selbständig, rücksichtsvoll und menschenfreundlich.

GRÖSSE
46—51 cm

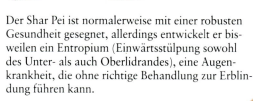

Der Shar Pei ist normalerweise mit einer robusten Gesundheit gesegnet, allerdings entwickelt er bisweilen ein Entropium (Einwärtsstülpung sowohl des Unter- als auch Oberlidrandes), eine Augenkrankheit, die ohne richtige Behandlung zur Erblindung führen kann.

KOPF
Groß; flacher Hinterkopf und breiter Stirnansatz. Die Schnauze ist meistens schwarz oder entspricht der Farbe des Fells. Wünschenswert ist eine feste blauschwarze Zunge.

LÄUFE
Muskulös und kräftig. Vorderläufe gerade, Hinterläufe gewinkelt.

GEBRAUCHSHUNDE

HAARKLEID
Steif, kurz und borstig, vom Körper abstehend, nur an den Gliedmaßen etwas flacher anliegend. Sollte nicht länger als 2,5 cm sein. Vorherrschende Farben: Schwarz, Rot, Rehbraun, manchmal auch cremefarben, häufig mit Aufhellungen an der Rückseite der Gliedmaßen und der Unterseite des Schwanzes.

RUTE
Gerundet, hoch angesetzt, verjüngt sich zu dünner Spitze. Als Sichel- oder Säbelrute getragen.

Fellfalten an Stirn und Lefzen

Es ist anzunehmen, daß die Tiere früher vor Hundekämpfen von ihren Besitzern durch entsprechende Drogen besonders aggressiv gemacht wurden, damit sie einen langen und einträglichen Kampf liefern konnten.

OHREN
Klein, dick und rechtwinklig, auf die Augen weisend

Deutlicher Wulst am Nasenansatz

KÖRPER
Breite, tiefe Brust und kurzer kräftiger Rücken. Erwachsene Hunde sollten keine übermäßig entwickelten Hautwulste haben.

AUGEN
Dunkel, mittelgroß, stirnrunzelnder Ausdruck

Shar Pei
Diese sehr seltene Rasse gilt als ausgezeichneter Haushund. Das Tier wird wegen seiner Reinlichkeit gerühmt, den Welpen wird sogar nachgesagt, daß sie sich selbst zur Stubenreinheit erziehen.

Der Fang muß ziemlich lang und breit sein.

PFOTEN
Gedrungen und nicht besonders groß, Zehen deutlich gebogen

GESICHTSMERKMALE
Shar Pei

123

HUNDERASSEN

Arbeitshunde

Der Mensch hat den Hund vor 10 000 oder vielleicht sogar schon vor 35 000 Jahren erstmals domestiziert. Wahrscheinlich haben unsere Vorfahren das Tier anfangs sogar als Nahrungs- und Fellieferanten betrachtet, die erwachsenen Tiere geschlachtet und die Welpen behalten, um sie zu mästen. Es hat jedoch vermutlich nicht sehr lange gedauert, bis der Mensch merkte, daß ihm dieses erste Haustier auch in anderer Weise nützlich sein konnte, nämlich als Wachhund und später auch als Jagdhelfer bei der Verfolgung des Wildes.

Angeborene Fähigkeiten

Aus den ersten Jagdhunden haben sich dann im Laufe der Zeit verschiedene Rassen entwickelt. Der Mensch legte nun Wert darauf, die vielfältigen Fähigkeiten des Hundes, der schon in seiner Wildform ein vielseitig begabtes und anpassungsfähiges Tier war und immer noch ist, für sich nutzbar zu machen. Und so fing er an, Rassen zu züchten, die nicht nur auf die Jagd, sondern auf eine breite Palette verschiedener Aufgaben spezialisiert waren. Der Hund war jetzt mehr als nur »des Menschen bester Freund«. Viele der Aufgaben, die die verschiedenen Hunderassen im Laufe der Zeit gemeistert haben, stehen in direktem Zusammenhang mit dem biologischen Erbe der Familie der Hunde, denn *Canis* zählt zu den erfolgreichsten Säugetieren der Welt. Intelligenz, Stärke, Ausdauer, Schnelligkeit, Gewandtheit, ein ausgezeichnetes Sehvermögen und ein noch erstaunlicherer Geruchssinn, die Geselligkeit des Rudeltiers und der natürliche Jagdinstinkt des fleischfressenden Jägers, dies alles war im Hund vereint. Der Mensch brauchte nur noch zu selektieren, zu konzentrieren und einige dieser Wesenszüge durch wohlüberlegte Züchtungen zu verstärken.

Des Menschen bester Helfer

Im Laufe der Jahrhunderte wurde der Hund als Hüter, Wächter und als Kriegswaffe benutzt. Er mußte Lasten tragen und ziehen, Rinder, Schafe und andere Tiere hüten, Verbrecher jagen und in Not geratene Menschen retten. In unserer Zeit wurde seine Rolle noch erweitert, manche Hunde arbeiten heute als Polizeihelfer und Blindenführer, andere schnüffeln nach Trüffeln, Drogen, Gaslecks und Sprengstoffen. Es gibt heute sogar den Hund als verlängertes »Ohr« des Gehörlosen. Zur Polizeitruppe gehören Boxer, Dobermann, Rottweiler, Deutscher Schäferhund, Deutsche Dogge und Riesenschnauzer; sie alle werden als Schutz- oder Wachhunde ausgebildet.

Australischer Viehtreiberhund

Pyrenäenberghund

Der Helfer des Bauern

Andere Rassen aus der Gruppe der Arbeits- und Gebrauchshunde wurden besonders zur Unterstützung der Bauern und Viehzüchter entwickelt. Zu diesen Hütehunden gehören Collie, Puli, Altenglischer Schäferhund, Shetland-Schäferhund, Deutscher Schäferhund und Corgi. Fast jedes Volk hat seinen eigenen Hütehund gezüchtet.

Bearded Collie

ARBEITSHUNDE

So hat Schottland seinen Collie, Ungarn seinen Puli und Wales den Corgi. Auf amerikanischen Höfen wird zu Hützwecken am häufigsten eine nichtoffizielle Rasse verwendet, der sogenannte Amerikanische oder Englische Schäferhund oder Border Collie. Dieses Tier ist zwar ein Collie, hat aber einen etwas kürzeren Fang, einen kleineren Körper und meistens ein schwarzweißes Fell.

Spezialisierung

Zur Gruppe der Arbeitshunde gehören auch einige weniger bekannte »Spezialisten« wie der Portugiesische Wasserhund, der tauchend verlorene Netze und andere Fischfangutensilien heraufholt und aus dem Schleppnetz entkommene Fische wieder zurücktreibt. Zu dieser Gruppe gehören auch der Berner Sennenhund, der früher dem Schweizer Bauern den Milch- und Käsekarren zum Markt zog, oder der mit einem Schuß Dingoblut ausgestattete Australische Viehtreiberhund, der besonders als Viehhüter und -treiber im australischen Hinterland eingesetzt wird. Der berühmteste Arbeitshund ist wohl der Bernhardiner, der verirrte oder in Schneebrettern verschüttete Wanderer aufspürt und durch den Weinbrand, den er in einem Fäßchen mit sich führt, am Leben hält. Und schließlich darf auch eine in der Hundewelt wohl einmalige Rasse nicht vergessen werden, der — auch als Vogelhund bekannte — Norwegische Lundehund, der als gewandter Kletterer darauf spezialisiert ist, an Klippen und in Höhlen die Nester der Papageientaucher auszuheben.

Bobtail

Dobermann

Gespannhunde

Im letzten Jahrhundert wurden in Großbritannien Hundegespanne eingesetzt, die für die *Sussex Mail* die Post zwischen den Orten Steyning und Storrington beförderten oder Fisch von Southampton nach London brachten. Auch Metzger, Bäcker, Straßenhändler und Scherenschleifer sowie fahrende Schausteller, die auf Volksfesten auftraten, ließen ihre Wagen von Hunden ziehen. Zur Gruppe der Gespannhunde zählen auch die Schlittenhunde wie der Alaskan Malamute, der Sibirische Husky und der Samoyede, die noch heute nicht nur im sportlichen Wettbewerb, sondern auch im Alltag des hohen Nordens beträchtliche Leistungen erbringen.

Es soll schon Tiere gegeben haben, die 160 Kilometer in weniger als 18 Stunden zurücklegen konnten, und ein Gespann mit vier Hunden ist imstande, eine Last von 180 Kilo über mehr als fünfzig Kilometer pro Tag zu befördern.

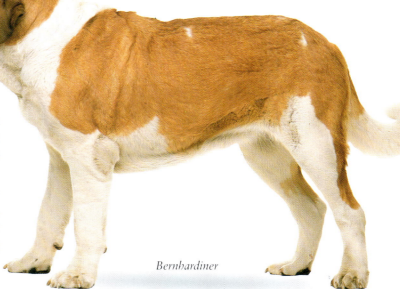
Bernhardiner

125

Japanischer Akita Inu

Der Japanische Akita Inu, ein Mitglied der Spitz-Familie, stellt eine kräftige, athletisch gebaute Rasse dar, die ihren Namen der japanischen Provinz Akita auf der Insel Honshu verdankt. Hier in seiner Heimat wird er vorwiegend als Polizei- und Wachhund eingesetzt, doch in vielen anderen Ländern hat er sich auch als beliebter Familienhund einen Platz erobert.

Geschichte

Die Akita-Inu-Familie, die größte der drei japanischen Spitzrassen, war vermutlich schon vor etwa 300 Jahren voll etabliert. Ursprünglich für die Jagd auf Rot- und Schwarzwild, aber auch auf Bären eingesetzt, war der Akita Inu jahrhundertelang auch als Kampfhund berühmt, bis dieser »Sport« in Japan verboten wurde. Legendär ist auch die Treue und Ergebenheit dieser Hunde: Am Shibuya-Bahnhof in Tokio erinnert eine Plastik an Hachiko, der neun Jahre lang an dieser Stelle täglich auf die Rückkehr seines verstorbenen Herrn wartete. Nach dem Zweiten Weltkrieg brachten aus Japan heimkehrende Soldaten die ersten Akitas in die USA.

Charakter

Der für seine Kraft und seinen Mut berühmte Akita Inu läßt sich leicht abrichten, ist verständnisvoll, anhänglich und überaus treu.

Der Körper ist länger als hoch.

HAARKLEID
Hartes, steifes Deckhaar mit feiner und dichter Unterwolle; alle Farben, mit hellen Abzeichen

Kraftvolle Schultern

Von vorne betrachtet sind die Vorderläufe gerade.

Japanische Akitas gelten als hervorragende Jagd- und Apportierhunde — besonders in tiefem Schnee und im Wasser.

ARBEITSHUNDE

RUTE
Dick, hoch angesetzt und über dem Rücken ringförmig gedreht

OHREN
Aufrecht, dreieckig und klein, mit leicht abgerundeten Spitzen

Schnauze und Lefzen sind schwarz.

Der Fang ist stumpf.

KÖRPER
Wohlbemuskelt, mit breiter, tiefer Brust und geradem Rücken

KOPF
Mächtig; mit breiter Stirn und ausgeprägtem Stop

AUGEN
Braun, oval, mittelgroß; mit dunklen Lidrändern

GESICHTSMERKMALE
Japanischer Akita Inu

Die Haut ist relativ straff.

Japanischer Akita Inu
In ihrem Ursprungsland wird diese Rasse sehr geschätzt. Seit 1931 gelten die jeweils besten Akitas in Japan offiziell als nationales Kulturgut.

LÄUFE
Vorderläufe mit starken Knochen, Hinterläufe mit muskulösen Schenkeln

PFOTEN
Dicke, gedrungene Pfoten mit harten Ballen

GRÖSSE
Rüde: 66–71 cm;
Hündin: 61–66 cm

127

HUNDERASSEN

Alaskan Malamute

Diese imposante spitzartige Rasse zählt zu den ältesten Schlittenhunden. Kräftiger als der Sibirische Husky, kann ein Alaskan Malamute nicht nur größere Lasten ziehen, sondern über lange Strecken auch auf dem Rücken tragen.

Geschichte

Den Namen hat der Alaskan Malamute von den Mahlemuten, einem Inuit-Stamm. Schon Berichte der frühesten nordamerikanischen Siedler erwähnen diese Hunderasse. Der sehr kooperative Hund verfügt über bemerkenswerte Kraft und Ausdauer. Vor der Einführung des Schneemobils, als man für Reisen in den hohen Norden noch außergewöhnlich widerstandsfähige Hunde brauchte, wurden die Mahlemuten von den anderen Eskimostämmen um ihre Hunde stets beneidet. Nachdem man dann begonnen hatte, in Alaska Bodenschätze abzubauen, ging der Malamute durch Einkreuzung importierter Hunde als Rasse beinahe verloren. Erst 1926 wurden in den USA erste Schritte zur Bewahrung der Reinrassigkeit unternommen.

Charakter

Dieser treue Hund ist ein harter Arbeiter, ein ausgezeichneter Wachhund und ein liebenswertes Familienmitglied.

HAARKLEID
Dichte weiche Unterwolle mit hartem vom Körper abstehendem Deckhaar. Vorherrschende Farben: Weiß, Hellgrau bis Schwarz, oder Gold bis Braun, stets mit Weiß an Unterleib, Pfoten und zum Teil auch an den Läufen; außerdem weiße Maske

KÖRPER
Kraftvoll gebaut, tiefe Brust und gerader, zur Kruppe hin leicht abfallender Rücken

GRÖSSE
Rüde: 64—71 cm;
Hündin: 58—66 cm

Der Alaskan Malamute ist berühmt für seine Kraft und Ausdauer; er wurde früher häufig bei Expeditionen in die Arktis und Antarktis eingesetzt.

ARBEITSHUNDE

RUTE
Buschig und hoch angesetzt, im Ruhezustand hängend, bei der Arbeit locker über dem Rücken getragen

Alaskan Malamute
Schon die Eskimos wußten die Rasse durchaus zu schätzen und benutzten die Tiere zur Jagd auf Eisbären und Wölfe, aber auch als Hüter ihrer Karibu-Herden.

Diese rauhe, wilde Rasse braucht ausreichend Bewegung und lebt am liebsten im Freien.

OHREN
Die Ohren sind klein, dreieckig, stehen weit auseinander, aufrecht oder zurückgelegt.

AUGEN
Braun, mittelgroß, mandelförmig

»Lachende« Lefzen

LÄUFE
Schwere muskulöse Vorderläufe, breite und kräftige Hinterläufe

KOPF
Breiter Schädel mit großem Fang und mächtigen Kiefern

Wolfähnliches Erscheinungsbild

PFOTEN
Ziemlich groß, aber fest; Zehen deutlich gewölbt, eng aneinanderstehend, dazwischen Behaarung; dicke und starke Ballen

GESICHTSMERKMALE
Alaskan Malamute

HUNDERASSEN

Australischer Viehtreiberhund

Der früher auch als Queensland Heeler bekannte Australische Viehtreiberhund hat einen kräftigen Biß, was einen Hund, der im australischen Hinterland das Vieh über oft weite Strecken treiben muß, natürlich besonders nützlich macht. Der für ein hartes Leben im Freien gezüchtete Hund ist lebhaft und dynamisch und braucht viel Auslauf.

Geschichte

Um 1830 »kreierten« australische Viehzüchter einen zähen Arbeitshund, weil der bis dahin einzig verfügbare Viehhund nach Auskunft eines australischen Kynologen »wie ein Aligator biß und wie ein Schwindsüchtiger bellte«. Bei der Züchtung des australischen Viehtreiberhundes fanden verschiedene Rassen Berücksichtigung, so der Dingo, ein nicht näher definierter Smithfield-Hund, außerdem Blue Merle Collies, Dalmatiner, australische Kelpies sowie Bobtails.

Charakter

Der Australische Viehtreiberhund ist ein intelligentes und aufmerksames Tier, er ist mutig, zuverlässig und ein harter Arbeiter.

KOPF
Breit und kräftig, obere Schädeldecke verläuft parallel zum Nasenrücken; kraftvoller Unterkiefer.

KÖRPER
Kräftiger, gerader Rücken und tiefe, ziemlich breite Brust

HAARKLEID
Dichte Unterwolle, Deckhaar rauh, glatt und wetterfest. Das Fell ist rot gesprenkelt oder blau, blau gesprenkelt oder blau gefleckt; mit oder ohne Abzeichen.

GRÖSSE
Rüde: 46—51 cm;
Hündin: 43—48 cm

Diese Rasse ist auch bekannt unter dem Namen »Australischer Heeler« oder »Blue Heeler«. »Heeler« bezieht sich auf die Vorliebe des Hundes, beim Zusammentreiben des Viehs den jeweiligen Tieren in die »Fersen« (heels) zu beißen.

ARBEITSHUNDE

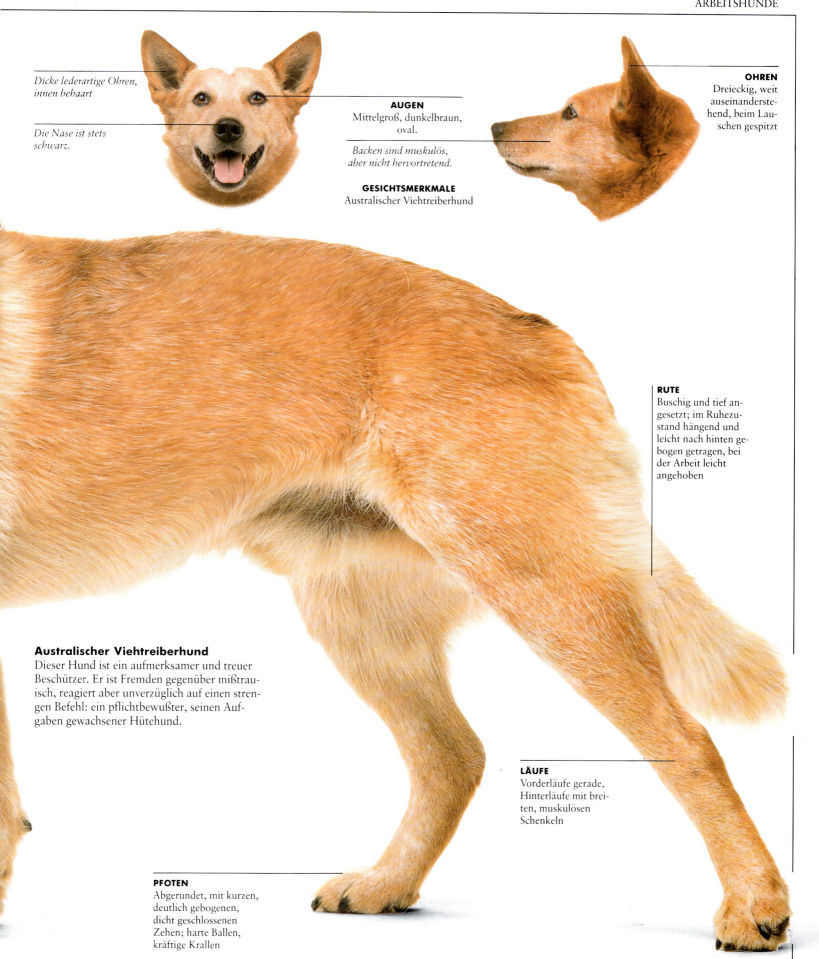

Dicke lederartige Ohren, innen behaart

Die Nase ist stets schwarz.

AUGEN
Mittelgroß, dunkelbraun, oval.

Backen sind muskulös, aber nicht hervortretend.

GESICHTSMERKMALE
Australischer Viehtreiberhund

OHREN
Dreieckig, weit auseinanderstehend, beim Lauschen gespitzt

RUTE
Buschig und tief angesetzt; im Ruhezustand hängend und leicht nach hinten gebogen getragen, bei der Arbeit leicht angehoben

Australischer Viehtreiberhund
Dieser Hund ist ein aufmerksamer und treuer Beschützer. Er ist Fremden gegenüber mißtrauisch, reagiert aber unverzüglich auf einen strengen Befehl: ein pflichtbewußter, seinen Aufgaben gewachsener Hütehund.

LÄUFE
Vorderläufe gerade, Hinterläufe mit breiten, muskulösen Schenkeln

PFOTEN
Abgerundet, mit kurzen, deutlich gebogenen, dicht geschlossenen Zehen; harte Ballen, kräftige Krallen

131

HUNDERASSEN

Belgische Schäferhunde

Wie schon der Name erkennen läßt, hat man die Belgischen Schäferhunde bis in unser Jahrhundert hinein in Belgien und den angrenzenden Ländern zum Hüten der Vieh- und Schafherden verwendet. Heute arbeiten sie hauptsächlich als Wachhunde — bei der Polizei, in der Armee und beim Zoll, doch lassen sie sich auch ohne weiteres in eine Familie integrieren.

Geschichte
Bis ins späte 19. Jahrhundert gab es in Belgien zahlreiche eng miteinander verwandte Schäferhundrassen. Mit der Zeit verlor die Aufgabe des Schafehütens jedoch an Bedeutung, und die Züchter gingen dazu über, alle diese Hunde zu einem Grundtyp »zusammenzufassen«, den es in vier Schlägen gibt, die sich lediglich in Farbe und Fell unterscheiden. In den meisten Ländern gelten sie als verschiedene Formen der gleichen Rasse, in den USA jedoch hat man drei dieser Unterformen als separate Rassen anerkannt (Groenendael, auch bekannt als Belgischer Schäferhund oder Belgischer Hütehund; Tervueren und Malinois). Der Laekenois steht in den USA ebenfalls kurz vor der Anerkennung.

Charakter
Belgische Schäferhunde gelten als aufmerksam, intelligent und sehr wachsam. Obwohl sie von alters her in erster Linie für ein Leben im Freien bestimmt gewesen sind, passen sie sich auch gut dem häuslichen Familienleben an, sofern sie regelmäßig Gelegenheit erhalten, sich richtig auszutoben.

KOPF
Lang, feingeschnitten, Lefzen flach anliegend. Oberkopf und Fang sind gleich lang

HAARKLEID
Langes, glattes Deckhaar mit dichter Unterwolle, am Kopf und an den Unterläufen kurz; Farben: Rot, Grau oder Gelb, Kohlestichelung in den Haarspitzen

Laekenois
Dies ist der einzig rauhhaarige unter den Belgischen Schäferhunden. Sein Fell ist drahtig, in sich gedreht, aber nicht gelockt, die im Haarkleid vorherrschende Farbe ist ein dunkles Gelb mit Kohlestichelung.

KÖRPER
Athletisch und muskulös. Tiefer Brustkorb, gerader Rücken und breite, geschwungene Kruppe

RUTE
Buschige mittellange Hängerute; im Ruhezustand leicht angebogen, bei der Arbeit höher getragen

LÄUFE
Lang, sehnig, mit gut entwickelter Muskulatur

ARBEITSHUNDE

Groenendael
Der beliebteste der vier Belgischen Schäferhunde. Er hat langes schwarzes Deckhaar, manchmal mit weißen Abzeichen.

Tervueren
Dieser in den USA als Belgischer Tervueren bekannte wohlproportionierte Hund steckt voller Vitalität und ist, wenn er nicht gerade ruht, ständig in Bewegung.

OHREN
Hoch angesetzt, dreieckig und stehend

Schwarze Maske

AUGEN
Mittelgroß, mandelförmig und vorzugsweise dunkelbraun

Der Hals ist leicht länglich.

GESICHTSMERKMALE
Tervueren

PFOTEN
Vorderpfoten abgerundet, Hinterpfoten oval; gewölbte Zehen, dicke Ballen und dunkle Krallen

GRÖSSE
Rüde: 61—66 cm;
Hündin: 56—61 cm

133

HUNDERASSEN

Berner Sennenhund

Unter den vier Rassen der Schweizer Sennenhunde ist der Berner Sennenhund wohl der beliebteste. Er wurde im Schweizer Kanton Bern vornehmlich als Gespannhund für die Karren der Senner und Korbflechter entwickelt.

Geschichte
Wahrscheinlich kamen die Vorfahren des Berner Sennenhunds als Wachhunde mit den römischen Legionen in die Schweiz, wurden beim Rückzug der Invasoren dort zurückgelassen und später mit den einheimischen Schäferhunden gekreuzt. Das Ergebnis sind vier Schweizer Sennenhundrassen: Berner Sennenhund, Großer Schweizer Sennenhund, Entlebucher und Appenzeller Sennenhund. Im 19. Jahrhundert wäre der Berner Sennenhund beinahe ausgestorben, konnte dann jedoch wieder stabilisiert werden, und schon 1907 wurde in der Schweiz der Berner Sennenhundklub gegründet. Dreißig Jahre später kam die Rasse auch in die USA.

Charakter
Der Berner Sennenhund ist selbstsicher, immer gut gelaunt und ein ausgezeichnetes Haustier für die ganze Familie.

KOPF
Flacher Schädel, deutlicher Stop und gerader Fang

Die Schwanzspitze sollte nach Möglichkeit weiß sein.

Der Berner Sennenhund wird auch heute noch bisweilen an seine arbeitsreiche Vergangenheit »erinnert«, denn er wird gelegentlich noch auf Ausstellungen und bei Volksfesten vor eine Kinderkutsche gespannt.

PFOTEN
Rundlich und kurz mit dicht geschlossenen Zehen und weißen Krallen

ARBEITSHUNDE

KÖRPER
Gedrungen und kräftig, gerader Rücken, breiter tiefer Brustkorb

Berner Sennenhund
Diese ausgesprochen attraktive Rasse braucht regelmäßig Fellpflege, viel Auslauf und ebensoviel Futter.

AUGEN
Mandelförmig und dunkelbraun

OHREN
Hoch angesetzt, mittelgroß und dreieckig

Die obere Lefze überlappt gerade noch den Unterkiefer.

Scherengebiß; die oberen Schneidezähne greifen dicht über die unteren Zähne.

Im Ruhezustand liegen die Ohren flach an, werden jedoch nach vorne gedreht, sobald die Aufmerksamkeit des Tieres erregt wird.

GESICHTSMERKMALE
Berner Sennenhund

RUTE
Die mittellange buschige Säbelrute wird leicht angehoben, wenn der Hund aufmerkt.

HAARKLEID
Lang, weich und seidig, leicht gewellt und glänzend; Farbe: schwarz glänzend mit braunen und weißen Abzeichen an Kopf, Brust und Läufen

LÄUFE
Gerade starke Vorderbeine, gut bemuskelte Hinterläufe; etwaige Afterkrallen sind zu entfernen

GRÖSSE
Rüde: 64—70 cm;
Hündin: 58—66 cm

135

HUNDERASSEN

Bouvier des Flandres

Früher zählte er zu den geschicktesten Viehtreiberhunden im westlichen Europa, heute wird der zottige Bouvier jedoch mehr als Wach- und Spürhund sowie als Blindenhund eingesetzt. Er stammt ursprünglich aus der Gegend an der französisch-belgischen Grenze, wörtlich bedeutet sein Name soviel wie »flämischer Ochsentreiber«.

Geschichte

Sein Ursprung ist nicht genau bekannt, doch um die Jahrhundertwende gab es in Flandern verschiedene Schläge von Viehtreiberhunden. Der Bouvier des Flandres wurde 1910 auf der Internationalen Hundeausstellung in Brüssel zum ersten Mal gezeigt, der Rassestandard wurde allerdings erst 1912 formuliert. Im Ersten Weltkrieg fand das Tier wegen seiner Stärke und seines Mutes als Meldegänger und bei der Suche nach verletzten Soldaten in der Armee große Anerkennung. Bedauerlicherweise hatten Belgien und der Nordosten Frankreichs die Hauptlast der Kämpfe zu tragen, und so war der Bouvier aufgrund der Kriegsverluste und der Zerstörung seines Heimatlandes bald vom Aussterben bedroht. Flämische Züchter bemühten sich dann erst seit den zwanziger Jahren wieder mit großem Einsatz um das Überleben der Rasse.

Charakter

Der Bouvier des Flandres ist intelligent und lebhaft, aber auch ruhig und vernünftig. Er ist ausgesprochen treu und überaus mutig.

KOPF
Rechteckiger flacher Schädel, kräftiger Fang

HAARKLEID
Dicht und etwa sechs Zentimeter lang. Dichte Unterwolle, rauhes, harsches, zerzaust wirkendes Deckhaar; Farbe: von Rehbraun bis Schwarz, auch gestromtes Braun mit dunklen Streifen

Briard
Dem Bouvier in seinem Erscheinungsbild nicht unähnlich ist der Briard, dessen Ursprung auf verschiedene ältere Rassen einschließlich vielleicht des Alant und des Persischen Schäferhunds zurückgeht. Er war früher ein Jagd- und Wachhund des französischen Adels. Nach der Revolution 1789 sank er auf den Rang eines vielseitig verwendbaren Dorfhunds herab. Gegen Ende des 19. Jahrhunderts tauchte er zum ersten Mal auf französischen Hundeausstellungen auf. Im Zweiten Weltkrieg leistete er seinem Land große Dienste.

GRÖSSE
Schulterhöhe: 59—68 cm,
Gewicht: 27—40 kg

ARBEITSHUNDE

Bouvier des Flandres
Das bedrohliche Aussehen verdankt dieser imposante Hund vor allem seinem Bart. Sein Körper wirkt kraftvoll, jedoch nicht plump.

RUTE
In der Regel bis zum zweiten oder dritten Glied kurz kupiert. Muß in Bewegung unbekümmert locker getragen werden.

KÖRPER
Tiefer Brustkorb und breiter, kraftvoll gebauter, gedrungener Körper

LÄUFE
Lang, muskulös, schwerknochig; keine Afterkrallen

PFOTEN
Rund und kurz, deutlich gewölbte, geschlossene Zehen, widerstandsfähige Ballen, kräftige schwarze Krallen

OHREN
Hoch angesetzt, dreieckig, sehr beweglich

Die Backen sollten flach erscheinen.

Die Schnauze ist schwarz und gut entwickelt, mit weiten Nasenlöchern.

AUGEN
Dunkel, oval, mittelgroß, nicht zu eng stehend. Der Blick ist offen und energisch.

GESICHTSMERKMALE
Bouvier des Flandres

Bouvier des Flandres mit kupierten Ohren
Ursprünglich wurden dem Bouvier die Ohren kupiert, weil sie andernfalls bei der Arbeit vielleicht gestört hätten. Obwohl diese Praktik in manchen Ländern noch erlaubt ist, vor allem in den USA und Kanada, nimmt die Zahl der Hunde mit unkupierten Ohren stetig zu. Und mit einiger Sicherheit wird die Zahl der Bouviers mit kupierten Ohren weiter zurückgehen.

HUNDERASSEN

Boxer

Seine Energiereserven scheinen unerschöpflich; er ist einer der großen Charaktere der Hundewelt. Erst nach dem Zweiten Weltkrieg fand diese Rasse in den USA und Großbritannien weitere Verbreitung, gewinnt aber seither zunehmend an Beliebtheit, als Familienhund ebenso wie als Wachhund.

Geschichte

Zu den wichtigsten Vorfahren des Boxers zählen zwei dem Mastiff ähnliche deutsche Rassen, der Bullenbeißer und Bärenbeißer. Beide wurden im Mittelalter zur Bullenhetze und auf der Rot- und Schwarzwildjagd eingesetzt. Die heutige Rasse entstand im 19. Jahrhundert durch Einkreuzungen anderer Rassen, insbesondere der Bulldogge. Trotz der deutschen Abstammung dieses Hundes ist »Boxer« eigentlich ein englischer Name, der den Kampfstil dieser Rasse sehr gut beschreibt.

Charakter

Der Boxer ist stets bereit zu Arbeit und Spiel, kann jedoch recht stürmisch sein und bleibt bis ins hohe Alter äußerst bewegungsfreudig. Bekannt für seinen Mut, aber auch für sein Pflichtbewußtsein, gilt er als ausgezeichneter Wachhund. Er ist jedoch ebenfalls als Familienhund zu empfehlen, denn der Boxer ist sehr anhänglich, treu und überaus kinderlieb.

HAARKLEID
Kurz, weich, glänzend und glatt am Körper anliegend. Farben: Rehbraun oder gestromt. Weiße Abzeichen dürfen nicht mehr als ein Drittel der Felloberfläche einnehmen.

KOPF Quadratisch, mit breitem mächtigem Fang; der Nasenspiegel liegt etwas höher als die Nasenwurzel; Unterkiefer leicht vorstehend und seitlich abfallend

Der Rücken ist breit, kurz und gut bemuskelt.

KÖRPER
Tiefer Brustkorb, wohlgeformte Rippen, kurze Weichen

GRÖSSE
Rüde: 57—63 cm;
Hündin: 53—59 cm

Da die Rute kurz kupiert ist, scheint der ganze Körper zu wedeln, wenn der Boxer Freude oder Erregung ausdrückt.

ARBEITSHUNDE

AUGEN
Mittelgroß, dunkelbraun mit dunklen Lidrändern

Die Nase ist breit und schwarz, zwischen den Nasenlöchern verläuft eine gut sichtbare Linie.

Weder Zähne noch Zunge sind bei geschlossenem Maul zu sehen.

GESICHTSMERKMALE
Boxer

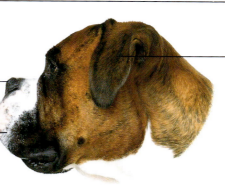

OHREN
Dünn, hoch angesetzt, weit auseinanderstehend. Im Ruhezustand liegen sie eng und flach am Kopf an; wird die Aufmerksamkeit des Boxers geweckt, kippen sie nach vorne.

RUTE
Hoch angesetzt, waagerecht getragen, meist auf fünf Zentimeter Länge kupiert

Die Bauchlinie verläuft in elegantem Schwung nach hinten.

In den USA und anderen Ländern (nicht in Großbritannien) haben die meisten Boxer spitz zulaufend kupierte Ohren. In Deutschland ist das Kupieren der Ohren seit 1987 für alle Rassen verboten.

Boxer
In seinem äußeren Erscheinungsbild ist der Boxer unverwechselbar. Er braucht viel Auslauf, um körperlich und seelisch in Form zu bleiben. In der Regel ist er ausgesprochen zuverlässig und besitzt einen ausgeprägten Bewacherinstinkt.

LÄUFE
Vorderläufe lang, gerade und parallel stehend; Hinterläufe stark bemuskelt, mit breiten gebogenen Schenkeln

PFOTEN
Klein, mit harten Ballen und gewölbten Zehen

Bullmastiff

Diese Rasse wurde im 19. Jahrhundert in England neu gezüchtet. Durch Kreuzung des Mastiff mit der englischen Bulldogge konnten alle Qualitäten dieser beiden Rassen in einem Hund vereint werden. Heute wird dieser vorwiegend als Wachhund bei Polizei und Armee eingesetzt, ist jedoch auch ein liebenswerter Familienhund.

Geschichte

Im England des 19. Jahrhunderts mußten nicht wenige Leute wildern, um zu überleben. Da dieses Vergehen jedoch hart bestraft wurde, konnten Wilderer sich dem Gesetz meist nur entziehen, wenn sie die Wildhüter erschossen. Der Bullmastiff war deshalb der ideale Beschützer und Begleiter für einen Wildhüter, denn er hat den Mut und Kampfgeist der Bulldogge und die Kraft und Wendigkeit sowie die gute Nase des Mastiff. So wurde die Rasse ursprünglich bekannt als »Wildhüters Nachthund«, der auf Befehl angriff, den Wilderer umwarf und am Boden festhielt, ohne ihn gleich zu zerfleischen. In den USA und Großbritannien zählt der Bullmastiff zur Gruppe der Arbeitshunde, in Australien zu den Gebrauchshunden.

Charakter

Der Bullmastiff, der früher wegen seines Kampftriebs gerühmt wurde, gilt heute als energischer und intelligenter Hund. Er ist ruhig, seinem Herrn treu ergeben, anhänglich und rücksichtsvoll.

KOPF
Großer viereckiger Schädel mit deutlichem Stop und kurzem breitem Fang

Kraftvoll symmetrischer Körperbau

LÄUFE
Vorderläufe gerade, kräftig und weit auseinanderstehend; Hinterläufe muskulös und stark

GRÖSSE
Rüde: 63—69 cm;
Hündin: 61—66 cm

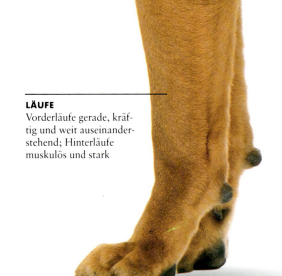

Dieses Tier ist ein gestromter Bullmastiff. Weitere Farben sind Rot oder Rehbraun; nur auf der Brust sind weiße Abzeichen zugelassen.

ARBEITSHUNDE

AUGEN
Mittelgroß, dunkel oder haselnußbraun, Stirnfalten

Dunkle Lidränder und schwarze Maske am Fang

OHREN
V-förmig und klein, hoch angesetzt, weit auseinanderstehend, zurückgelegt und von etwas dunklerer Farbe als der Körper

Die Lefzen dürfen den Unterkiefer nicht überlappen.

GESICHTSMERKMALE
Bullmastiff

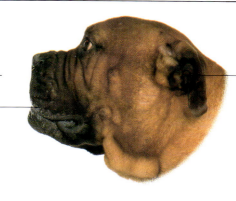

HAARKLEID
Kurz und hart, glatt am Körper anliegend

RUTE
Hoch angesetzt, lang, sich verjüngend, gerade oder leicht aufwärts gebogen

KÖRPER
Robust gebaut, tiefer breiter Brustkorb und kurzer gerader Rücken

Bullmastiff
Dieser lebhafte Hund ist unglücklich, wenn er nicht genügend Zuwendung erhält. Allein gelassen, verschläft er vor lauter Langeweile wahrscheinlich den ganzen Tag.

PFOTEN
Gedrungene Katzenpfoten mit gewölbten Zehen, harten Ballen und dunklen Krallen

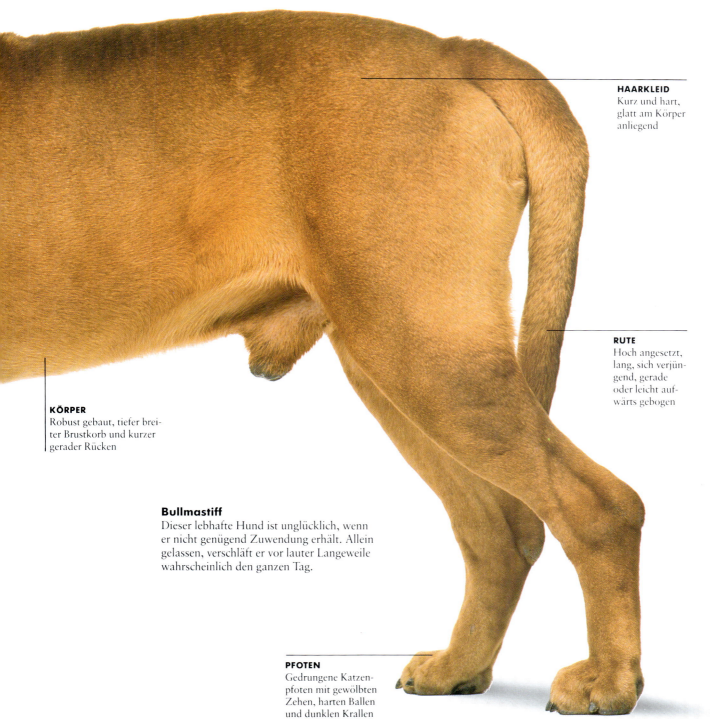

141

HUNDERASSEN

Bearded Collie

Früher auch als Highland Collie bekannt, gilt der Bearded Collie als ein aktiver Hund, der nie genug Auslauf bekommen kann, aber dennoch einen ausgezeichneten Hausgenossen abgibt. Äußerlich ist die Rasse dem Bobtail ähnlich, doch ist sie etwas kleiner, schlanker und trägt die Rute unkupiert.

Geschichte

Die genaue Abstammung der Collie-Familie ist nicht bekannt, doch waren die frühen Vorfahren vermutlich alte Rassen des Schottischen Hochlands. Manche Fachleute meinen jedoch, daß polnische Händler im Mittelalter ungarische Windhunde in den Norden Britanniens mitbrachten und diese möglicherweise als die wichtigsten Vorfahren des Bearded Collie anzusehen sind. Zu Beginn des 20. Jahrhunderts ging die Rasse beinahe verloren und konnte 1944 nur durch die Nachkommen eines einzigen Paares gerettet werden.

Charakter

Der als freundlich und lebhaft bekannte Bearded Collie gilt zugleich auch als sehr intelligent und ausgeglichen. Regelmäßiger Auslauf ist ausschlaggebend für sein Wohlbefinden.

PFOTEN
Oval mit starker Behaarung, harte Ballen und geschlossene gewölbte Zehen

LÄUFE
Auf allen Seiten mit zottigem Haar bedeckt, gerade Vorderbeine mit kräftigen Knochen und gut bemuskelte Hinterläufe

KOPF
Breit; flacher quadratischer Schädel mit starkem Fang

Border Collie
Diese Rasse, die ursprünglich aus dem schottischen Grenzland stammt, ist ein von Schafzüchtern auf der ganzen Welt sehr geschätzter, ausgezeichneter Hütehund.

Bearded Collie
Dieser intelligente Arbeitshund soll lebhaft und interessiert in die Welt blicken. Er darf keine Anzeichen von Nervosität oder Aggressivität zeigen.

ARBEITSHUNDE

AUGEN
Groß, weit auseinanderstehend

Nase, Lefzen und Augenschatten sind meist schwarz, können bei blauen und braunen Exemplaren aber auch der Farbe des Fells entsprechen.

Große bogenförmige Augenbrauen, die die Augen jedoch nicht verbergen

OHREN
Mittelgroß, im Ruhezustand zurückgelegt

GESICHTSMERKMALE
Bearded Collie

KÖRPER
Lang gestreckt mit tiefem Brustkorb und geradem Rücken. Von der Seite betrachtet, verläuft der Brustkorb völlig gerade.

HAARKLEID
Weiche Unterwolle mit langem, ziemlich grobem Deckhaar, das glatt oder gewellt sein darf. Farben: Schwarz, Blau, alle Grautöne, Braun, Rotbraun, auch Sandfarben kommt vor; mit oder ohne weiße Abzeichen an Kopf, Brust, Läufen und Schwanzspitze.

Bergamasker Hirtenhund
Der Name dieses Hundes geht auf die italienische Provinz Bergamo zurück, wo die Tiere ursprünglich gezüchtet wurden. Man geht davon aus, daß der Bearded Collie zur Entwicklung dieser Rasse beigetragen hat.

RUTE
Tief angesetzt, Spitze leicht aufgebogen, starke Befederung

GRÖSSE
Rüde: 53 bis 56 cm;
Hündin: 51 bis 53 cm

Rough Collie

Jahrhundertelang blieb der Rough Collie außerhalb Schottlands weitgehend unbekannt, heute jedoch zählt er zu den beliebtesten Rassen der Welt. Als Nachkomme vieler Generationen schwer arbeitender Hütehunde ist er sehr gewissenhaft und überaus intelligent.

Geschichte

Der Rough Collie stammt aus dem Schottischen Tiefland. Seinen Namen verdankt er vermutlich den schwarzen Schafen, die dort gezüchtet und Colley genannt wurden. Wie bei so vielen Hunden hat auch zur Popularisierung des Collie Königin Viktoria erheblich beigetragen. Als sie um 1860 ihr schottisches Gut Balmoral besuchte, war sie so begeistert von diesen attraktiven Hunden, daß sie einige Collies nach Schloß Windsor mitnahm. Sehr bald schon wurde der Collie zu einem gefragten Ausstellungshund in England und gegen Ende der achtziger Jahre des vergangenen Jahrhunderts auch in den USA. Um 1940 wurde die Rasse dann erst richtig berühmt, als ein Rough Collie für die Rolle der Lassie in der beliebten Filmserie ausgewählt wurde, die damals nach Eric Knights klassischem Roman *Lassie komm nach Hause* gedreht wurden.

Charakter

Der Rough Collie ist ein gutmütiger, freundlicher Hund, der viel Bewegung im Freien braucht, jedem Fremden mißtraut und seinem Besitzer und dessen Familie seine ganze Liebe entgegenbringt.

KOPF
Lang, sich verjüngend, mit flachem Schädel und schwarzem Nasenspiegel

Rough Collie
Der Rough Collie hat ausgesprochen ausdrucksvolle Ohren — im Ruhezustand sind sie zurückgelegt, bei Erregung halbstehend nach vorne gekippt. Sein Gehör ist sehr gut entwickelt. Die Tiere sind berühmt dafür, daß sie den Pfiff des Hirten oder seine Stimme über einen Kilometer weit hören können.

HAARKLEID
Üppiges Langhaar mit dicker Unterwolle und geradem, grobem Deckhaar. Die Farben reichen von Hellgold bis Mahagoni und Weiß; auch Schwarz, Rot und Weiß kommen vor, ebenso Silberblau mit schwarzer Melierung und weißen, wahlweise auch braunen Abzeichen.

Dieser gesellige Hund zeigt in der Regel keinerlei Anzeichen von Nervosität oder Aggressivität.

Die Schnauze endet spitz, niemals quadratisch.

ARBEITSHUNDE

Sehr schwach angedeuteter Stop

OHREN
Klein; weder engstehend noch sonderlich weit auseinander

AUGEN
Mandelförmig, mittelgroß, schräggestellt. Die Augen sind entweder dunkelbraun oder bei Blue Merles blau

GESICHTSMERKMALE
Rough Collie

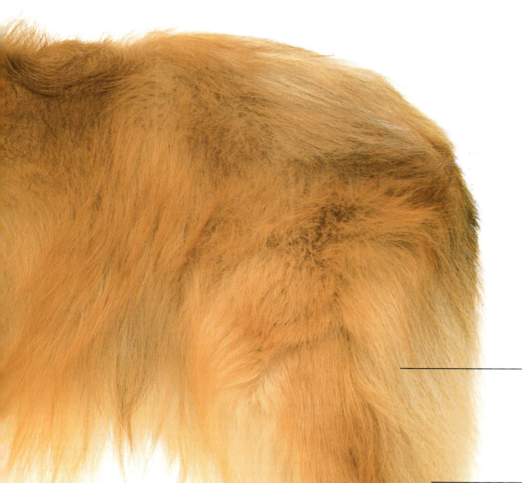

Australischer Kelpie
Dieser hervorragende Arbeitshund ist wegen einer recht eigentümlichen Fähigkeit berühmt geworden: Um an die Spitze der Herde zu gelangen, läuft er kurzerhand über die Rücken der Schafe. Er ist ausdauernd, zäh und kann es ziemlich lang ohne Wasser aushalten.

KÖRPER
Länger als hoch, tiefer Brustkorb. Der Rücken ist über den Weichen leicht gebogen.

RUTE
Lang und tief angesetzt, mit leicht aufgebogener Spitze; bei Erregung hoch getragen

LÄUFE
Vorderbeine gerade und muskulös, Hinterbeine kräftig und sehnig

PFOTEN
Oval, mit harten Ballen und gebogenen Zehen

GRÖSSE
Rüde: 63—69 cm;
Hündin: 61—66 cm

145

HUNDERASSEN

Dobermann

Den heute so beliebten Dobermann gibt es als Rasse erst seit etwas über 100 Jahren. Dieser außergewöhnlich kräftige Hund, der hauptsächlich als Wachhund Verwendung findet, läßt sich auch als Spür- und Stöberhund einsetzen und sogar zum Hüten von Schafen.

Geschichte

Zwischen 1865 und 1870 unternahm der deutsche Steuerinspektor Louis Dobermann den Versuch, durch Kreuzung verschiedener Rassen den perfekten Wachhund zu züchten. Die einzelnen »Bestandteile« dieser Rasse sind nicht genau bekannt, wahrscheinlich aber sind an der Züchtung des Dobermanns einheimische Viehtreiberhunde, Rottweiler, Pinscher, der Manchester Terrier und eventuell sogar der Greyhound beteiligt gewesen. Die Anerkennung des Dobermanns durch den Deutschen Verband für das Hundewesen erfolgte offiziell 1900, bald darauf gelangte die Rasse auch nach Großbritannien und in die USA. Im Ersten Weltkrieg dienten Dobermänner als Wach- und Patrouillenhunde an der Front. Heutzutage werden die Tiere auf der ganzen Welt als Polizeihunde eingesetzt.

Charakter

Der Dobermann ist ein echter Wachhund — intelligent, kräftig und bei Bedarf auch aggressiv. Er braucht daher eine feste Hand, kann aber dennoch ein treuer und sehr rücksichtsvoller Familienhund sein.

In den USA und einigen anderen Ländern ist es üblich, auch die Ohren zu kupieren.

KÖRPER
Rechteckig gebaut, gut entwickelt, muskulöse Brust und leicht gewölbte Rippen

KOPF
Lang, mit keilförmigem, markantem Profil. Die Stirn ist flach und verläuft parallel zum Nasenrücken.

RUTE
Die Rute bildet die Fortsetzung der Wirbelsäule und wird in der Regel nach dem ersten oder zweiten Glied kupiert.

ARBEITSHUNDE

AUGEN
Bei schwarzen Hunden sind die Augen dunkelbraun, sonst entsprechen sie der Farbe des Fells; sie sind mandelförmig und lassen Aufmerksamkeit und Lernbereitschaft erkennen.

Die Farbe der Nase entspricht jeweils der Farbe des Fells.

Die Lefzen liegen dicht an.

GESICHTSMERKMALE
Dobermann

OHREN
Klein, hochangesetzt, hängend oder stehend

Der Rücken ist kurz und gerade.

Die Rasse gehört in Großbritannien und den USA zur Gruppe der Arbeitshunde, in Australien gilt der Dobermann als Gebrauchshund.

HAARKLEID
Kurz, glatt und hart, fest anliegend. Farbe: Schwarz, Blau, Braun oder Rehbraun mit rostroten Abzeichen über den Augen, an Fang, Hals, Brust, Läufen und unterhalb der Rute

Die Hinterbeine stehen parallel und relativ weit auseinander.

LÄUFE
Vorderbeine gerade, Hinterbeine kräftig bemuskelt

Dobermann
Diese schlanke, stromlinienförmige Rasse braucht wegen der ihr eigenen latenten Aggressivität eine sorgfältige Ausbildung. Für eine gute Kondition braucht dieser Hund viel Bewegung.

PFOTEN
Katzenpfoten, gedrungen, deutlich gewölbte Zehen. Afterkrallen sind zu entfernen.

GRÖSSE
Ideale Schulterhöhe:
Rüde: 69 cm;
Hündin: 65 cm

HUNDERASSEN

Deutscher Schäferhund

In manchen Ländern auch als »Elsässer« bekannt, gilt der Deutsche Schäferhund als einer der vielseitigsten Gebrauchshunde überhaupt. Auf der ganzen Welt wird er von Polizei- und Militärkräften als Wach- und Suchhund, von Bauern als Hütehund und von Blinden als »verlängertes Auge« eingesetzt. Gleichzeitig ist er auch als Haushund sehr beliebt, denn er vermittelt ein Gefühl der Sicherheit und ist auch durchaus anschmiegsam.

Geschichte

Der Rassestandard wurde in Deutschland um 1880 formuliert, obwohl die Diskussion über die Herkunft der Züchtung noch immer nicht abgeschlossen ist. Der Deutsche Schäferhund war ursprünglich auf dem Land beheimatet, als er jedoch im Ersten Weltkrieg bei der deutschen Armee seine Vielseitigkeit unter Beweis gestellt hatte, wurde er bald von heimkehrenden Soldaten der Alliierten in die USA und nach Großbritannien gebracht. Sehr rasch gelangte er zu großer Beliebtheit, zweifellos nicht zuletzt als »Rin-Tin-Tin« in den gleichnamigen Filmen der zwanziger Jahre.

Charakter

Der Deutsche Schäferhund ist äußerst intelligent und im allgemeinen sehr zuverlässig. Wird er frühzeitig richtig ausgebildet, so erweist er sich als gehorsamer und treuer Familienhund.

GRÖSSE
Rüde etwa 61—63 cm;
Hündin: 58 cm

KOPF
Der breite Schädel und der keilförmige Fang haben die gleiche Länge.

AUGEN
Mittelgroß, mandelförmig, meist dunkelbraun

Die Nase ist stets schwarz.

OHREN
Mittelgroße, an der Basis relativ breite, hoch angesetzte Stehohren

LÄUFE
Gerade Vorderbeine, Hinterbeine mit breiten und kräftigen Schenkeln

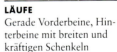

Feste Lefzen, eng an den Zähnen anliegend

GESICHTSMERKMALE
Deutscher Schäferhund

ARBEITSHUNDE

Der Deutsche Schäferhund ist ein geistig und körperlich aktiver Hund, der von seiten seines Herrn viel Aufmerksamkeit und Zuwendung verlangt.

Deutscher Schäferhund
Die früher auch als Elsässer Wolfshund bekannte Rasse ist auf Ausstellungen immer eine der Attraktionen. Sein Debüt hatte der Deutsche Schäferhund 1922 in Hannover.

KÖRPER
Der Körper ist länger als hoch, der Brustkorb tief, der Rücken gerade und die Kruppe leicht abfallend. (Letzteres ist in Deutschland als Zuchtideal überholt.)

HAARKLEID
Harsches, fest anliegendes Deckhaar mit dichter Unterwolle. Verschiedene Farben möglich, einschließlich Schwarz mit braunen oder grauen Abzeichen, rein Schwarz, rein Grau oder Grau mit braunen oder hellen Abzeichen

PFOTEN
Gedrungen, rundlich mit gewölbten Zehen, gut entwickelten Ballen und dunklen Krallen. Afterkrallen an den Hinterbeinen sollten entfernt werden.

RUTE
Mittellange, buschige und tief angesetzte Säbelrute; wird im Ruhezustand sanft hängend, in Bewegung leicht angehoben getragen.

HUNDERASSEN

Deutsche Dogge

Diese sanften Riesen verfügen über enorme Kraft und ein überaus freundliches Wesen. Obwohl das Tier im Englischen als »Great Dane« bezeichnet wird, handelt es sich um eine in Deutschland gezüchtete Rasse, wo sie als Deutsche Dogge bekannt ist.

Geschichte

Große mastiffähnliche Hunde sind auf Kunstobjekten vieler alter Kulturen abgebildet. Vielleicht waren es phönizische Händler, die diesen Hundetyp zuerst in die Mittelmeerländer brachten, oder auch römische Legionäre, die sie direkt in Deutschland zurückließen. Fest steht, daß die Vorfahren der heutigen Deutschen Dogge im Mittelalter in allen europäischen Königs- und Fürstenhäusern lebten. Die Tiere galten nicht nur als Statussymbol, sie zeigten auch großen Eifer bei der Jagd auf Rot- und Schwarzwild sowie auf Wölfe.

Charakter

Die Deutsche Dogge ist ein sanfter, freundlicher und überaus treuer Hund. Sie ist bekannt als selbstsicherer, unerschrockener, leichtführiger, gelehriger Begleit- und Familienhund.

KOPF
Harmonisch zur Gesamterscheinung passend, langgestreckt, schmal und markant mit tiefem Fang

HAARKLEID
Kurz, dicht und glänzend. Die zulässigen Farben sind Gelb, Gestromt, Schwarz, Gefleckt und Blau.

Kupierte Ohren
In den USA und Kanada werden die Ohren meist im Alter von zwei bis drei Jahren kupiert. In Deutschland und anderen europäischen Ländern gilt seit 1993 das unkupierte Ohr als standardgerecht.

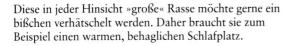

Diese in jeder Hinsicht »große« Rasse möchte gerne ein bißchen verhätschelt werden. Daher braucht sie zum Beispiel einen warmen, behaglichen Schlafplatz.

150

ARBEITSHUNDE

Deutsche Dogge

Die Deutsche Dogge vereinigt in ihrer edlen Gesamterscheinung Stolz, Kraft und Eleganz. Durch Substanz, gepaart mit Adel, Harmonie der Erscheinung und ihrem besonders ausdrucksvollen Kopf wirkt sie auf den Betrachter wie eine edle Statue. Das hat der Rasse vermutlich auch den Spitznamen »Apoll der Hunde« eingetragen.

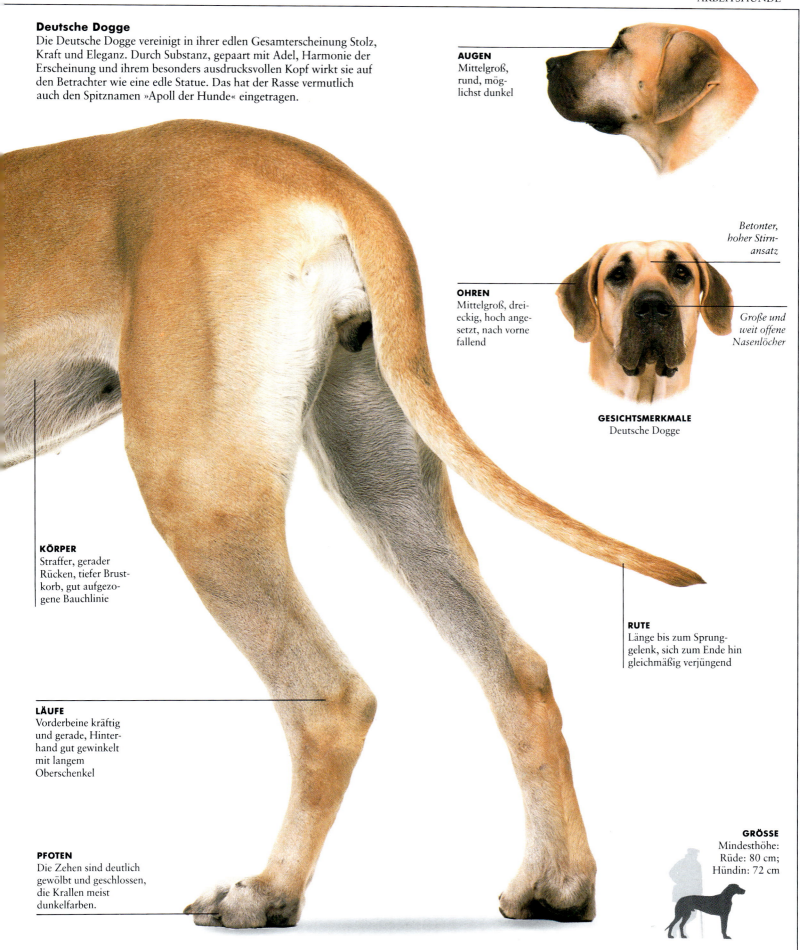

AUGEN
Mittelgroß, rund, möglichst dunkel

Betonter, hoher Stirnansatz

OHREN
Mittelgroß, dreieckig, hoch angesetzt, nach vorne fallend

Große und weit offene Nasenlöcher

GESICHTSMERKMALE
Deutsche Dogge

KÖRPER
Straffer, gerader Rücken, tiefer Brustkorb, gut aufgezogene Bauchlinie

RUTE
Länge bis zum Sprunggelenk, sich zum Ende hin gleichmäßig verjüngend

LÄUFE
Vorderbeine kräftig und gerade, Hinterhand gut gewinkelt mit langem Oberschenkel

PFOTEN
Die Zehen sind deutlich gewölbt und geschlossen, die Krallen meist dunkelfarben.

GRÖSSE
Mindesthöhe:
Rüde: 80 cm;
Hündin: 72 cm

HUNDERASSEN

Mastiff

Der Mastiff zählt zu den ältesten Rassen und gilt heute trotz seiner kriegerischen Vergangenheit ebenfalls als sanfter Riese. Er wird zwar noch immer für Wachaufgaben eingesetzt, lebt jedoch meistens als liebenswertes Familienmitglied im Haus.

Geschichte

Mastiffartige Hunde findet man bereits auf ägyptischen Artefakten aus dem 3. Jahrtausend v. Chr. Die Rasse ist wahrscheinlich durch phönizische Händler oder durch die Angeln und Sachsen nach Großbritannien gekommen. Die einheimischen Kelten besaßen mit Sicherheit schon Mastiffs, die gegen die Truppen Julius Cäsars kämpften, als dieser 55 v. Chr. in Britannien einfiel. Die Tiere wurden bis ins 17. Jahrhundert als Kriegshunde eingesetzt. Sie wurden aber auch für die Jagd auf Bären und Wölfe abgerichtet und bei Hundekämpfen und zur Bullenhetze eingesetzt. Als diese »Sportarten« dann im 19. Jahrhundert verboten wurden, verlor der Mastiff in Großbritannien rasch an Beliebtheit, doch konnte die Rasse im Lyme-Hall-Zwinger in Cheshire und im Zwinger des Duke of Devonshire in Chatsworth in zwei Linien fortgeführt werden.

Charakter

Obwohl Mastiffs im allgemeinen ausgeglichen, sanft und treu ergeben sind, besitzen sie doch alle Eigenschaften eines Wachhundes und brauchen daher eine feste Hand.

KOPF
Quadratische Erscheinung, massiger, breiter Schädel mit kurzem breitem Fang

HAARKLEID
Kurz, harsch und glatt anliegend. Die zugelassenen Farben sind Apricot-Dunkelgold, Silber-Dunkelgold oder Dunkelgold-gestromt.

KÖRPER
Kraftvoller Körperbau, breiter, tiefer Brustkorb, Rücken und Lendenpartie kräftig und breit

PFOTEN
Gewölbte Zehen; große rundliche Pfoten mit schwarzen Krallen

LÄUFE
Vorderbeine stark und knochig, breit angelegt, Hinterbeine muskulös mit leicht gewinkelten Unterschenkeln

ARBEITSHUNDE

AUGEN
Klein; großer Abstand; dunkel, zumindest aber haselnußbraun

Ohren, Nase und Fang sind stets schwarz.

GESICHTSMERKMALE
Mastiff

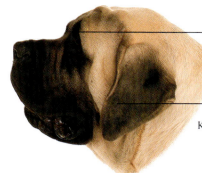

Die Stirnfurche verläuft zwischen den Augen.

OHREN
Klein, dünn und ziemlich weit seitlich angesetzt; im Ruhezustand dicht anliegend

Mastino napoletano
Obwohl dieser Hund heute nicht mehr so beliebt ist wie der Mastiff, lassen sich auch die Vorfahren des Mastino napoletano 2500 Jahre bis auf den Molosser zurückführen, einen Kampfhund im alten Griechenland und Rom. Die massigen, muskulösen Tiere finden meist als ausgezeichnete Wachhunde Verwendung, bei entsprechender Ausbildung erweisen sie sich aber auch als durchaus anhängliche und liebenswürdige Haushunde.

Mastiff
Ein typisch englischer Hund, der schon in Chaucers Dichtung Eingang fand und bereits 1415 an der Schlacht von Agincourt teilnahm. Heute sieht man ihn in Großbritannien nur noch selten; in den USA hingegen hat die Rasse in den letzten Jahren eine neue Blüte erlebt.

GRÖSSE
Mindesthöhe:
Rüde: 75 cm;
Hündin: 70 cm

RUTE
Lang, hoch angesetzt und zur Spitze hin verjüngt; bei Erregung leicht gebogen, aber niemals über Rückenniveau getragen

HUNDERASSEN

Neufundländer

Dieser bärenähnliche Hund, der auf der Insel Neufundland gezüchtet wurde, besitzt erstaunliche Fähigkeiten als Rettungsschwimmer. Er zählt zu den stärksten Gebrauchshunden und ist ausgesprochen anhänglich, paßt somit auch gut ins Familienleben.

Geschichte

Die Vorfahren dieser Rasse sind weitgehend unbekannt. Manche Experten behaupten, die Wikinger hätten die ersten Exemplare im 10. Jahrhundert nach Neufundland mitgebracht, andere wiederum meinen, die Rasse stamme vom Pyrenäenhund ab, der als Begleiter auswandernder Fischer von Frankreich auf die Insel gekommen sei. Wie dem auch sei, jedenfalls haben sich die Vorfahren dieses Hundes in Neufundland zu hervorragenden Rettungsschwimmern und Zugtieren entwickelt. Im 18. Jahrhundert wurde der Neufundländer dann nach Großbritannien und Frankreich gebracht und war schon bald als Schiffshund bei den englischen Seeleuten sehr beliebt. Der schottische Schriftsteller J. M. Barrie hat mit dem Hund »Nana« seinen eigenen Neufundländer in *Peter Pan* verewigt.

Charakter

Der Neufundländer ist ein ausgesprochen angenehmer und friedlicher Hund, der sich trotz seiner »Robustheit« gegenüber Kindern besonders sanft verhält.

PFOTEN
Große, breite »Tatzen« mit Schwimmhäuten zwischen den Zehen

GRÖSSE
Rüden etwa 71 cm;
Hündinnen etwa 66 cm

Neufundländer
Dieser ausgezeichnete Schwimmer braucht ab und zu eine Gelegenheit, seine natürliche Leidenschaft für Wasser, Meer, Teich oder Fluß auszuleben.

HAARKLEID
Harsches gerades und glattes, ölig-wasserabweisendes Deckhaar, dichte Unterwolle. Farbe: Schokoladenbraun, Schwarz, Bronzefarben oder Weiß mit schwarzen Abzeichen (dann »Landseer« genannt)

Schwarze und braune Neufundländer haben oft weiße Flecken an Brust, Zehen und Schwanzspitze.

ARBEITSHUNDE

Es ist leicht zu verstehen, daß ein Hund mit einem so dicken Fell bei großer Hitze besonders unglücklich ist.

AUGEN
Klein, tief angesetzt, dunkelbraun

Der Fang ist fein behaart.

KOPF
Breiter, massiger Schädel mit kurzem, kantigem Fang

OHREN
Klein, weit hinten angesetzt und dicht anliegend

Sehr weiches Maul

GESICHTSMERKMALE
Neufundländer

RUTE
Sie ist ziemlich dick, buschig und leicht gebogen; im Ruhezustand hängend, in Bewegung angehoben.

LÄUFE
Vorderbeine gerade und dicht befedert, Hinterbeine nur teilweise befedert

KÖRPER
Tiefer, breiter Brustkorb, gerader Rücken und kraftvolle Lendenpartie

155

HUNDERASSEN

Bobtail oder Altenglischer Schäferhund

KOPF
Kantiger breiter Schädel, deutlicher Augenbogen. Der Fang ist stark und ebenso lang wie der Schädel.

Eine der ältesten Hütehundrassen in England ist der Altenglische Schäferhund, der heute ein sehr beliebter und unverwechselbarer Familienhund geworden ist. Mit seinem leicht schwankenden Gang und dem reichlich zerzausten Fell sieht er aus wie ein tapsiger Bär.

Geschichte

Entwickelt wurde die Rasse im Westen Englands, denn dort brauchten die Vieh- und Schafzüchter früher einen behenden Vieh- und Schafehüter, der ihnen half, ihre Tiere zum Markt zu treiben. Zu seinen Vorfahren gehören vermutlich der Bearded Collie und eine Reihe anderer vom europäischen Kontinent eingeführter Hütehunde. Im 19. Jahrhundert war der Altenglische Schäferhund in ländlichen Gegenden sehr verbreitet. Sein Ausstellungsdebüt in Großbritannien hatte er 1873.

Charakter

Vor einigen Generationen wurde die Rasse noch als wild und unzuverlässig beschrieben, doch sind diese Eigenschaften längst verschwunden. Das Tier ist zwar noch immer ein guter Wachhund, doch gilt der Bobtail heute als freundlich, vertrauenswürdig und ausgeglichen; er ist intelligent und hat ein ziemlich ausgelassenes Temperament. Die Rasse ist außergewöhnlich beliebt, besonders bei Kindern.

KÖRPER
Kurz und gedrungen, tiefer Brustkorb und relativ zurückfallende Lendenpartie

Dem völlig kupierten Schwanz verdankt die Rasse ihren Spitznamen »Bobtail« oder einfach nur »Bob«.

LÄUFE
Reichlich mit Haar bedeckt, Vorderbeine gerade, Hinterbeine gut bemuskelt

156

ARBEITSHUNDE

RUTE
In der Regel nach dem ersten Glied kupiert

OHREN
Klein und flach am Kopf anliegend

Große schwarze Nase mit weiten Nasenlöchern

Langer starker, leicht gebogener Hals

AUGEN
Auseinanderstehend, dunkelbraun oder ganz oder teilweise hellblau

GESICHTSMERKMALE
Altenglischer Schäferhund

Altenglischer Schäferhund
Die Tradition, die Rute des Altenglischen Schäferhunds zu kupieren, entwickelte sich, als Treiberhunde von der Steuer befreit wurden. Damit man ihre Aufgabe gleich erkennen konnte, wurde ihnen häufig der Schwanz kupiert.

HAARKLEID
Harsches langes Haar, ungelockt, mit wasserabweisender Unterwolle; Farben: Graumeliert oder Blau, mit oder ohne weiße »Söckchen«; weiße Abzeichen an Kopf, Hals, Vorderläufen und Unterbauch

PFOTEN
Gedrungen, rundlich und klein, Zehen gut gewölbt mit dicken, robusten Ballen. Afterkrallen sind zu entfernen.

GRÖSSE
Mindesthöhe:
Rüde: 61 cm;
Hündin: 56 cm

HUNDERASSEN

Pyrenäenberghund

Wahrscheinlich ist der Pyrenäenberghund der kräftigste Hund überhaupt, glücklicherweise »verbirgt« sich in diesem riesigen Körper jedoch ein gutmütiger Charakter. Obwohl durchaus in einen Haushalt integrierbar, fühlt dieser Hund sich im Freien doch viel wohler.

Geschichte
Jahrhundertelang wurden diese Hunde in den Pyrenäen zum Schutz der Schafherden vor herumziehenden Bären und Wolfsrudeln eingesetzt. Als Vorfahre muß wohl der Tibet Mastiff gelten, der vor über 1000 Jahren aus Asien ins Land kam. Doch ist es sicher zu verschiedenen Einkreuzungen mit einheimischen Moorhunden gekommen, die schon in vorhistorischer Zeit in diesem Gebiet gelebt haben. Im 15. Jahrhundert fanden Pyrenäenhunde zunehmend Verwendung als Wachhunde und kamen dann besonders unter Ludwig XIV. in Mode, der den Louvre von einem dieser Hunde bewachen ließ. Es dauerte nicht lange, und überall im Land tauchten plötzlich Pyrenäenberghunde als Schloßwächter auf. Nach der Revolution 1789 ging ihre Beliebtheit in Frankreich natürlich ebenso zurück wie die Popularität ihrer aristokratischen Herren.

Charakter
Dieser gutmütige, freundliche Hund ist folgsam, treu und liebenswürdig, aber sehr wohl in der Lage, das Haus zu verteidigen.

HAARKLEID
Dichte Unterwolle aus dünnem Haar; langes dichtes und harsches Deckhaar, gerade oder gewellt. Farbe: ganz weiß oder weiß mit dachsfarbenen, wolfgrauen oder hellgelben Flecken

KOPF
Großer gewölbter Schädel mit tiefem, starkem Fang und schwarzer Nase

Pyrenäenberghund
Dieser Hund braucht enorm viel Futter und sehr viel Bewegung. Regelmäßige Fellpflege hält ihn gesund und verleiht seiner äußeren Erscheinung den richtigen Glanz.

KÖRPER
Robust gebaut, mit breitem, tiefem Brustkorb und breitem, muskulösem und geradem Rücken

GRÖSSE
Mindesthöhe:
Rüde: 70 cm;
Hündin: 65 cm

ARBEITSHUNDE

Schädel und Fang sind durch eine sanfte Wölbung miteinander verbunden, die Stirnfurche ist nur leicht angedeutet.

AUGEN
Die dunkel bernsteinbraunen Augen sind mandelförmig und haben dunkle Ränder.

Die Lefzen sind schwarz, am Gaumen sind schwarze Abzeichen zu sehen.

GESICHTSMERKMALE
Pyrenäenberghund

OHREN
Klein, dreieckig und flach anliegend; werden bei Erregung bisweilen leicht angehoben

Maremmer Schäferhund
Für die Schäfer in Italien hat der Maremmer die gleiche Bedeutung wie der Beauceron und der Collie für die Hirten in Frankreich beziehungsweise England. In der Regel ist er weiß, manchmal auch rehbraun oder zitronengelb. Dieser hübsche Hund ist vielleicht mit dem Kuvasz und dem Pyrenäenberghund verwandt.

Der Pyrenäenberghund war immer schon für seine Gutmütigkeit bekannt. Er wurde auch als Kriegshund in die Schlacht geschickt, häufig mit einem stachelbewehrten Halsband.

LÄUFE
Gerade, gut bemuskelte Vorderbeine und befederte, mit doppelter Afterkralle ausgestattete Hinterbeine

PFOTEN
Kurz, kompakt, mit nur leicht gewölbten Zehen und dicken, starken Krallen

RUTE
Lang, sich verjüngend, gut befedert; Spitze leicht angehoben. Wenn das Tier erregt ist, hebt es die ansonsten nach unten hängende Rute hoch über den Rücken.

159

HUNDERASSEN

Rottweiler

In Relation zu seiner Größe ist der Rottweiler ein außerordentlich kraftvoller Hund. Das ursprünglich als Viehtreiberhund eingesetzte Tier ist intelligent, robust und gesellig. Heute wird der Rottweiler als Wach- und Polizeihund sehr geschätzt, gilt aber auch als dankbarer Haushund.

Geschichte

Als die römischen Legionen den Rückzug aus dem damaligen Germanien antraten, ließen sie ihre mastiffähnlichen Hunde, die als besonders geschickte Helfer bei der Schwarzwildjagd angesehen wurden, im südlichen Mitteleuropa zurück. Im Mittelalter gab es bereits den Rottweiler Metzgerhund, der im württembergischen Rottweil durch Einkreuzung einheimischer Hütehunde aus diesen römischen Hunden entstanden war, denn die Metzger brauchten damals kräftige Hunde als Viehtreiber und zu ihrer eigenen Sicherheit. Im 19. Jahrhundert wurde das Viehtreiben in Deutschland verboten, das Vieh mußte nun per Eisenbahn transportiert werden. Dies führte natürlich zu einem deutlichen Rückgang des Rottweilerbestandes. Doch bemühten sich begeisterte Rottweilerbesitzer um 1900, der Rasse zu neuem Ansehen zu verhelfen. 1930 wurden die ersten Rottweiler nach Großbritannien und in die USA exportiert.

Charakter

Der ursprünglich als Wachhund gezüchtete Rottweiler kann gegenüber Menschen, die in sein »Revier« eindringen, durchaus aggressiv reagieren. Eine gute Erziehung und feste Hand machen aus ihm jedoch einen anhänglichen und ruhigen Haushund.

KOPF
Mittellang, mit breitem Schädel und tiefem Fang. Der Vorderschädel ist gewölbt, die Backenknochen treten deutlich hervor.

HAARKLEID
Das Deckhaar ist mittellang und relativ hart, die Unterwolle dicht. Die vorherrschende Farbe ist Schwarz mit braunen bis mahagonifarbenen Abzeichen, die jedoch nicht mehr als ein Zehntel der Felloberfläche bedecken dürfen. Die Unterwolle ist schwarz, grau und rehbraun, sie darf nicht durchscheinen.

KÖRPER
Rechteckig, gedrungen und kraftstrotzend; tiefe, breite Brust, gerader Rükken und leicht abfallende Lendenpartie

Die Fellpflege ist beim Rottweiler eine leichte Aufgabe, aber tägliches Bürsten ist für ein gesundes Fell unerläßlich.

ARBEITSHUNDE

Stirnfaltenbildung der Kopfhaut ist zulässig.

AUGEN
Mandelförmig, dunkelbraun und mittelgroß

OHREN
Klein, hoch angesetzt und flach anliegend

Die Nase ist gut entwickelt und stets schwarz.

GESICHTSMERKMALE
Rottweiler

RUTE
Hoch angesetzt und waagerecht getragen. In der Regel wird sie am ersten Glied kupiert.

Beauceron
Der Beauceron, ein herrlicher von Natur aus begabter Herdenhund, ist der Star unter den französischen Hütehunden. Kraftvoll gebaut und intelligent, steht er in dem Ruf, seine Aggressivität bleibe kaum hinter der des Rottweilers zurück. Er braucht daher eine sehr sorgfältige Aufzucht und Ausbildung. Bei korrekter Entwicklung erweist er sich durch seine Treue und Loyalität als angenehmer »Gefährte«. Allerdings ist der Beauceron nicht unbedingt ein Stadthund.

Rottweiler
Die Eignung dieser Rasse als Schutzhund ist längst bewiesen. Im Mittelalter schützten sich kluge Händler vor Räubern, indem sie ihren Geldbeutel am Halsband des Hundes befestigten.

LÄUFE
Vorderbeine gerade und muskulös, Hinterläufe gut gewinkelt

PFOTEN
Kompakt; die Vorderpfoten sind rundlich und länger als die Hinterpfoten. Harte Ballen, kurze schwarze Krallen und deutlich gewölbte Zehen, vorzugsweise mit gestrichelten schwarzen Abzeichen. Die hintere Afterkralle ist zu entfernen.

GRÖSSE
Rüde: 63—69 cm;
Hündin: 58—63,5 cm

HUNDERASSEN

Bernhardiner

In drei Jahrhunderten hingebungsvoller Bergrettungsarbeit hat der Bernhardiner etwa 2500 Menschenleben gerettet. Heute sind seine Fähigkeiten als Lebensretter dank moderner Straßen- und Transportmittel überflüssig geworden, dafür wird er jetzt als intelligenter und warmherziger Familienhund sehr geschätzt.

Geschichte

Die Rasse verdankt ihren Namen dem Hospiz des Großen St. Bernhard. Im Jahre 980 wurde es von St. Bernhard de Menthon als Unterkunft für Reisende gegründet, die den gefährlichen Alpenpaß zwischen der Schweiz und Italien überwinden mußten. Leider sind die frühen Aufzeichnungen verlorengegangen, doch im 18. Jahrhundert züchteten die Mönche des Klosters bereits Bernhardiner, die Verirrte oder Verschüttete aufspürten und zum Kloster führten. Die ursprünglichen Bernhardiner hatten kurzes Haar, doch die Einkreuzung des Neufundländers, die den Auswirkungen der Inzucht entgegenwirken sollte, brachte den langhaarigen Schlag hervor.

Charakter

Trotz ihrer Massigkeit sind Bernhardiner ausgesprochen sanfte und gutmütige Tiere. Da sie zudem sehr kinderfreundlich sind, gelten sie als ideale Familienhunde, brauchen jedoch genügend Platz, Futter und Bewegung.

KOPF
Breit und imposant, gewölbter Schädel mit deutlichem Stop in einen kurzen, tiefen Fang übergehend

KÖRPER
Tiefer, breiter Brustkorb, mächtiger Rücken und abfallende Lende und Kruppe

Der erfolgreichste Bergrettungshund aller Zeiten war ein Bernhardiner namens »Barry«, der mehr als 40 Menschenleben rettete, bevor er 1814 starb.

ARBEITSHUNDE

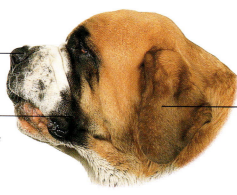

Kräftige schwarze Nase mit weiten Nasenlöchern

Flach anliegende Backen und lange Oberkieferlefzen

AUGEN
Dunkelbraun und mittelgroß

OHREN
Mittelgroß, eng anliegend

GESICHTSMERKMALE
Bernhardiner

HAARKLEID
Sowohl der stockhaarige als auch der langhaarige Schlag haben dichtes anliegendes Haar. Das Fell ist mahagoni-gestromt, orangefarben oder rot-gestromt, mit weißen Abzeichen an Kopf, Brust, Läufen und Schwanzspitze; es kann aber umgekehrt auch weiß sein mit Abzeichen in den erwähnten Farben.

RUTE
Lang, sehr schwer und hoch angesetzt, im Ruhezustand gerade herabhängend, bei Erregung erhoben

Bernhardiner

Bei der Rettungsarbeit am Berg arbeiteten die Bernhardiner früher in Gruppen von jeweils vier Tieren. War der Verschüttete oder vom Erfrierungstod Bedrohte gefunden, legten sich zwei Hunde neben ihn, um ihn warmzuhalten, der dritte leckte ihm zur Wiederbelebung das Gesicht, und der vierte kehrte ins Hospiz zurück, um Hilfe zu holen. Hatte sich das Lawinenopfer etwas erholt, so konnte der Betreffende sich durch einen Schluck Branntwein aus einem der Fäßchen, wie es jeder der Hunde an einem Halsband trug, wärmen und stärken.

LÄUFE
Vorderbeine gerade und lang, Hinterläufe schwerknochig und kraftvoll

GRÖSSE
Imposante Erscheinung mit entsprechend hohem Gewicht

PFOTEN
Sehr groß, gut gewölbte Zehen. Afterkrallen sind zu entfernen.

HUNDERASSEN

Samojede

Das herrlich üppige schneeweiße Fell dieses Spitzhundes und sein berühmtes »Samojeden-Lächeln« bieten die sichere Gewähr dafür, daß sich die Leute nach diesem schönen Tier überall umdrehen. Die elegante und lebhafte Rasse ist heute als Ausstellungs- und Familienhund sehr in Mode gekommen. In seiner Geschichte hat das Tier jedoch häufig ein Leben harter Arbeit führen müssen.

Geschichte

Die Vorfahren dieser Rasse waren die ausdauernden Spitzhunde Europas. Der Name des Hundes leitet sich von einem sibirischen Nomadenvolk her, den Samojeden, die die Tiere als Schlittenhunde und zum Hüten ihrer Rentierherden verwendeten. Berühmt wurde die Rasse wegen ihrer Ausdauer und Tapferkeit, als europäische Polarforscher Samojeden auf ihre Polexpeditionen mitnahmen. Ursprünglich war der »Sammy« (wie die Rasse auch liebevoll genannt wird) ein mehrfarbiger Hund, gewöhnlich schwarz, schwarzweiß oder schwarz-braun, doch schließlich gewann die weiße Farbe die Oberhand. Im 19. Jahrhundert erkannten Fellhändler den Wert von Sammys glänzend weißem Fell und importierten die Rasse nach Europa und in die USA. Die ersten Samojeden erreichten Großbritannien 1889, und schon bald zählte Königin Alexandra zu den zahlreichen Bewunderern dieser schönen Tiere.

Charakter

Der Samojede ist lebhaft, intelligent und ausgesprochen selbständig. Er freundet sich rasch mit Menschen an und hegt auch gegenüber Fremden keine Vorbehalte.

Die aufrechten Ohren, die über dem Rücken getragene Rute und das vom Körper abstehende Haar sind ein eindeutiger Beweis dafür, daß die Vorfahren des Samojeden Spitzhunde waren.

LÄUFE
Vorderbeine gerade, mit kräftigen Knochen; Hinterbeine stark bemuskelt

HAARKLEID
Dichte weiche Unterwolle, darüber langes harsches Deckhaar. Das gerade Deckhaar steht vom Körper ab und ist silber meliert. Farben: Weiß, Weiß-Biskuit, Creme

PFOTEN
Lang, flach und befedert, viel Haarwuchs zwischen den Ballen; weite Zwischenzehenabstände

ARBEITSHUNDE

KÖRPER
Muskulöser Rücken, starke Lendenpartie und tiefer, mäßig breiter Brustkorb

KOPF
Kräftig und keilförmig mit breitem, flachem Schädel und relativ langem Fang. Die Nase ist vorzugsweise schwarz.

Samojede

Die äußere Erscheinung trügt nicht, das — durch die an den Mundwinkeln leicht hochgezogenen Lefzen verursachte charakteristische — »Lächeln« des Samojeden ist wirklich bezeichnend für das wahre Wesen der Rasse. Der Samojede ist ausgeglichen, gutmütig und im allgemeinen ein fröhlicher Hund, der sich in menschlicher Gesellschaft am wohlsten fühlt.

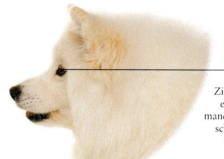

AUGEN
Ziemlich weit auseinanderstehend, mandelförmig, leicht schräg und mittel- bis dunkelbraun

OHREN
Ebenfalls weit auseinanderstehend, aufrecht und stark behaart

Lächelnder Gesichtsausdruck

Die Lefzenränder sind schwarz.

GESICHTSMERKMALE
Samojede

GRÖSSE
Rüde: 51—56 cm;
Hündin: 46—51 cm

RUTE
Lang, buschig, über dem Rücken und bei Erregung leicht seitlich getragen, im Ruhezustand herabhängend

HUNDERASSEN

Shetland Schäferhund, Sheltie

Dieses Tier ist ein besonders wohlproportionierter, schöner Hund, der leicht für eine Kleinausgabe des schottischen Collie gehalten werden kann. Obwohl als Hütehund gezüchtet, gibt er einen ausgezeichneten Haus- und guten Wachhund ab.

Shetland Schäferhund
Diese Hunde lassen sich mühelos erziehen, sie gelten daher als ideale Arbeits-, Ausstellungs- oder Familienhunde. Shelties brauchen viel Auslauf und regelmäßige Pflege ihres langen Fells.

Geschichte
Jahrhundertelang wurden diese kleinen Hunde zum Hüten der Schafherden auf den Shetland-Inseln verwendet — jenen rauhen und zerklüfteten Inseln vor der schottischen Küste, wo viele Tierarten relativ klein geraten sind. Die Vorfahren des Sheltie waren entweder der schottische Collie oder der isländische Yakki, den vermutlich Walfänger nach Shetland brachten. Verfeinert wurde die Rasse vorwiegend im 20. Jahrhundert, als Shelties auf das schottische Festland und in viele andere Länder exportiert wurden.

Charakter
Der Sheltie verfügt über bemerkenswerte Intelligenz und Lernfreudigkeit, er hat viele Eigenschaften seiner arbeitenden Vorfahren übernommen und beibehalten. Er ist ein guter Wachhund im Haus, ist treu, liebt seinen Herrn über alles und zeigt sich Fremden gegenüber äußerst zurückhaltend.

GRÖSSE
Idealhöhe:
Rüde: 37 cm;
Hündin: 35,5 cm

LÄUFE
Vorderbeine gerade und gut befedert; Hinterbeine kraftvoll-muskulös

166

ARBEITSHUNDE

Der Oberkopf verläuft parallel zum Nasenrücken; dazwischen ein leicht angedeuteter Stop.

AUGEN
Mittelgroß, schräg angesetzt und mandelförmig; meist dunkelbraun, bei Blue Merles auch blau

OHREN
Klein und hoch angesetzt, im Ruhezustand zurückgelegt; bei Erregung halb stehend, mit nach vorne überfallenden Spitzen

Nase, Lefzen- und Augenränder sind schwarz.

GESICHTSMERKMALE
Shetland Schäferhund oder Sheltie

KOPF
Lang, von den Ohren zur Nase deutlich keilförmig; Fang und Schädel sind gleich lang.

KÖRPER
Tiefer Brustkorb, gerader Rücken und leicht abfallende Kruppe, deutlich gerundete Rippen

Der Sheltie wurde Anfang des 19. Jahrhunderts mit dem Collie gekreuzt und sieht daher heute wie ein Miniatur-Collie aus.

HAARKLEID
Langes harsches und gerades Deckhaar mit weicher dichter Unterwolle. Das Fell ist braungrau, dreifarbig oder blaumarmoriert, bisweilen aber auch schwarzweiß und schwarz mit lohfarbenen Abzeichen.

RUTE
Lang, dicht behaart, tief angesetzt mit leicht angehobener Spitze; gerade herabhängend, in Bewegung leicht angehoben

PFOTEN
Oval, kompakt; geschlossene, deutlich gewölbte Zehen und harte Ballen

167

HUNDERASSEN

Sibirischer Husky

Strenggenommen ist dies die einzige Rasse, die man als Husky bezeichnen darf, obwohl viele Schlittenhunde so genannt werden. In seiner äußeren Erscheinung hat dieser Hund viel Ähnlichkeit mit einem Wolf. Er hat einen ausgezeichneten Charakter und verfügt über enorme Ausdauer.

Geschichte

Die Sibirischen Huskies wurden früher von den Chuchi-Nomaden, einem Eskimovolk Ostsibiriens als Schlitten- und Wachhunde und zum Hüten der Rentierherden gezüchtet. Sie waren ausgezeichnete Gebrauchshunde unter den schwierigen Bedingungen Sibiriens. Sie sind tapfer, können sich in kleine Rudel einfügen und sind jederzeit bereit, stundenlang ohne Pause zu arbeiten. Jahrhundertelang lebten die Huskies isoliert in Sibirien, bis Fellhändler sie Anfang dieses Jahrhunderts nach Nordamerika brachten. Sehr bald wurden sie die unbestrittenen Stars der Schlittenrennen. Heute sind sie auch als Familienhunde sehr beliebt.

Charakter

Huskies haben einen ausgesprochen liebenswerten Charakter — friedlich, aber wachsam — und sind stets arbeitswillig.

KOPF
Gewölbter Schädel, deutlicher Stop in den keilförmigen Fang einmündend; Schädel und Fang haben die gleiche Länge.

KÖRPER
Tiefer Brustkorb, muskulöser gerader Rücken, leicht geschwungene Lendenpartie

HAARKLEID
Dichte Unterwolle; gerades, weiches, mittellanges Deckhaar. Farben: sehr unterschiedlich, häufig mit ungewöhnlichen Abzeichen am Kopf

PFOTEN
Gedrungen, dicht behaart und oval, starke Ballen und dichte Behaarung zwischen den Zehen. Afterkrallen sind zu entfernen.

GRÖSSE
Rüde: 53—60 cm;
Hündin: 51—56 cm

Trotz seiner Stärke ist der Sibirische Husky ein schlechter Wachhund, denn er ist zu sanftmütig und freundlich.

168

ARBEITSHUNDE

Typisch für den Sibirischen Husky ist auch, daß er mehr heult als bellt.

Sibirischer Husky
Diese robuste Rasse hat ein herrliches, geruchfreies Fell, das lediglich um die Pfoten herum leicht getrimmt werden muß.

RUTE
Reich behaart, fuchsartig, im Ruhezustand oder bei der Arbeit hängend getragen, aber in Erregung sichelförmig über den Rücken gebogen

AUGEN
Mandelförmig, schräggestellt; Farbe: alle Blau- und Brauntöne, manchmal ein braunes und ein blaues Auge

Die Nase ist schwarz, leberfarben oder rosig je nach Farbe des Fells.

OHREN
Mittelgroß, dreieckig, eng beieinanderstehend und hoch angesetzt, sowohl innen wie außen stark behaart

Die Lefzen haben schwarze Ränder und liegen eng an.

LÄUFE
Vorderbeine stark und gerade, Hinterbeine parallel und sehr muskulös

GESICHTSMERKMALE
Sibirischer Husky

169

HUNDERASSEN

Welsh Corgi

Der Name stammt vermutlich von dem walisischen Wort »Corrci«, das soviel bedeutet wie Zwerghund. Es gibt zwei Schläge, den Pembroke und den Cardigan. Der Pembroke ist beliebter als der Cardigan, vielleicht weil er schon von jeher Freunde an höchster Stelle gehabt hat, trotz seiner geringen Größe. Jahrhundertelang war er der große Favorit des englischen Königshauses, von Richard I. bis Königin Elisabeth II.

Geschichte

Fachleute meinen, der Pembroke Welsh Corgi habe Wales im Jahre 1107 im Gefolge flämischer Weber erreicht. Manche dieser Experten vertreten überdies die Auffassung, die flämische Herkunft und der fuchsartige Kopf des kleinen Hundes seien ein Hinweis auf Spitzvorfahren, während andere eher vermuten, daß im Gefolge des Handels zwischen Wales und Schweden der schwedische Vallhund mit einheimischen Hunderassen gekreuzt worden sei. Wie der Cardigan ist auch der Pembroke ein sehr guter Viehhüter. Er ist wendig und schnell, zwickt das Vieh in die Fersen und weicht den wütenden Tritten geschickt aus. In Großbritannien gelten Pembroke und Cardigan seit 1934 als getrennte Rassen.

Charakter

Welsh Corgis sind anhänglich, liebenswürdig, sanft und sehr kinderfreundlich. Fremden gegenüber sind sie sehr zurückhaltend und können daher auch ohne weiteres als Wachhunde eingesetzt werden.

Das wasserabweisende Fell des Pembroke Welsh Corgie muß täglich gebürstet werden, damit es wie getrimmt aussieht.

RUTE
Ein von Natur aus kurzer Schwanz wird bevorzugt, andernfalls wird er kupiert.

HAARKLEID
Mittellang und ziemlich dicht. Das Fell ist rot, rehbraun oder schwarzbraun, mit oder ohne weiße Abzeichen.

KÖRPER
Relativ kräftig gebaut, mit tiefer, breiter Brust und geradem Rücken

LÄUFE
Kurz, mit starken Knochen und kräftiger Muskulatur

PFOTEN
Oval, mit kurzen Krallen, starken Ballen und gut gewölbten Zehen. Die beiden Mittelzehen sind länger als die äußeren Zehen.

GRÖSSE
25,5 bis 30,5 cm

ARBEITSHUNDE

KOPF
Flacher breiter Schädel, mäßiger Stop und schwarze Nase

AUGEN
Mittelgroß, rund und braun; der Farbe des Fells entsprechend

Fuchsähnliches Gesicht

OHREN
Mittelgroße, leicht abgerundete Stehohren

Keilförmiger Fang

Das unverkennbare Markenzeichen des Corgi ist sein »Lätzchen«.

GESICHTSMERKMALE
Pembroke Welsh Corgi

Cardigan Welsh Corgi
Der Cardigan unterscheidet sich vom Pembroke durch seinen längeren Körper und die bürstenartige Rute. Bei der Blue-Merle-Version dieses Hundes ist das rechte Auge braun und das linke blaßblau. Die Augen eines Blue Merle können blaßblau, blau oder blau gesprenkelt sein.

Pembroke Welsh Corgi
Aus seinen Tagen als Viehtreiber hat der Pembroke Welsh Corgi die Gewohnheit des »Schnappens« beibehalten. Diese Neigung ist allerdings nicht sehr ausgeprägt und muß von Anfang an gezügelt werden, soll das Tier als Familienhund gehalten werden.

HUNDERASSEN

Zwerghunde (Toy Dogs)

Papillon

Obwohl in vielen Fällen durch Miniaturisierung aus größeren Arbeitshunden entstanden, sind die Zwergrassen doch in gewisser Hinsicht ebenfalls spezialisiert, nämlich als Familien- oder Schoßhündchen, die schön anzusehen und »platzsparend« sind. Für viele alleinstehende Menschen ist ein solcher Hund geradezu lebenserhaltend, und die positive Wirkung dieser kleinen Tiere auf das Wohlergehen alter, kranker und ans Haus gebundener Menschen wird zunehmend anerkannt. Es hat sich auch gezeigt, daß die Gegenwart solcher Hündchen die Genesung von Kranken beschleunigt und sich sogar bei anhaltender Depressivität äußerst vorteilhaft auswirkt. Das Streicheln eines Hundes senkt überdies den Blutdruck. Diese kleinen Kerlchen vertreiben die Einsamkeit, machen Freude, sind Freunde für Ihr ganzes Leben, erweisen sich stets als treu und anhänglich — und tragen somit erheblich zum Wohlergehen von »Frauchen« und »Herrchen« bei.

King Charles Spaniel

Die kleinsten Hunde

Das Wort »Zwerg« bezeichnet normalerweise einen mehr oder weniger putzigen und harmlosen kleinen Kerl. Doch mit dieser Charakterisierung wird man den Zwerghunden beileibe nicht gerecht. Auch wenn sie körperlich klein sind, gehören diese Tiere nämlich einer in sich vielfältig differenzierten Gruppe meist sehr attraktiver Hunde an, die genau wie andere Rassen in der Regel von einem starken Schutztrieb für ihre zweibeinigen Freunde und ihr Heim erfüllt sind. Deshalb gelten sie auch als besonders gute Aufpasser, die jeden Fremden lautstark durch Bellen oder Jaulen »verraten«. Manche dieser Rassen fühlen sich so sehr für ihre häusliche Umgebung verantwortlich, daß sie sich nicht einmal scheuen, trotz ihrer geringen Größe jeden Eindringlich mutig anzugreifen. Solche Hunde sind also wahrlich bloß »Zwerge«.

Das Zuchtziel heißt Schönheit

Zwergrassen entstehen durch selektive Züchtung, wobei das gefällige Äußere der Tiere im Mittelpunkt des Interesses steht. Manche dieser kleinen Hunde, etwa das Italienische Windspiel und der Toy Spaniel, sind Zwergformen großer Rassen aus der Gruppe der Bracken und Jagdhunde. Und der Pommeraner ist ein kleinerer Vertreter aus der Gruppe der Spitze, die ursprünglich aus dem Norden

Yorkshire Terrier

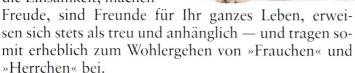
Mops

stammen und zu denen der Finnische Spitz, der Samojede, der Akita Inu und der Keeshond zählen. Doch gibt es auch Zwergrassen, die zu einem ganz bestimmten Zweck gezüchtet worden sind. Der Tibetspaniel zum Beispiel wurde früher zum Drehen der Gebetsmühlen verwendet. Eine weitere Kreuzung aus der Gruppe der Zwerghunde, der Turnspit dagegen, hatte eine sehr weltliche Aufgabe zu erfüllen. Diese O-beinigen Kreaturen mußten früher in einem Rad laufen, an dem ein Bratspieß mit Wild

172

ZWERGHUNDE (TOY DOGS)

Chihuahua

oder mit einem Spanferkel befestigt war, der sich auf diese Weise über einem Feuer drehte.

Eine lange Vergangenheit

Die Zwergrassen sind keine modernen Entwicklungen, die gezielt für Präsentationen oder entsprechend den höchst subjektiven Vorlieben heutiger Hundeliebhaber oder Ausstellungsrichter gezüchtet worden wären. Schon vor 4000 Jahren hielten die Chinesen »Löwenhunde«, die fast identisch waren mit dem heutigen Pekinesen, und »Schoßhunde« waren auch bei den Römern schon sehr beliebt. Besonders bei den adligen Damen standen Zwerghunde früher hoch im Kurs, so daß diese winzigen Begleithunde häufig in einem Atemzug mit Herrscherinnen und einflußreichen Damen wie Königin Viktoria, Königin Marie Antoinette und Madame de Pompadour von Frankreich oder Alexandra, der letzten Zarin von Rußland, genannt werden. Wenn im alten China die Kaiserin den Thronsaal betrat, erhoben sich Hunderte von Hunden, die wir heute als Japan Chins bezeichnen würden, auf die Hinterbeine und verharrten so lange in dieser Haltung, bis die Kaiserin Platz genommen hatte. Auch hat es immer wieder Männer gegeben, die eine besondere Vorliebe für bestimmte Zwerghunde hegten. Beispiele dafür sind Karl II. und die kleinen nach ihm benannten Spaniels, aber auch Ludwig XV. von Frankreich, der winzige »Trüffelhunde« liebte, oder die Dalai-Lamas von Tibet, die mit diplomatischen Vertretern aus China Lhasa Apsos gegen Shih Tzus austauschten.

Eine reizende Geschichte

Im Mittelalter war es nicht ungewöhnlich, daß die Leute ihre Hunde mit in die Kirche nahmen und diese dort als Fußwärmer benutzten. Eine sehr erheiternde Geschichte weiß nun zu berichten, daß der Bischof von Gloucester eines Tages in Bath Abbey den Gottesdienst vor einer Gemeinde abhielt, die mit einer Anzahl unterschiedlichster Hunde gekommen war, darunter befanden sich auch einige Turnspits, die zusammen mit ihren Herren, den Köchen, gekommen waren. Der Zufall wollte es nun, daß zuerst aus dem Buch Hesekiel vorgelesen wurde, wo im zehnten Kapitel mehrfach von »Rad«, »Rädern« und den »Tieren, die sie ziehen«, die Rede ist. Natürlich kannten die Turnspits das Wort »Rad« und wußten nur allzu gut, was es für sie zu bedeuten hatte. Und hämisch berichtet ein Augenzeuge, daß »sofort alle Turnspits mit eingezogenem Schwanz aus der Kirche rannten«.

Pommeraner

Pekinese

Italienisches Windspiel

173

HUNDERASSEN

Chihuahua

Ausgerechnet der kleinste Zwerghund erfreut sich einer Beliebtheit, die seine körperliche Größe bei weitem übertrifft. In diesem Tier verbindet sich der besondere Reiz der Zwergform mit den Jagd- und Schutzinstinkten eines sehr viel größeren Hundes.

Geschichte

Bis 1898, als der Chihuahua aus Mexiko in die USA importiert wurde, sind wir hinsichtlich der Entwicklung dieser Rasse auf Mutmaßungen angewiesen. Handelt es sich bei den kleinen Tieren tatsächlich um eine in Südamerika heimische Rasse, welche auf die den Inkas und später den Azteken als heilig geltenden Hunde zurückgeht? Oder haben erst die Conquistadores diese Züchtung in die Neue Welt gebracht? Oder wurde die Rasse erst im 19. Jahrhundert aus China eingeführt? Hinweise auf die Vorfahren des Chihuahua finden sich auf den Schnitzereien im Kloster Huejotzingo, die man den Tolteken zuschreibt. Überreste kleiner Hunde entdeckte man aber auch bei archäologischen Grabungen in Mexiko. Und dann gibt es noch Berichte, denen zufolge eine dem Chinesischen Schopfhund sehr ähnliche Rasse von Asien nach Mittelamerika gelangt sein soll. Aller Wahrscheinlichkeit nach stammen die Tiere nicht allein von einer Art ab, sondern sind aus der Kreuzung verschiedener alter und jüngerer Rassen hervorgegangen.

Charakter

Der Chihuahua läßt sich von anderen Hunden, so groß sie auch sein mögen, nicht einschüchtern. Doch sucht er sich seine Gesellschaft nach Möglichkeit natürlich am liebsten selbst aus und bevorzugt dabei deutlich seine eigene Art.

Keine übermäßige Faltenbildung im Gesicht.

KOPF
Anmutig, etwas rundlich, länglicher Schädel. Die Backen sind scharf geschnitten, glatt, die Lefzen flach anliegend.

HAARKLEID
Das Fell ist lang und weich, glatt oder leicht gewellt. Eine deutlich sichtbare Mähne ist wünschenswert. Jede Farbe oder Farbmischung ist zulässig.

Trotz seiner dichten Behaarung »fröstelt« der langhaarige Chihuahua ebenso leicht wie sein kurzhaariger Vetter, erkältet sich aber nicht häufiger als jeder andere Hund auch.

GRÖSSE
So klein wie möglich; Gewicht bis zu 2,7 kg

KÖRPER
Der Rücken ist gerade, die Brust tief, die Schultern sind hager, die Rippen gerundet, aber nicht »faßförmig«.

PFOTEN
Klein, zierlich und gepolstert; Zehen wohl getrennt, aber nicht gespreizt

ZWERGHUNDE (TOY DOGS)

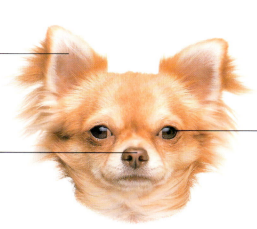

OHREN
Groß, aufgestellt und in einem Winkel von etwa 45 Grad angesetzt

Die Nase ist schmal und farblich nicht festgelegt.

AUGEN
Groß, rund und weit auseinanderstehend; Dunkel- oder Rubinrot, bei hellen Hunden auch hellere Farben

Der Fang ist leicht keilförmig.

GESICHTSMERKMALE
Langhaariger Chihuahua

Langhaariger Chihuahua
Die Azteken kannten weder Wolle noch Baumwolle, sie mußten daher ihre Kleidung aus Hundehaar herstellen. Es ist mehr als wahrscheinlich, daß ihr Ausgangsmaterial von Hunden stammte, die dem Chihuahua sehr ähnlich waren. Die heutige langhaarige Form der Rasse könnte aus der Kreuzung zwischen dem kurzhaarigen Chihuahua und anderen Zwergrassen wie dem Papillon, dem Pommeraner und dem Yorkshire Terrier entstanden sein.

RUTE
Mittellang, hoch angesetzt und aufrecht über dem Rücken getragen; sie sollte eine lange Fahne bilden.

Kurzhaariger Chihuahua
Das glänzende weiche und glatt anliegende Fell ist das einzige Merkmal, in dem sich dieser Schlag von der langhaarigen Variante unterscheidet. Beide sind gleichermaßen beliebt.

LÄUFE
Die Vorderbeine müssen gerade sein und die Hinterbeine gut bemuskelt.

HUNDERASSEN

King Charles Spaniel

Diese wohl königlichste Hunderasse war sowohl der Liebling der schottischen Königin Maria als auch Karls II. von England. Bei Maria Stuarts Enthauptung entdeckte »einer der Scharfrichter ihren kleinen Hund, der unter ihre Kleider gekrochen war und nur mit Gewalt hervorgezogen werden konnte«. Karl II. liebte diese Rasse so sehr, daß Samuel Pepys zornerfüllt vermerkte, er habe bei Hofe nichts weiter gesehen »als die Albernheiten des Königs, der die ganze Zeit mit seinem Hund spielte, anstatt sich um seine Staatsgeschäfte zu kümmern«.

Geschichte
Vermutlich stammt der King Charles Spaniel aus China oder Japan. Er kam im 16. Jahrhundert aus Frankreich nach England, wo er schon lange als eine sehr mutige Rasse galt. Anfang des 19. Jahrhunderts wurde er noch zur Jagd auf Waldschnepfen verwendet, doch selektive Zucht brachte bald Hunde mit kürzerer Nase hervor, was dem Erscheinungsbild der Tiere außerordentlich zugute gekommen ist.

Charakter
Der King Charles Spaniel ist rücksichtsvoll, vernünftig, kinderlieb und verträgt sich gut mit anderen Hunden.

GRÖSSE
Höhe: 26—32 cm,
Gewicht: 3,5—6,5 kg

Cavalier King Charles Spaniel
Einkreuzungen führten im Laufe des 19. Jahrhunderts zur Entstehung eines weiteren Schlags, der etwas größer ist als der King Charles Spaniel. Er hat einen flacheren Schädel und einen etwas längeren Fang.

KOPF
Deutlich gewölbt, mit schwarzer zurückgeschobener Nase und aufragendem Nasenspiegel

HAARKLEID
Langes seidiges und glänzendes Haar; leicht gewellt ist zulässig.

LÄUFE
Kurz, gerade, kräftig und stämmig, stark befedert

ZWERGHUNDE (TOY DOGS)

Deutlich ausgeprägter Stop

Der Schädel ist im Verhältnis zur Größe des Hundes relativ groß.

AUGEN
Groß, dunkel und weit auseinanderstehend. Die Augenlider bilden eine waagrechte Linie.

OHREN
Sehr lang, tief angesetzt und seitlich an den Backen herabhängend; stark befedert

GESICHTSMERKMALE
King Charles Spaniel

KÖRPER
Gedrungen und kompakt wirkend; kurzer breiter Rücken und tiefer Brustkorb

PFOTEN
Kompakt und rundlich, kräftige Ballen, stark befedert

RUTE
Eine gleichmäßige Fahne, stark befedert; wird unter Rückenhöhe getragen.

Prince Charles und Blenheim King Charles Spaniel
Der Prince Charles Spaniel ist ein dreifarbiger Hund mit perlweißem Fell und schwarzen und braunen Abzeichen. Der Blenheim hat ebenfalls ein weißes Fell, allerdings mit kastanienroten Platten. Die beiden anderen Schläge der Rasse sind der ursprüngliche Black and Tan und der einfarbig kastanienbraune Ruby.

King Charles Spaniel
Ihren Namen verdankt die Rasse dem besonderen Wohlgefallen, das der englische König Karl II. an diesen Hunden fand. Diese Liebe war so groß, daß er seinen zahlreichen Tieren Zugang zu allen Teilen von Whitehall gewährte. Es ging damals sogar das Gerücht, daß er gelegentlich die Staatsgeschäfte warten ließ, bloß um mit seinen Hunden zu spielen.

177

HUNDERASSEN

Japan Chin

Trotz seines Namens stammt der Japan Chin aus chinesischer Zucht. Er hat den gleichen Stammbaum wie der Mops und der Pekinese, die ebenfalls auf die alte Rasse des Tibet Spaniels zurückgehen.

Geschichte

Die lange und ehrenvolle Vergangenheit des Japan Chin reicht über 2700 Jahre zurück. Damals gelangte die Rasse von China aus nach Japan. Am japanischen Kaiserhof wurde der Chin häufig wie ein seltener exotischer Vogel in vergoldeten Hängekäfigen gehalten. 1853 gelang es Kommandant Perry, einige Exemplare der Rasse außer Landes zu schmuggeln. Nun konnten sich auch westliche Liebhaber der Gesellschaft dieser anmutigen und eleganten kleinen Hunde erfreuen. Kaum in den USA angekommen, wäre die Rasse fast dem Staupe-Virus erlegen, doch gibt es heute auf beiden Seiten des Atlantiks gesunde Tiere, deren Zahl stetig zunimmt.

Charakter

Der Chin ist ein reizvoller, anhänglicher und unterhaltsamer Hund mit ausgezeichneten Manieren und einem ausgeprägten Sinn für Humor. Er steht gerne im Mittelpunkt des allgemeinen Interesses und fühlt sich auf Präsentationen durchaus wohl.

GRÖSSE
Das Gewicht liegt zwischen 1,8 und 3,2 kg.

Höchste Ehre wurde dem Chin zuteil, als ein japanischer Kaiser befahl, die Rasse anzubeten.

KOPF
Breiter, vorne und zwischen den Ohren deutlich abgerundeter Schädel. Die Nase ist schwarz bei schwarzweißen Tieren und hautfarben bei den rot-weißen Exemplaren.

KÖRPER
Kurz, quadratisch und gedrungen, etwa ebenso hoch wie lang, mit breiter, tiefer Brust

ZWERGHUNDE (TOY DOGS)

Japan Chin
Der ursprüngliche und beliebteste Schlag ist die schwarzweiße Variante, doch verschiedene Schattierungen von Rot, Limone und Orange jeweils mit Weiß sind ebenfalls zugelassen.

HAARKLEID
Das Fell muß lang, flauschig-seidig und gerade und sollte weder gewellt noch gelockt sein. Am reichlich befederten Hals bildet es eine schöne Krause.

Der große Abstand zwischen den Augen verleiht dem Japan Chin einen amüsierten, leicht schielenden Ausdruck, wenn er direkt nach vorne blickt.

RUTE
Wie ein Federbusch mit langem Haar, flauschig befedert; wird seitlich über den Rücken gerollt getragen.

OHREN
V-förmig, klein, weit seitlich und hoch am Kopf angesetzt. Sollten ebenfalls befedert und leicht nach vorne gestellt sein.

AUGEN
Groß, relativ stark hervortretend, weit auseinanderliegend und dunkel

Der Fang ist kurz und sehr breit.

LÄUFE
Klein und zierlich, gut befedert

PFOTEN
Klein, aber länglich; das Tier neigt dazu, auf den Zehenspitzen zu stehen.

GESICHTSMERKMALE
Japan Chin

HUNDERASSEN

Malteser

Issa, die Malteser Hündin des römischen Statthalters von Malta im ersten Jahrhundert, wurde mit folgendem Vers geehrt: »Issa ist übermütiger als Catullas Sperling. Issa ist reiner als der Kuß einer Möwe. Issa ist liebenswürdiger als eine Maid. Issa ist teurer als indische Juwelen. Damit die letzten Tage, die sie erlebt, sie nicht für immer von ihm nehmen, ließ Publius sie malen.«

Geschichte
Der Malteser stammt vermutlich entweder aus Malta oder aus der sizilianischen Stadt Melita. Er gehört zu den ältesten Rassen der Welt. Statuen ähnlicher Hunde wurden in ägyptischen Grabmälern des 13. Jahrhunderts v. Chr. gefunden. Möglicherweise ist er schon 55 v. Chr. mit römischen Legionären nach Großbritannien gekommen. Eines steht jedenfalls fest: Im Mittelalter zählte er zu den Lieblingshunden des europäischen Adels, und er hat bis heute nichts von seiner Beliebtheit eingebüßt.

Charakter
Der Malteser ist liebenswürdig und anhänglich, aber auch ausdauernd. Dank dieser Eigenschaften gilt er als ausgezeichnetes Haustier und zuverlässiger Wachhund.

KOPF
Mittelgroß, leicht rundlicher Oberkopf. Die Nase ist stets schwarz.

PFOTEN
Klein und rund, reichlich behaart. Die Ballen müssen schwarz sein.

Es ist sicher nicht erstaunlich, daß das lange seidige Fell des Maltesers viel Pflege und Sorgfalt benötigt. Extremer Kälte oder starkem Regen sollte man ihn nicht aussetzen.

ZWERGHUNDE (TOY DOGS)

Ausgeprägter Stop

AUGEN
Relativ groß, oval und dunkelbraun, mit schwarzen Rändern

Eher breites Maul

GESICHTSMERKMALE
Malteser

OHREN
Lang, tief angesetzt, dicht am Kopf herabhängend und stark befedert

HAARKLEID
Sehr lang und seidig, gerade und ohne Locken, rein weiß

RUTE
Die langen, reichlich vorhandenen Haare bilden einen Federbusch, der über dem Rücken eingerollt getragen wird.

Malteser

Als eine der wahrhaft alten Rassen gehörte der Malteser zu den ersten Hunden, die auf Präsentationen gezeigt wurden, und zwar 1862 in Großbritannien und 1877 in den USA.

KÖRPER
Niedrig und gedrungen, mit kurzem geradem Rücken und relativ tiefer, ausgeprägter Brust

LÄUFE
Kurze gerade und zierliche Vorderbeine, starke Hinterbeine mit sehr muskulösen Schenkeln

GRÖSSE
20—25,5 cm

181

HUNDERASSEN

Zwergpinscher

Dieser lebhafte, robuste und hochbeinige kleine Hund hat in den letzten Jahren in den USA sehr an Beliebtheit gewonnen, obwohl er bis 1900 außerhalb Deutschlands nahezu unbekannt war. Er sieht zwar aus wie eine Miniaturausgabe des Dobermann, weist jedoch keinerlei genetische Verwandtschaft mit diesem auf.

Geschichte

Den kleinen Pinscher gab es in Deutschland und Skandinavien schon seit Jahrhunderten, bevor der Zwergpinscher als eine eigene Rasse entstand. 1895 wurde der Deutsche Pinscherklub gegründet, der sich später in Pinscher-Schnauzer-Klub umbenannte, und der Zwergpinscher wurde nun offiziell als Rasse anerkannt. Nachdem der kleine Hund um 1920 in die USA gelangt war, gewann er dort sehr rasch an Beliebtheit, und schon 1929 wurde der amerikanische Zwergpinscher-Klub gegründet. Schon sechs Jahre später wurde auf der Hundeausstellung in Chicago ein in Amerika gezüchteter Zwergpinscher Sieger in der Gruppe der Zwerghunde.

Charakter

Aufmerksam, intelligent und anhänglich; die Rasse gilt trotz ihrer geringen Größe als sehr mutig. Der Zwergpinscher ist ein guter Wach- und Haushund und ein ausgezeichneter Rattenfänger.

KOPF
Schmaler keilförmiger Schädel mit flachem Oberkopf

HAARKLEID
Kurz, weich und glänzend. Das Fell ist schwarz, blau oder schokoladenbraun, jeweils mit hellbraunen Abzeichen, oder einfarbig rot in verschiedenen Schattierungen.

Dieser unverwechselbare kleine Hund mit seinem tänzelnden Gang ist lebhaft und auch gegenüber doppelt so großen Hunden völlig furchtlos.

GRÖSSE
25—30 cm

ZWERGHUNDE (TOY DOGS)

AUGEN
Mittelgroß, leicht oval und schwarz

Kleine hagere Backen und eng anliegende Lefzen

Scherengebiß: die oberen Zähne greifen eng über die unteren Vorderzähne.

Die Farbe der Nase entspricht der des Fells.

GESICHTSMERKMALE
Zwergpinscher

OHREN
So klein wie möglich, hoch angesetzt, stehend oder überfallend

KÖRPER
Quadratisch gebaut, tiefer Brustkorb, gerader Rücken und geschwungene Bauchlinie

RUTE
Hoch angesetzt und hoch getragen, in der Regel kupiert

In den USA und einigen anderen Ländern dürfen die Ohren ein wenig kupiert werden. Da das Kupieren der Ohren in Großbritannien verboten ist, haben britische Züchter »Min Pins« mit natürlichen Stehohren entwickelt.

LÄUFE
Gerade Vorderbeine, muskulöse, weit auseinanderstehende Hinterbeine

Der Fang ist stark und hat im Verhältnis zum Gesamtkopf genau die richtige Länge.

Der Zwergpinscher ist der geborene Ausstellungshund: elegant und lebhaft; sein sauberes, dicht anliegendes Haarkleid ist leicht zu pflegen.

Zwergpinscher
Ein typischer schwarzbrauner Zwergpinscher trägt Abzeichen an Backen, Lefzen, Unterkiefer, Hals, über den Augen, an Brust, Vorderbeinen, Hinterbeinen, Pfoten und an der Unterseite der Rute. Weiße Abzeichen auf der Brust sind unerwünscht.

PFOTEN
Kurz, rundlich, deutlich gewölbt, mit dunklen Krallen

Papillon

RUTE
Lang und hoch angesetzt, wie ein großer Federbusch über den Rücken gerollt

HAARKLEID
Lang, seidig und flach anliegend, an einigen Stellen jedoch leicht gewellt. Farben: Weiß mit schwarzen oder andersfarbigen Abzeichen; nicht zugelassen sind leberfarbene Markierungen.

Der Name dieses reizenden kleinen Hundes leitet sich von dem französischen Wort für Schmetterling ab, das gilt zumindest für den Schlag mit Stehohren. Die ursprüngliche Form mit Hängeohren wird Phalène genannt, was soviel bedeutet wie »Motte«. Diese caninen Motten und Schmetterlinge flattern schon seit dem 16. Jahrhundert durch die Geschichte. Es gibt sogar Fachleute, die behaupten, sie seien die älteste Rasse Europas.

Geschichte

Man weiß wenig über die Ursprünge des Papillon, denn seine Geschichte beginnt offiziell erst 1545, als der Verkauf eines Exemplars erstmals schriftlich dokumentiert wurde. Der Zwergspaniel gilt als der Urvater der Rasse, die vielleicht über China nach Spanien gelangte. Im 16. Jahrhundert hatte der Papillon seine Stellung als Lieblingsschoßhund des französischen und spanischen Adels schon gefestigt. Wie Maria Stuart ihren King Charles Spaniel, so nahm auch Marie Antoinette ihren überaus geliebten Papillon mit auf das Schafott. Im späten 19. Jahrhundert gelang es dann französischen und belgischen Züchtern, einen Papillon mit Stehohren zu »kreieren«, der 1923 zum ersten Mal auf einer Ausstellung in Großbritannien vorgestellt und 1935 auch in den USA anerkannt wurde.

Charakter

Der Papillon ist ein freundlicher, intelligenter Hund, viel ausdauernder, als man vielleicht annehmen würde, und begeistert über jede Gelegenheit, sich im Freien auszutoben. Er kann recht aufdringlich sein und gibt sich Fremden gegenüber eher mißtrauisch.

GRÖSSE
20—28 cm

Früher war der Papillon auch unter dem Namen Squirrel Spaniel bekannt, was sich auf seine Eichhörnchenrute bezog.

ZWERGHUNDE (TOY DOGS)

KÖRPER
Etwas länger als hoch, keinesfalls untersetzt, gerader Rücken und mäßig tiefer Brustkorb

KOPF
Klein, mittelbreit, Schädel leicht gewölbt. Die Nase ist rundlich und schwarz.

Papillon
Die stark befransten Ohren wirken wie die offenen Flügel eines Schmetterlings, was der Rasse ihren Namen eingebracht hat. Die von amerikanischen und britischen Züchtern gezogenen Tiere sind etwas kleiner als die in anderen Ländern gezüchteten Papillons.

OHREN
Groß, weit auseinanderstehend und relativ weit hinten angesetzt; sie sollten ebenfalls reichlich Fransen aufweisen.

Deutlich ausgeprägter Stop

Der Fang ist zierlich zugespitzt.

AUGEN
Tief angesetzt, mittelgroß und rund, jedoch nicht hervortretend, dunkel mit ebenfalls dunklen Rändern

PFOTEN
Dünn und lang wie die eines Hasen; Zehen kompakt und deutlich gewölbt, mit dünnem Haar bedeckt

GESICHTSMERKMALE
Papillon

LÄUFE
Feingliedrig und parallel, Fransen an der Rückseite der Vorderbeine und befederte »Hosen« an den Hinterbeinen

Pekinese

Schoßhunde werden immer wieder mit königlichen und adligen Herrschaften in Verbindung gebracht. Der Star im Kreis dieser kleinen Tiere ist jedoch zweifellos der Pekinese, der früher einmal sogar das heilige Tier des chinesischen Kaiserhauses gewesen ist.

Geschichte
Da er als Verkörperung des legendären Foo-Hundes galt, der angeblich die bösen Geister vertrieb, verehrten die Chinesen den Pekinesen als halbgöttliches Wesen. Gewöhnliche Sterbliche hatten sich vor ihm zu verbeugen, auf den Diebstahl eines Pekinesen stand die Todesstrafe, und beim Tode eines Kaisers wurden auch seine Pekinesen geopfert, damit sie ihn ins Jenseits begleiten und dort beschützen konnten. Erst nach 1860 gelangten die ersten Exemplare der Rasse in den Westen, nachdem britische Truppen im zweiten Opiumkrieg den Sommerpalast gestürmt hatten. Die kaiserliche Garde hatte Befehl, die kleinen Hunde zu töten, die unter gar keinen Umständen in die Hände der »ausländischen Teufel« fallen sollten, doch fünf Tiere überlebten das Gemetzel. Sie wurden nach England gebracht, Königin Viktoria nannte das ihr als Geschenk überreichte Hündchen sinnigerweise »Looty«, was soviel wie »kleine Beute« bedeutet. Von diesen »Beutestücken« stammt der heutige Pekinese ab. 1893 wurde die Rasse zum ersten Mal in Großbritannien auf einer Ausstellung präsentiert, wenige Jahre später auch in den USA.

Charakter
Pekinesen sind treue und tapfere Kämpfer. Sie leiden häufig an Atembeschwerden, so daß man immer besonders auf ihre Gesundheit achten sollte.

HAARKLEID
Sehr lange, gerade, dichte Unterwolle, harsches Deckhaar. Ohren, Rückseite der Beine, Rute und Zehen stark befranst. Alle Farben sind zugelassen.

LÄUFE
Kurz; Hinterbeine haben etwas leichtere Knochen, Vorderbeine deutlich gebogen.

PFOTEN
Breit und flach, die vorderen Zehen vorstehend

ZWERGHUNDE (TOY DOGS)

KOPF
Groß, breit und zwischen den Ohren flach; breite und schwarze Stupsnase

AUGEN
Vorstehend, dunkel und rund, weit auseinanderstehend

Ausgeprägter Stop

Breite faltige Schnauze

OHREN
Herzförmig herabhängend, aber nicht zu lang

Sehr flaches Profil

Ohren reichlich befedert

GESICHTSMERKMALE
Pekinese

Pekinese
Diese respektablen kleinen Hunde wurden, typisch orientalisch, von den chinesischen Höflingen in ihren weiten Ärmeln herumgetragen, daher auch der Name »Ärmelhunde«. Sie werden auch »Löwenhündchen« genannt — weil sie wie kleine Löwen aussehen — oder »Sonnenhündchen« wegen ihres rötlichgoldenen Fells.

GRÖSSE
Das Gewicht darf 5 kg bei Rüden und 5,5 kg bei Hündinnen nicht überschreiten.

RUTE
Hoch angesetzt, leger seitlich gerollt über dem Rücken getragen

KÖRPER
Kurz, »löwenartig«, breite ausgeprägte Brust und gerader Rücken

HUNDERASSEN

Zwergspitz, Pommeraner

Obwohl man sofort an den Pommeraner denkt, wenn von »Schoßhunden« die Rede ist, mußte sich dieser Hund früher sein Leben hart verdienen. Heute zählt er jedoch zu den teuersten Rassen. Er braucht ausgiebige Pflege, wenn er sich auf Ausstellungen von seiner besten Seite zeigen soll.

Geschichte

Als spitzähnlicher Hund stammt der Pommeraner ziemlich sicher von nordischen Schlittenhunden ab, wahrscheinlich ist er mit dem Keeshond, dem norwegischen Elchhund und dem Samojeden verwandt. Die ersten verläßlichen Aufzeichnungen über ähnliche Hunde stammen, wie nicht anders zu erwarten, aus Pommern. Dort wurden die Tiere früher als Schäferhunde verwendet. Mitte des 18. Jahrhunderts war der Zwergspitz dann bereits in einigen anderen europäischen Ländern, unter anderem auch in Italien ziemlich verbreitet. Florenz machte Königin Viktoria einen »Pom« zum Geschenk, der in ihr eine unauslöschliche Liebe zu dieser Rasse weckte. Die frühen Pommeraner waren relativ große, meist weiße Hunde, doch durch selektive Zucht seit Anfang des letzten Jahrhunderts entstand eine kleinere, für ihr volles flauschiges und farbiges Fell berühmte Form.

Charakter

Früher einmal hatte der Zwergspitz den Ruf, ein kläffender, flatterhafter Hund zu sein, doch schreibt man ihm heute einen treuen und freundlichen, aber noch immer sehr lebhaften Charakter zu. Der Pommeraner ist ein ausgezeichneter Wachhund, fühlt sich aber auch im Ausstellungsring zu Hause.

KOPF
Fuchsartig, mit breitem, flachem Schädel und zartem, keilförmig zulaufendem Fang. Die Nase hat dieselbe Farbe wie das Fell.

KÖRPER
Kurz und gedrungen, mit ziemlich tiefem, rundem Brustkorb

Pommeraner
Wer keine Zeit für regelmäßige und ausgiebige Fellpflege erübrigen kann, sollte sich keinen »Pom« zulegen. Das doppelte Haarkleid des Tieres muß nämlich täglich gebürstet und häufig geschnitten werden.

PFOTEN
Sehr klein und kompakt

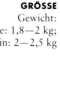

GRÖSSE
Gewicht:
Rüde: 1,8—2 kg;
Hündin: 2—2,5 kg

188

ZWERGHUNDE (TOY DOGS)

RUTE
In typischer Spitzmanier über den Rücken eingerollt und fest anliegend; üppig und lang behaart

Der Pommeraner war nicht nur Königin Viktorias Liebling, die eine Zucht gründete und ihn auf Ausstellungen präsentierte, sondern wurde auch von Napoleons erster Ehefrau Joséphine und von Mozart sehr geliebt.

HAARKLEID
Das lange harsche, gerade und glänzende Deckhaar liegt über einer weichen und flauschigen Unterwolle, wodurch der Eindruck eines wuscheligen Balls entsteht, aus dem die Gliedmaßen gleichsam herausragen. Alle Farben sind zugelassen, auch Orange, Braun, Creme, Schwarz, Blau, ebenso gemischte Farben.

Großer Schädel im Verhältnis zum Fang

Schwarze Augenränder

AUGEN
Mittelgroß, leicht oval geschnitten und dunkelbraun. Sie dürfen nicht zu weit auseinanderstehen.

OHREN
Klein, nicht zu weit auseinanderstehend und wie beim Fuchs gespitzt

Der relativ kurze Hals geht direkt in die Schulterpartie über.

LÄUFE
Zartgliedrig, mittelang und stark befedert

GESICHTSMERKMALE
Pommeraner, Zwergspitz

Hunderassen

Mops

Im Sprachgebrauch des Barock war ein Mops ein mürrischer, verdrießlicher Mensch. Wohl wegen seines Gesichtsausdrucks ist dieser Name dann an dem äußerst reinlichen und sympathischen Tier hängengeblieben.

Geschichte
Über den Stammbaum des Mopses wird noch immer diskutiert. Manche Fachleute meinen, holländische Händler hätten ihn aus Fernost in die Niederlande gebracht. Möglicherweise stammt er tatsächlich von einer fernöstlichen Rasse ab, vielleicht einem kurzhaarigen Verwandten des Pekinesen. Andere wieder behaupten, er sei aus einer Kreuzung kleiner Bulldoggen hervorgegangen. Und wieder andere halten ihn für eine Zwergform des sehr seltenen französischen Mastiff, der Bordeauxdogge. Hogarth, der berühmte Maler, liebte seinen Mops »Trump« so sehr, daß er ihn in mehreren seiner Werke auftauchen läßt. Seit dem 16. Jahrhundert ist dieser Hund an allen europäischen Höfen vertreten, den Gipfel seiner Beliebtheit erreichte er in der Zeit Königin Viktorias.

Charakter
Der Mops ist sehr anhänglich und rücksichtsvoll, er braucht weder besonders viel Pflege noch lange Spaziergänge, aber er lebt gerne in Gesellschaft.

KOPF
Groß und rund, mit starken Hautfalten, vorzugsweise durch schwarze Haarspitzen betont

Der Mops kündet durch Grunz-, Schnüffel- und Schnarchlaute von seinem Befinden.

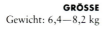

GRÖSSE
Gewicht: 6,4—8,2 kg

190

ZWERGHUNDE (TOY DOGS)

AUGEN
Sehr groß, rund und vorstehend, dunkel und glänzend

Die Nase muß schwarz sein.

Der Fang ist vorne stumpf.

GESICHTSMERKMALE
Mops

OHREN
Klein, dünn und samtig, entweder als Rosetten- oder, vorzugsweise, als Knopfohr ausgebildet

KÖRPER
Kurz und stämmig, mit relativ breiter Brust

RUTE
Hoch angesetzt, möglichst doppelt geringelt seitlich über dem Rücken getragen

HAARKLEID
Kurz, weich und glänzend. Farben: Silber, Apricot, Gelbbraun oder Schwarz; Maske und Ohren schwarz

Mops
Nicht jeder findet das faltige, zusammengedrückte Gesicht, die boxerhafte Erscheinung und den unverwechselbar rollenden Gang auf Anhieb reizvoll, doch lassen sich viele Skeptiker dann doch noch durch die Gutmütigkeit und ausgeprägte Reinlichkeit dieses Tieres umstimmen.

LÄUFE
Kräftig, gerade und mittellang

PFOTEN
Nicht so rund wie Katzenpfoten, aber auch nicht so länglich wie Hasenpfoten; Zehen deutlich getrennt, mit schwarzen Krallen

Shih Tzu

Vermutlich verdankt dieses Tier seinen chinesischen Namen »Löwenhund« seiner wallenden Mähne. Heute gilt der Shih Tzu als Schmuck eines jeden Heimes, das er auch bewacht. Seine Vorfahren fühlten sich noch in großzügigeren Räumlichkeiten zu Hause, etwa in den Palästen der Mandschu-Dynastie im Kaiserlichen China.

Geschichte

Der genaue Ursprung des Shih Tzu ist geheimnisumwittert, doch finden sich in der Tradition des Lamaismus, der stark buddhistisch inspirierten Religion Tibets, gewisse Hinweise auf den kleinen Hund. So wurde beispielsweise Maujusri, der Gott des Lernens, häufig von einem kleinen Hund begleitet, der sich in einen Löwen verwandeln konnte. Wegen seiner löwenhaften Erscheinung wurde meistens der tibetische Lhasa Apso mit diesem »Löwenhund« gleichgesetzt. Tibets Herrscher, der Dalai Lama, ließ den chinesischen Kaisern des öfteren Lhaso Apsos als Geschenk überreichen, und es ist wahrscheinlich, daß diese exotisch wirkenden Hunde später mit Pekinesen gekreuzt wurden, woraus dann der heutige Shih Tzu entstanden ist. In Australien wird der Shih Tzu als »Nicht-Jagdhund« geführt, in den USA zählt er zu den Zwergrassen und in Großbritannien zu den Gebrauchshunden.

Charakter

Der verspielte und doch energische Shih Tzu ist ein sympathischer Haus- und sehr aufmerksamer Wachhund.

KOPF
Breit, mit kurzem quadratischem Fang. Die Nase ist »stupsig« oder bildet eine ebene Fläche; weit offene Nasenlöcher

LÄUFE
Kurz und muskulös, stark behaart

GRÖSSE
Gewicht: 4,5—8 kg;
Höhe: unter 26,5 cm

PFOTEN
Rund und wegen der starken Behaarung — auch zwischen den Ballen — sehr groß wirkend

ZWERGHUNDE (TOY DOGS)

HAARKLEID
Langes weiches und dichtes Deckhaar, reichlich Unterwolle. Gewellt oder gerade, alle Farben zugelassen. Weiße Blesse auf der Stirn und weiße Schwanzspitze sind bei mehrfarbigen Hunden erwünscht.

Zur Vermeidung von Augeninfektionen sollte das lange Kopfhaar des Shih Tzu über dem Kopf zu einem Schopf zusammengebunden werden.

Weil die Chinesen sich früher weigerten, Shih Tzus zu verkaufen oder auszuführen, gelangte die Rasse erst um 1930 nach Großbritannien und in die USA, wo sie jedoch sehr rasch zum äußerst erfolgreichen Ausstellungshund avancierte.

RUTE
Hoch angesetzt, stark befedert und — im Idealfall in Kopfhöhe — über den Rücken eingerollt getragen

KÖRPER
Sehr viel länger als hoch, gerader Rücken, breite Brust und solide Schulterpartie

AUGEN
Groß und weit auseinanderstehend. In der Regel dunkel, doch sind hellere Farben bei ganz oder teilweise leberfarbenen Hunden zugelassen.

Die Ohren scheinen mit dem Hals zu verschmelzen.

Fang und Schädel verschwinden fast unter dem Haarkleid.

OHREN
Groß und hängend, stark behaart

GESICHTSMERKMALE
Shih Tzu

Shih Tzu
Täglich ist eine ausgiebige Haarpflege erforderlich, andernfalls wird das Auskämmen des Fells für Hund und Herrn zu einer schmerzlichen Angelegenheit.

HUNDERASSEN

Australischer Silky Terrier

Wenn sich hier schon die Gelegenheit bietet, dann muß es auch einmal gesagt werden: Der Australische Silky Terrier hat sich in seiner Geschichte noch nie mit einer profanen »Arbeit« abgegeben. Anders als die übrigen Terrier wurde dieser fröhliche kleine Kerl nämlich nicht für einen bestimmten Zweck, sondern einzig und allein zur Freude seiner potentiellen Besitzer gezüchtet. Dennoch kann er sein Terrierblut nicht verheimlichen, wie sein selbstbewußtes »Auftreten« und sein Haß auf jegliches schädliche Kleingetier eindeutig beweisen.

Geschichte

In Sydney hat diese — früher schlicht als »Sydney Silky« bezeichnete — Rasse das Licht der Welt erblickt. Australische und Yorkshire Terrier wurden immer wieder in der Absicht gekreuzt, einen Hund hervorzubringen, der die besten Eigenschaften beider Arten in sich vereint. Das systematisch geplante »Produkt« dieser Zuchtbemühungen kann sich tatsächlich sehen lassen. In Australien wurde die neue Rasse erstmals 1907 präsentiert, in Großbritannien dann 1930, und die Anerkennung durch den American Kennel Club erfolgte 1959.

Charakter

Der Silky ist ein hübscher, lebhafter und intelligenter Hund, der jeden Fremden unverzüglich kräftig verbellt. Er ist ein ausgezeichneter Wachhund, ein angenehmer Mitbewohner auch in beengteren städtischen Behausungen, der gleichwohl lange Spaziergänge im Grünen liebt.

Wie bei so naher Verwandtschaft nicht anders zu erwarten, sind sich der Silky und der Yorkshire Terrier in der Haartracht zum Verwechseln ähnlich, nur daß die Haare des Silky vielleicht ein wenig kürzer sind.

Australischer Silky Terrier
Der Silky, der sich zwar nicht in der Praxis, aber immerhin im »Geiste« stets als echter Terrier erweist, ist ein ausgezeichnetes Haustier für alle, die einen kleinen Hunde-Freund mit großem Herzen suchen.

PFOTEN
Klein, rund und kompakt wie Katzenpfoten

194.

ZWERGHUNDE (TOY DOGS)

Offiziell anerkannt ist nur der Australische Silky Terrier mit Stehohren; der Schlag mit Hängeohren ist jedoch ebenso beliebt und sympathisch wie der offizielle Typ.

OHREN
Stehend, V-förmig und klein, hoch angesetzt

Mäßiger Abstand zwischen den Ohren

AUGEN
Klein, rund und sehr dunkel

Die Nase ist schwarz.

RUTE
Kupiert, hoch angesetzt und aufrecht oder halb aufrecht getragen

KOPF
Keilförmig, mäßig lang, flacher Schädel

KÖRPER
Niedrig, aber nicht zu kurz; gerader Rücken, nach rückwärts leicht abfallend

Der Haarschopf am Scheitelpunkt des Kopfes darf silberfarben oder gelbbraun sein.

GESICHTSMERKMALE
Australischer Silky Terrier

HAARKLEID
Langes feines, glänzendes Seidenhaar. Das Fell ist meist dunkelblau und lohfarben. Auch Silberblau, Schiefergrau und Taubenblau sind statthaft.

LÄUFE
Kurz; Vorderbeine gerade und feinknochig; Hinterbeine mit muskulösen Schenkeln

GRÖSSE
Rüde: 23 cm; Hündin etwas kleiner

195

HUNDERASSEN

Yorkshire Terrier

Er ist zwar keine imposante Erscheinung und fast so winzig wie der kleinste Hund der Welt, nämlich der Chihuahua, gemessen an seiner Beliebtheit jedoch gehört er zu den ganz Großen seiner Art. Wegen des Schleifchens im Haar, mit dem man ihn häufig sieht, und seines langen seidigen Fells assoziieren die meisten ihn unwillkürlich mit »Boudoir« und vergessen dabei seinen schelmischen Terriercharakter.

Geschichte

Obwohl es die Rasse erst seit kaum 100 Jahren gibt, ist doch wenig über ihren Ursprung bekannt. Der Grund: Die nordenglischen Arbeiter, die den Yorkshire Terrier gezüchtet haben, wollten das Geheimnis ihres Erfolges offenbar nicht jenen preisgeben, die vielleicht ein lukratives Nebengeschäft darin gesehen hätten. Aber wie dem auch sei. Wahrscheinlich haben Schotten, die in den Spinnereien und Webereien Yorkshires Arbeit suchten, diverse Terrier mit in die Gegend gebracht, zu denen sicher auch der Skye und der inzwischen ausgestorbene Clydesdale gehörten. Aus Kreuzungen mit einheimischen Rassen wie dem langhaarigen Leeds Terrier, dem Malteser, den Black and Tan, Manchester und Dandie Dinmont Terriern ist dann offenbar ein zunächst sehr viel größerer Hund hervorgegangen. Durch Weiterzucht mit den jeweils kleinsten Exemplaren konnte die Rasse hinterher ganz allmählich in jahrelanger mühevoller Arbeit miniaturisiert werden.

Charakter

Wie bei einem Hund, der früher als Rattenkiller sehr beliebt war, nicht anders zu erwarten, hat der Yorkshire Terrier ein durchaus sprühendes Temperament. Auch von größeren Hunden oder fremden Menschen läßt er sich nicht weiter beeindrucken. Er ist nicht nur ein guter Wachhund, sondern auch ein ausgesprochen liebenswerter Hausgenosse.

GRÖSSE
Gewicht bis 3,1 kg

KOPF
Klein und flach; Fang sollte eher kurz sein.

KÖRPER
Kompakt und relativ gut proportioniert, aber nicht stämmig; gerader Rücken

LÄUFE
Gerade, unter der langen Behaarung verschwindend

PFOTEN
Rund, mit schwarzen Krallen

196

ZWERGHUNDE (TOY DOGS)

Da es ihm nicht an Selbstsicherheit fehlt, gefällt sich der Yorkshire Terrier im Ausstellungsring, wo er durchaus die Aufmerksamkeit auf sich zu lenken versteht.

Die Nase ist immer schwarz.

OHREN
V-förmig und klein, relativ hoch angesetzt, aber nicht zu weit auseinanderstehend, aufrecht getragen

RUTE
Auf mittlere Länge kupiert, stark behaart und etwas über Rückenniveau getragen

AUGEN
Mittelgroß, dunkel, intelligent, wachsam

GESICHTSMERKMALE
Yorkshire Terrier

HAARKLEID
Langes, sehr feines, seidig glänzendes und gerades Haar; dunkel, stahlblau an Körper und Rute, sonst gelbbraun

Yorkshire Terrier
Möchte man das Tier von seiner besten Seite zur Geltung bringen, so bedarf es dazu durchaus zeitraubender Bemühungen. Ohne Pflege wird das dünne Haar sehr leicht brüchig und verliert seinen glänzend-seidigen Charakter.

HUNDERASSEN

Mischlinge

Fast alle in diesem Buch aufgeführten Rassehunde sind ursprünglich aus der Kreuzung verschiedener Arten hervorgegangen. So gesehen könnte man sie allesamt als Mischlinge bezeichnen. Wenn es Ihnen also nicht darauf ankommt, ein kunstvoll frisiertes und mit Schleifchen verziertes Tier bei einem Wettbewerb zu präsentieren und Sie lediglich einen Begleiter und treuen Freund suchen, dann sollten Sie sich auf den Weg zum nächsten Tierheim oder zu einer Tierpension machen — wo Sie garantiert den schönsten Hund der Welt entdecken werden.

Besondere Merkmale

Alle Haushunde gehören zur Familie *Canis familiaris*, und Mischlinge haben mindestens ebensogute Eigenschaften wie der »adligste« Stammbaumhund. Manche Leute behaupten sogar, daß Mischlinge meist liebenswerter sind. Nicht nur sind Promenadenmischungen häufig besonders charmant, sie sind auch vielfach wesentlich vitaler, zäher, ausdauernder, ausgeglichener und weniger krankheitsanfällig als Rassehunde. Außerdem sind sie fast immer erheblich anpassungsfähiger als ihre »adeligen« Vettern.

Der typische Bastard

Ließe man alle Stammbaumhunde der Welt sich nach Lust und Laune paaren, so würde sich nach dem Gesetz des Überlebens des »Cleversten« und durch natürliche Selektion allmählich der Hund der Zukunft herausbilden. Dieses Tier wäre dann gewiß der gesunde »Durchschnitts-Hund« ohne körperliche Extreme in Form oder Funktion.

Das Fell ist weder zu lang noch zu kurz.

Die »kecken« Ohren sind halb aufgestellt.

Die Läufe sind stark und wohlproportioniert.

198

MISCHLINGE

Mischlinge

Die meisten Mischlinge sind hinsichtlich ihrer körperlichen und seelischen Merkmale »wohltemperiert«. Eine durch menschliche Eingriffe nicht beeinflußte natürliche Selektion würde gewährleisten, daß nur die mutigsten, gesündesten und fröhlichsten Hunde überleben.

Sehr guter Knochenbau

Die Nase ist relativ gut entwickelt.

Der Rücken ist nicht überstreckt.

Die Augen sind hell und blicken wachsam und lebhaft in die Welt.

Der muskulöse Hals hat genau die richtige Länge.

GESICHTSMERKMALE
Mischlinge

Die Körperkonturen sind wohlgestaltet und klar.

GRÖSSE
Alle Größen sind möglich.

Die Rute ist mittellang.

Hundehaltung

Anders als Katzen brauchen Hunde regelmäßige Pflege. Wollen Sie die besten Seiten Ihres Hundes zur Geltung bringen, dann müssen Sie auch gewisse Aufgaben und Pflichten übernehmen. Soll er sein ganzes Leben lang gesund, munter und glücklich sein, so müssen Sie bereit sein, ihm Pflege und Zuwendung zu schenken. Gewissenhafte Hundepflege braucht nicht unbedingt sehr zeitaufwendig zu sein, sie sollte jedoch für den Hund wie für den Herrn gleichermaßen angenehm sein. Wenn Sie Ihren Hund fithalten, dann tun Sie sich zugleich auch selbst etwas Gutes. Wenn Sie Ihren Liebling schönmachen, so profitiert davon auch seine Gesundheit. Je mehr Zeit Sie für Ihren Hund aufwenden, um so mehr faszinierende Seiten des *Canis familiaris* lernen Sie kennen. Hunde werden aus vielerlei Gründen geliebt und geschätzt. Manche sehen in ihnen die besten und treuesten Freunde und angenehmsten Gefährten. Andere betrachten sie als geschickte Arbeiter und Helfer, die Menschen oder Maschinen sehr effizient ersetzen können. Wenn Sie Hunde züchten und auf Ausstellungen präsentieren wollen, so kann diese Tätigkeit sich als höchst interessantes und vielleicht sogar äußerst lukratives Hobby erweisen. Sollten Sie sich tatsächlich für dieses Hobby entscheiden, so wird Ihre Hauptaufgabe darin bestehen, die Schönheit Ihres Caniden in all ihrer Vielseitigkeit voll zur Geltung zu bringen.

Im folgenden wollen wir uns deshalb mit der erforderlichen Pflege des Hundes beschäftigen und dieses vielschichtige Tier ein wenig besser verstehen lernen. Falls Sie mehr über dieses wichtige Thema wissen möchten, sollten Sie sich am besten mit Züchtern und Tierärzten unterhalten oder die einschlägige Literatur zur jeweiligen Rasse zu Rate ziehen. Ganz gleich welcher Rasse oder Mischung Ihr Vierbeiner auch angehören mag, Ihr Tier wird Ihnen Ihre Pflege danken — und auch Sie selbst werden viel Freude daran haben.

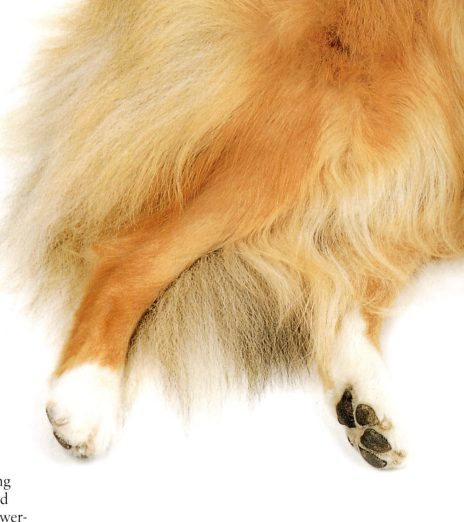

HUNDEHALTUNG

Ihr neuer Hund

Wenn Sie sich einen Hund anschaffen wollen, dann müssen Sie zumindest mit der gleichen Sorgfalt und Überlegung zu Werke gehen, wie Sie sie auch bei der Wahl eines völlig seelenlosen Autos aufwenden würden. Genau wie beim Kauf eines Autos sollten Sie sich zunächst bestimmte Fragen stellen: Welche »technischen« Eigenschaften sind mir wichtig? Wie sieht es mit dem Kraftstoffverbrauch aus? Wie steht es mit der Garage? Kann ich mir regelmäßige Inspektionen leisten? Bin ich überhaupt in der Lage, das »Modell«, das mir vorschwebt, richtig zu fahren (ihm die richtige Bewegung zu verschaffen)? Zum Schluß gibt es allerdings noch eine weitere Frage zu klären, die beim Auto wegfällt: Kann ich diese Verpflichtung ein Hundeleben lang (durchschnittlich etwa zwölf Jahre) einhalten?

Ein älterer Hund aus guten Händen paßt vielleicht besser zu Ihnen als ein Welpe, der viel Pflege und Aufmerksamkeit verlangt.

Welche Rasse?

Denken Sie nun darüber nach, wie sich die körperlichen Merkmale, das Temperament und die besonderen Ansprüche des Hundes mit Ihrer Lebensweise in Einklang bringen lassen. Danach müssen Sie überlegen, wie alt der Hund sein soll, wie groß und ob Rüde oder Hündin. Und schließlich bleibt noch die Frage: Mischling oder Rassehund?

Ein Deutscher Schäferhund oder ein Barsoi eignet sich nicht besonders für eine Wohnung im 16. Stock, eine Deutsche Dogge frißt soviel Fleisch wie ein zweijähriger Löwe, und ein Afghanischer Windhund braucht sehr zeitaufwendige Fellpflege. Erst denken — und gründlich denken heißt die Devise.

Wenn es Ihnen an Platz mangelt oder an der Lust zum Waldlauf mit Ihrem Hund, oder wenn Ihnen das nötige Kleingeld fehlt, dann ziehen Sie doch einen kleineren Hund in Erwägung — einen Zwerghund oder eine kleine Rasse. Kleine Hunde haben im Vergleich zu großen eine längere Lebenserwartung, obwohl Zwerg- und Schoßhunde im allgemeinen nicht ganz so lange leben wie die von Natur aus kleinen Rassen.

Wenn Sie einen »Kameraden« suchen, einen Freund oder einen Wachhund, wozu braucht er dann einen Stammbaum? Mischlinge sind wesentlich preisgünstiger, es gibt sie in allen Größen, sie schenken und brauchen ebensoviel Zuwendung und Liebe wie jeder reinrassige Hund, leiden aber weniger unter Erbkrankheiten und verfügen oft über jene angeborene Gesundheit, die Wissenschaftler als »Vitalität des Mischlings« bezeichnen.

Welpe oder erwachsener Hund?

Welpen machen besonders viel Spaß, wenn Kinder im Haus sind, wenn Sie aber einen Begleiter suchen, mit dem Sie ohne viel Umstände gleich spazierengehen können, ist ein ausgewachsener Junghund besser geeignet. Für ältere Menschen ist so ein junges Energiebündel jedoch möglicherweise zu anstrengend. Deshalb sollten »Senioren« sich vielleicht überlegen, ob sie nicht einem älteren Hund noch einmal ein neues Zuhause bieten wollen. Achten Sie im übrigen darauf, daß der erwachsene Hund, den Sie kaufen wollen, an Haus oder Wohnung gewöhnt ist, denn ein Hund, der lange Zeit in einem Tierheim zubringen mußte, hat sein ehemals gutes Benehmen vielleicht schon verlernt.

Ein Welpe braucht jemanden, der die Stelle der Mutter einnimmt, der sich um ihn kümmert, ihn füttert, ihm Stubenreinheit beibringt und überhaupt viel Zeit mit ihm verbringt, so daß eine gute Beziehung zum Menschen entstehen kann. Wenn Sie also den ganzen Tag außer Haus sind, kommt ein Welpe nicht in Betracht.

Plastiknapf für Welpen

Betten

Der klassisch geflochtene Hundekorb hat viele Vorteile, ist aber schwer sauberzuhalten. Achten Sie darauf, daß Ihr Hund nicht die schlechte Gewohnheit annimmt, an dem Flechtwerk herumzunagen, denn Korbweidenteile können ihm schaden.

Weidenkorb mit waschbarem Kissen

Rüde oder Hündin

Diese Frage zu entscheiden ist nicht immer ganz einfach. Gegen eine Hündin spricht, daß sie zweimal jährlich läufig wird. In dieser Zeit der »Hitze« wirkt sie auf Rüden äußerst anziehend, vielleicht versucht sie sogar fortzulaufen, um sich einen Freier zu suchen. Manchen Menschen ist aber auch der Vaginalausfluß einer Hündin unangenehm, außerdem kommt es bei den weiblichen Tieren gelegentlich zu Scheinträchtigkeit, die ziemlich störend sein kann. Eine Kastration oder die regelmäßige Gabe von Verhütungsmitteln können überdies die Kosten der Hundehaltung beträchtlich erhöhen.

Viele Menschen meinen, Rüden seien ausgeglichener, doch neigen die männlichen Tiere auch dazu, auf der Suche nach einer kleinen Affäre in der Nachbarschaft herumzustreunen.

Sie brauchen eine gewisse Grundausstattung für Ihren Neuankömmling. Suchen Sie sorgfältig das Notwendige aus dem breiten Angebot der Tierhandlungen aus. Im Zweifelsfall wenden Sie sich an den Tierarzt.

Spielzeug

Spielen ist wichtig für Hunde, ganz besonders aber für Welpen. Der Markt hält eine breite Auswahl an Spielsachen bereit. Tauziehen ist immer ein beliebtes Spiel, und der Ziehgriff gestattet es Hund und Herrchen gleichermaßen, kräftig zuzupacken. Das gleiche Spielchen kann man auch mit dem Spielring treiben, der zugleich auch zum Fortwerfen und Wiederbringen geeignet ist. Stöcke oder Steine sollten dagegen möglichst nicht für solche Apportierspiele verwendet werden. Spezialspielzeuge wie Gummiknochen, Wurfringe oder große Bälle sind weniger gefährlich.

Gummiknochen

Ziehgriff

Halsbänder und Leinen

In Deutschland ist es vorgeschrieben, daß jeder Hund ein Halsband mit Hundemarke tragen muß. Eine Erkennungsmarke mit Ihrem Namen und Ihrer Anschrift ist sinnvoll, aber nicht Pflicht. Für den täglichen Gebrauch eignet sich am besten ein Lederhalsband, bei größeren Rassen mag auch ein Flachwürger angebracht sein. Die Leine sollte ebenfalls aus Leder oder aus Kunststoff bestehen.

Lederhalsband mit Erkennungsmarke

Spielring

Gummiball

Nylonleine

Tonschüssel   *Schüssel aus rostfreiem Stahl*

Haarpflege-Set

Die Grundausstattung besteht aus Kamm und Bürste, die nach jeder Verwendung gesäubert und getrocknet werden müssen. Lassen Sie den Hund nicht auf diesen Utensilien herumkauen.

Zweiseitige Stachel- und Borstenbürste
Weitzahniger Kamm
Engzahniger Kamm

Futter- und Wasserschüssel

Für Schüsseln finden hauptsächlich drei verschiedene Materialien Verwendung. Tonschüsseln sind schwer und nicht so leicht umzustoßen, werden aber früher oder später »angedetscht« oder zerbrochen. Schüsseln aus rostfreiem Stahl sind nicht sehr standfest, eine Plastikschüssel ist zwar billig zu kaufen, wird aber auch leicht zerkaut. Für Rassen mit besonders langen Ohren werden extra tiefe Schüsseln angeboten, damit die Ohren nicht ins Futter hängen.

Rassehund oder Mischling

Bei reinrassigen Hunden bestimmen die Züchter Gestalt, Proportionen und Farbe, doch erben diese Hunde mit Sicherheit auch die unerwünschten Eigenschaften, die nun einmal häufig mit blauem Blut verbunden sind, wie etwa die Bluterkrankheit in manchen europäischen Königshäusern. Der lange Rücken der Basset Hounds und Dackel fordert Bandscheibenbeschwerden geradezu heraus. Deutsche Schäferhunde leiden unter der erblichen Hüftgelenkserkrankung, Irische Setter haben eine äußerst empfindliche Netzhaut, der Bulldogge machen wegen ihrer zahlreichen Falten im Gesicht besonders häufig Hautkrankheiten zu schaffen. Die besonders hohe Feuchtigkeit in den Hängeohren des Spaniels führt leicht zu chronischen Ohrentzündungen, und bei Rassen mit kurzem Fang, beispielsweise dem Mops, ist die Geburt der Welpen oft recht problematisch. Natürlich können diese Beschwerden gelegentlich auch bei Mischlingen auftreten, aber die Wahrscheinlichkeit ist weit geringer.

Wenn Ihnen auch ein Bastard recht ist, brauchen Sie nur zu einem Züchter zu gehen, die Haustieranzeigen in Zeitungen und Zeitschriften zu lesen oder das nächstgelegene Tierheim anzurufen. Zoogeschäfte oder jene Welpenfarmen, die Hunde hervorbringen wie aus der Wurstmaschine, sind nicht zu empfehlen, denn allzuhäufig sind sie Brutstätten ernstzunehmender Krankheiten. Wenn Sie sich einen reinrassigen Hund anschaffen möchten, sollten Sie sich zuerst mit den besonderen Bedürfnissen und Problemen der betreffenden Rasse beschäftigen. Fragen Sie ortsansässige Tierärzte nach den vorherrschenden Krankheiten der in Ihrer Gegend besonders beliebten Züchtungen. Obwohl Ihnen der Tierarzt sicher nichts über einen Züchter berichten wird, der möglicherweise zu seinen Klienten zählt, ohne dessen vorherige Zustimmung eingeholt zu haben, kann er Ihnen doch gewisse Anhaltspunkte für Ihre Suche geben.

Versuchen Sie so viele Auskünfte wie möglich zu bekommen, bevor Sie sich einen Wurf Welpen ansehen, und nehmen Sie jemanden mit, der sich mit der betreffenden Rasse auskennt, bevor Sie den Kauf perfekt machen. Denken Sie daran: Es ist höchst unwahrscheinlich, daß Sie den künftigen Sieger einer internationalen Hundeausstellung bekommen, egal wieviel Sie bezahlen. Selbst für Fachleute ist es nicht einfach, in einem Welpen den künftigen Sieger zu erkennen. Ihren erfahrenen Begleiter brauchen Sie vor allem, damit Sie sich nicht den schlechtesten Welpen des ganzen Wurfs andrehen lassen — etwa ein Tier mit falscher Zahnstellung oder mit unerwünschten erblichen Merkmalen, wie zum Beispiel weißen Abzeichen bei einer Rasse, die ausschließlich schwarz sein müßte.

Der Pudel mit einem hellblauen und einem dunkelbraunen Auge sieht vielleicht am niedlichsten aus und kann natürlich ein freundlicher robuster Hund werden, aber Sie dürfen dafür natürlich nicht den gleichen Preis bezahlen wie für ein ausstellungsfähiges Exemplar.

Bitten Sie den Züchter, Ihnen auch die Mutter zu zeigen. So bekommen Sie eine Vorstellung davon, wie der Welpe später aussehen wird. Wichtig sind außerdem die erblichen Mängel, die bei manchen Rassen besonders häufig auftreten. Sie müssen sich auf jeden Fall die Garantie geben lassen, daß die Zucht von rassetypischen Erbfehlern frei ist.

Worauf besonders zu achten ist

Vor allem müssen Sie sicher sein, daß der Hund gesund ist, es sei denn, Sie nehmen ein herrenloses Tier auf. Vereinbaren Sie, daß der Welpe dem Züchter zurückgegeben werden kann, wenn Krankheiten auftreten sollten. Auf jeden Fall tun Sie gut daran, den Hund so bald wie möglich von einem Tierarzt untersuchen zu lassen, am besten noch bevor Sie ihn mit nach Hause nehmen, man kann ja nie wissen ...

So untersuchen Sie einen Welpen

2 Die Ohren inspiziert man, indem man die Ohrmuscheln hochhält und den Gehörgang prüft: Dieser muß trocken, sauber und frei von verkrusteten, schuppigen oder klebrigen Ablagerungen und von Ausfluß sein.

1 Ein gesunder Welpe mit dem richtigen Temperament freut sich, wenn er hochgenommen wird. Der Körper fühlt sich fest, aber entspannt an. Das kleine Tier darf keinerlei Anzeichen von Schmerz erkennen lassen.

3 Öffnen Sie vorsichtig das Maul, um Zunge, Zahnfleisch und Zähne zu untersuchen. Zunge und Zahnfleisch müssen rosig sein. Auch der »Biß«, die Stellung der oberen und unteren Vorderzähne zueinander, ist wichtig, besonders bei reinrassigen Hunden, die auf Ausstellungen gehen sollen. Wenden Sie sich im Zweifelsfall an einen Fachmann.

IHR NEUER HUND

Dieser Dackel (links) mit Stammbaum kann vielleicht später an einem Bandscheibenvorfall leiden. Der Mischling (oben) ist sicher von Natur aus gesünder.

So trägt man einen Welpen richtig.

Bei der Auswahl eines Welpen ist vor allem zu achten auf:
- lebhaftes, aufgewecktes Verhalten,
- einen festen, gleichmäßig fellbedeckten Körper (wenn Sie den Hund hochnehmen, dürfen keinerlei Anzeichen von Schmerz feststellbar sein),
- saubere Nase, Augen und Ohren (»ausflußfrei«), ein klarer Tropfen »Wasser« an der Nase ist normal),
- rosiges Zahnfleisch, eine rosige Zunge und ebensolche Lidbindehaut,
- etwaige Anzeichen von Durchfall (sehen Sie sich wenn möglich den Kot an — und achten Sie darauf, ob der Analbereich oder die Haare an den Hintergliedmaßen mit Kot beschmutzt sind),
- etwaige Flecken, wunde Stellen oder Schuppen im Fell oder am unbehaarten Teil des Bauches,
- Erkältungs- und Hustensymptome.

Lassen Sie sich vom Verkäufer keine Märchen erzählen, wie: »Das hat nichts zu bedeuten, der hat gerade eine kleine Erkältung gehabt« oder: »Nur keine Sorge wegen des Hautausschlags am Bauch, das haben diese Hunde immer!« Auch wenn der Züchter noch so berühmt ist, lassen Sie diese »Erkältung« oder diesen »Ausschlag« unverzüglich vom Tierarzt untersuchen. Oder noch besser, Sie verschieben den Kauf, bis die angeblich unbedeutende Erkrankung abgeklungen ist.

Wird der Hund als geimpft verkauft, lassen Sie sich den entsprechenden, von einem zugelassenen Tierarzt unterzeichneten Impfpaß aushändigen. Besteht der geringste Zweifel, ob die Impfung tatsächlich durchgeführt wurde, ist es besser, den Hund noch einmal impfen zu lassen. Hunde können gegen Staupe, das Parvovirus, Hepatitis, Leptospirose, Tollwut (nicht in Großbritannien) und Zwingerhusten geimpft werden.

Wenn Sie ein herrenloses oder nicht mehr erwünschtes Tier aufnehmen, liegen die Dinge natürlich etwas anders. Ein solches Tier kann bereits krank oder leidend sein. Auf eine derartige »Beziehung« läßt man sich jedoch normalerweise nicht unwissend ein, und der Tierarzt informiert Sie von Anfang an sicherlich gerne darüber, welche Probleme da auf Sie zukommen können.

4 Die Augen müssen klar sein, hell und frei von Ausfluß, Tränen, Schatten oder Trübungen. Der Hund sollte in der Lage sein, die Augen weit zu öffnen, ohne dabei übermäßig zu blinzeln. Nehmen Sie keinen Welpen, der sich mit den Pfoten die Augen reibt.

5 Fährt man mit der Hand gegen den Strich übers Fell, so kann man die Haut auf wunde Stellen, Schuppenbildung oder die schwarzen Bröselchen oder Körnchen prüfen, die Flohbefall verraten.

6 Schauen Sie auch unter dem Schwanz des Welpen nach Resten von hängengebliebenem flüssigem Kot, denn entsprechende Rückstände sind ein eindeutiger Hinweis auf Durchfall.

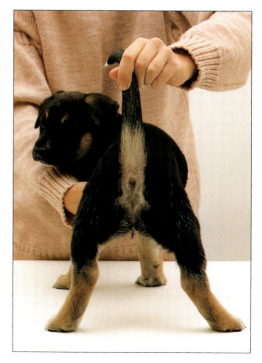

HUNDEHALTUNG

Ernährung

Es wäre völlig falsch anzunehmen, Hunde seien reine Fleischfresser. Füchse beispielsweise haben vielseitige Freßbedürfnisse und finden an Raupen ebenso Geschmack wie an Maden, Nagetieren, Schlangen, Flußkrebsen, Pilzen, Eicheln oder sogar diversen Obstsorten. Auf dem Speiseplan des Schakals stehen auch Gemüse, Obst und Zuckerrohr. Der Wüstenfuchs mag Termiten, und der chilenische Wildhund frißt sogar Schalentiere.

Nahrungsbedarf

Wie seine wildlebenden Verwandten braucht der Haushund mehr als nur Fleisch, um gesund zu bleiben. Die wichtigsten Komponenten sind:

- Proteine für den Körperbau und die Gewebeneubildung,
- Kohlenhydrate als Energiequelle,
- Fette als Energiequelle sowie für gesunde Haut und gesundes Fell,
- Vitamine und Mineralstoffe für bestimmte essentielle chemische Reaktionen im Körper,
- Ballaststoffe für eine gute Verdauung und Darmtätigkeit und
- Wasser, das für alle im Körper ablaufenden Prozesse gebraucht wird.

Als Faustregel gilt, daß der Hund folgende Kilojoule-Mengen pro Tag in den verschiedenen Lebensstadien benötigt:

- Welpen 910 kJ pro Kilo Körpergewicht (100 kcal pro Pfund),
- erwachsene Hunde 550 kJ pro Kilo Körpergewicht (60 kcal pro Pfund),
- alte Hunde 239 kJ pro Kilo Körpergewicht (25 kcal pro Pfund).

Diese Angaben gelten für mäßig aktive Hunde. Aber nicht nur Alter, Bewegung, Umgebung, Trächtigkeit, Laktation und Krankheit beeinflussen den Futterbedarf, wir sollten auch nie vergessen, daß nicht alle Hunde in ihrer Futterverwertung gleich sind. Wichtig ist, daß der Hund nicht überfüttert wird und daß die Portionen schon bei den ersten Anzeichen von Fettleibigkeit reduziert werden.

Verschiedene Hundefutter

Fleisch

Fleisch ist arm an Kalzium und reich an Phosphor. Eine magere Fleischdiät enthält zuwenig Fett und gilt daher nicht nur ernährungsphysiologisch als unausgewogen, sie ist auch sehr kostspielig. Leber enthält viel Protein, Eisen und Vitamine, sollte aber nicht zu häufig gefüttert werden und nicht mehr als

Hundekuchen gibt es in den verschiedensten Formen und Geschmacksvarianten.

fünf Prozent der Gesamtnahrungsmenge ausmachen.

Fisch

Fisch ist reich an Proteinen, Mineralstoffen und manchmal auch an Fetten. Am besten abgekocht verfüttern. Rohe Heringe und Makrelen entziehen dem Körper Vitamin B$_1$. Bei den meisten Fischen empfiehlt es sich, die großen Gräten zu entfernen.

Käse und Milchprodukte

Diese Nahrungsmittel sind reich an Proteinen, Fett und Mineralstoffen. Manche Hunde können Laktose (Milchzucker) nicht verdauen, da ihrem Körper die dafür notwendigen Darmbakterien fehlen. Wird längere Zeit keine Milch aufgenommen, verlieren sich diese Bakterien und Laktose führt zu Durchfall und gelegentlich auch zu Erbrechen. Setzt man die Milchfütterung fort, stellen sich die Bakterien aber binnen weniger Tage wieder im Darm ein und Laktose wird verdaut.

Versuchen Sie herauszufinden, welche dieser Happen und Hundekuchen Ihr Hund am liebsten frißt und am besten verträgt.

Getreide

Getreide können Sie entweder in Form von Keksen oder mit dem Fleisch vermischt reichen. Es ist preisgünstig und liefert Energie, Ballast- und Mineralstoffe und mehrere Vitamine. Getreide kann sehr gut auch durch gekochten Reis ersetzt werden.

Gemüse

Gemüse wie Karotten, Kohl und Rüben bilden wertvolle Futteranteile, ob gekocht oder roh geraspelt, ebenso gekochte Kartoffeln.

Obst

Hunde stellen selbst körpereigenes Vitamin C her, doch sind auch geringe Mengen Obst, wenn es Anklang findet, sehr gesund.

Eier

Ganze Eier dürfen nur in gekochtem Zustand gereicht werden, andernfalls kann ein Anti-Vitamin-H-Faktor wirksam werden, wie wir ihn in rohem Eiweiß finden.

Sonstige Nahrungsanteile

Nüsse, verzehrbare Samen und Honig eignen sich ausgezeichnet als Ernährungszusatz. Und wenn Ihr Hund nun einmal gerne Gras und Kräuter kaut und frißt, dann lassen Sie ihn ruhig, auch wenn er danach erbricht. Das ist völlig normal. Noch ein Wort über Knochen:

Drei Typen von Hundefutter. Es gibt inzwischen auch Konservenvollnahrung, der keine Hundeflocken oder -kekse mehr zugesetzt werden müssen.

ERNÄHRUNG

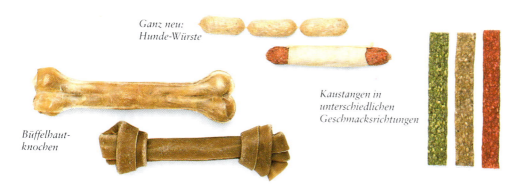

Ganz neu: Hunde-Würste

Büffelhaut-knochen

Kaustangen in unterschiedlichen Geschmacksrichtungen

Kauknochen und -stangen tragen dazu bei, schädlichen Zahnbelag zu vermeiden.

Nein, die Zähne reinigen sie nicht. Sie können jedoch zu Verstopfung, Darmverschluß oder Darmperforation führen. Geben Sie Ihrem Hund nur rohe Markknochen.

Fütterungsmethoden

Ob Sie das Hundefutter nun kaufen oder selbst zubereiten, ist unwesentlich, wichtig ist die ausgewogene Ernährung Ihres Hundes.

Do-it-yourself-Verfahren

Beliebt, abwechslungsreich und vermutlich auch wirtschaftlich ist die Methode, Fleisch, Essensreste und Hundeflocken selbst zu vermischen. Der offensichtliche Nachteil besteht in der Gefahr, daß solches Futter nicht ausgewogen ist. Wollen sie diese Methode weiterhin beibehalten, dann müssen Sie darauf achten, daß der tägliche Fleischanteil bei Jungtieren etwa 30 g pro kg Körpergewicht erreicht und etwa 20 g pro kg Körpergewicht bei ausgewachsenen Hunden. Und vergessen Sie nicht, daß gekochte Essensreste von Ihrem Tisch, einschließlich Gemüse, nur noch wenig Vitamine enthalten, da diese bereits durch Erhitzen zerstört worden sind.

Handelsübliches Hundefutter

Modernes Hundefutter ist in der Regel sehr gut, und Sie können nicht viel falsch machen, wenn sie die Gebrauchsanweisung genau befolgen.

Konservenfutter

Hier gibt es zwei Sorten: die eine enthält überwiegend Fleisch und nur sehr wenig Kohlenhydrate, die andere bietet Vollnahrung aus Fleisch, Kohlenhydraten, Fett, Mineralstoffen und Vitaminen in ausgewogenen Anteilen. Das steril und handlich verpackte Fleisch der ersteren Sorte ist meist mit Vitaminen angereichert, muß aber zu gleichen Teilen mit Reis, Hundekuchen oder -flocken gemischt werden (siehe rechts).

Das Fertigfutter wird auf der Basis sorgfältiger ernährungsphysiologischer Forschungen von den großen Tierfutterherstellern entwickelt. Mit dieser Nahrung erhält Ihr Hund das richtige Futter, dem Sie nichts mehr hinzuzufügen brauchen.

Trockenvollnahrung

Dieses Trockenfutter in Form von unterschiedlichsten Preßlingen enthält Fleisch- und/oder Fischprodukte sowie Kohlenhydrate, Mineralstoffe und Vitamine. Es ist leicht zu lagern und wohl das preisgünstigste aller Fertigfutter. Man darf es aber nicht mit einfachem Hundefutter oder Keksen verwechseln, die überwiegend aus Getreideanteilen bestehen und keine Vollnahrung darstellen. Wie bei jeder Mahlzeit ist auch bei der Darreichung dieses Futters auf eine volle Wasserschüssel zu achten.

Halbfeste Vollnahrung

Dieses moderne Fertigfutter bietet eine gut ausgewogene Ernährung. Im Preis liegt es zwischen Trocken- und Konservenfutter, läßt sich aber nicht ganz so lange aufbewahren.

Das richtige Futter?

Jedes Futter bietet gewisse Vorteile. Sie können auch abwechselnd das eine und das andere füttern, ganz nach Lust und Laune Ihres Hundes. Wenn er die eine Sorte gerne frißt und keinerlei Nachteile erkennbar sind, dann bleiben Sie bitte dabei. Achten Sie auch darauf, das Futter immer frisch und in einem sorgfältig gesäuberten Geschirr zu servieren. Sauberes frisches Wasser muß immer zur Verfügung stehen.

Am besten teilen Sie die tägliche Futtermenge auf und füttern zweimal am Tag. Ernährung ist schließlich nicht alles, warum soll ein Hundetag nicht mit einem vollen Bauch beginnen und ebenso zu Ende gehen? Die zweite Mahlzeit muß spätestens eine Stunde vor dem Schlafengehen gereicht werden.

Welche Menge ist zu füttern?				
Gewicht des Hundes	Dosenfleisch*	Dosenfertigfutter	Trockenfertigfutter	Halbtrockenes Fertigfutter
5 kg Pekinese	225 g	400 g	150 g	170 g
10 kg Bedlington Terrier	375 g	750 g	250 g	300 g
20 kg Springer Spaniel	600 g	1250 g	400 g	450 g
40 kg Deutscher Schäferhund	760 g	1875 g	650 g	760 g

Diese Angaben dienen nur der Orientierung. Beachten Sie auch die Hinweise der Hersteller auf dem Etikett.
* Reis, Hundeflocken oder -kuchen sind den Fleischkonserven noch im Verhältnis 1 : 1 für kleinere Rassen und bis maximal 2 : 1 für große Hunde zuzugeben.

HUNDEHALTUNG

Die Fellpflege

Kämme und Bürsten

Wattestäbchen

Zweiseitige Stachel- und Borstenbürste

Borstenhandschuh

Zahnbürste

Weitzahniger Kamm

Engzahniger Kamm

Bürste zum Glätten des Fells

Die Pflege des Fells soll nicht nur die äußere Erscheinung Ihres Hundes aufwerten, sie ist vor allem auch wichtig für eine gesunde Haut, für Hygiene und zur Bekämpfung von Parasiten. Regelmäßige Fellpflege verstärkt außerdem die Beziehung zwischen Ihnen und Ihrem Hund. Und obwohl diese Arbeit Zeit, Geduld und Mühe kostet, kann sie gleichwohl für beide Beteiligten zur täglichen Freude werden.

Bei einem jungen Hund beginnt die Pflege des Fells ab dem fünften oder sechsten Monat, obwohl drahtiges Fell um den Kopf herum und am Schwanz schon mit etwa vier Monaten leicht getrimmt werden kann. Das erste Bad darf Ihr Junghund, wenn unbedingt nötig, schon mit drei Monaten nehmen oder sobald Sie ihn als Welpen im Zwinger abholen.

Das Haarkleid

Das Haarkleid des Hundes besteht aus zwei Haarsorten, dem gröberen Haupt- oder Leithaar der oberen Deckhaare und den Beihaaren der Unterwolle. Die Haare wachsen aus den Haarbälgen hervor, deren Talgdrüsen dem Fell seinen Glanz verleihen, es wasserabweisend machen und seine klimatisierende Funktion gewährleisten.

Man unterscheidet fünf Arten des Haarkleids: lang, seidig, kurz, lockig-gekräuselt und drahtig. Extreme Felltypen sind der nahezu haarlose Mexikanische Nackthund und der Ungarische Puli, dessen dichtes Fell zu dicken Schnüren verfilzt.

Das Deckhaar wächst zunächst bis zur maximalen Länge, bleibt dann eine Zeitlang unverändert und wird schließlich durch ein neu nachwachsendes Haar abgestoßen und fällt schließlich ab. Dieser Ablauf wiederholt sich ununterbrochen am ganzen Körper des Hundes, so daß es zu einem natürlichen Gleichgewicht der drei Haartypen kommt, die jeweils lediglich einer der drei Wachstumsphasen entsprechen.

Die meisten Rassen (abgesehen von Pudel, Bedlington oder Kerry Blue Terrier) haaren zweimal jährlich ab, meist im Frühjahr und Herbst. Beim Haarwechsel tritt stärkerer Haarverlust auf, ausgelöst durch die hormonproduzierenden Drüsen des Körpers, die damit auf Veränderungen der Umgebungstemperatur und der Dauer des Tageslichts reagieren. Es kann vorkommen, daß ein Hund nahezu ununterbrochen haart, weil sich sein Körper vielleicht durch künstliche Faktoren wie Zentralheizung und Innenbeleuchtung täuschen läßt. Auch Ernährung und Hormonstörungen können dabei eine Rolle spielen.

Typen des Haarkleids

Langes Deckhaar wie beim Collie, Bobtail, Neufundländer, Deutschen Schäferhund und Spitz. Bürsten und kämmen Sie das Deckhaar zunächst nach vorne über den Kopf und die Schultern und dann wieder zurück. Jetzt die Flanken mit dem Strich bürsten. Solches Deckhaar muß in der Zeit des Haarwechsels zusätzlich auch ausgekämmt werden. Ein Bad empfiehlt sich im Frühjahr und Herbst.

Seidiges Haar wie beim Afghanischen Windhund, Malteser und Yorkshire Terrier, Lhasa Apso, Spaniel, Setter und Pekinesen. Diese Rassen brauchen wirklich viel Pflege. Afghanische Windhunde, Spaniel und Setter müssen von abgestoßenem Haar befreit und alle drei Monate — evtl. auch öfter — gebadet werden. Yorkshire, Malteser und Spaniel müssen viermal jährlich getrimmt werden. Beim Spaniel sind auch die Haare der Ohren und Pfoten zu trimmen, damit sich an den betreffenden Stellen nicht Schmutz und Grassamen ansammeln.

Kurzes Haar wie das der Boxer, Whippets, Kurzhaardackel, Labradors und Corgis. Diese Rassen lassen sich am leichtesten pflegen. Für das kurze Haar der Whippets, Boxer und Kurzhaardackel brauchen Sie lediglich einen Frottierhandschuh, für die anderen reichen schon Kamm und Bürste. Diese Hunde dürfen nicht zu häufig gebadet werden, denn erst sechs Wochen nach einem solchen Bad ist das entzogene natürliche Fett wieder vollständig ersetzt.

Gelocktes, krauses Haar wie beim Bedlington Terrier, Pudel und Kerry Blue. Obwohl diese Hunde keinen Haarwechsel durchmachen müssen, müssen sie etwa alle zwei Monate getrimmt und gebadet werden. Die Ohren sind regelmäßig zu überprüfen, und zu langes Haar im Gehörgang ist zu zupfen (bitte keine Schere verwenden). Solche Rassen dürfen erst mit vierzehn oder fünfzehn Wochen zum ersten Mal getrimmt werden.

Drahthaar wie beim Drahthaardackel, Schnauzer und den meisten Terriern. Diese Hunde benötigen regelmäßiges Kämmen, damit das Fell nicht stumpf wirkt. Zupfen und trimmen Sie das Fell und baden Sie den Hund etwa alle drei bis vier Monate. Sie können das Fell aber auch statt dessen alle acht Wochen elektrisch scheren. Überflüssiges Haar um die Augen und Ohren darf mit einer abgerundeten Schere geschnitten werden.

Ungewöhnliches Haar, wie man es bei manchen exotischen Rassen findet, bedarf besonderer Aufmerksamkeit — fragen Sie am besten den Züchter oder den Tierarzt um Rat. Das Fell des Ungarischen Puli (hier abgebildet) hängt in schnurähnlichen Strähnen herunter und darf nicht ausgekämmt werden, wenn der Hund ausgestellt werden soll. Selbst fast haarlose Rassen wie der Mexikanische Nackthund brauchen regelmäßiges sanftes Bürsten und Kämmen.

DIE FELLPFLEGE

Haarpflege eines Cocker Spaniels

Verschiedene Trimmgeräte

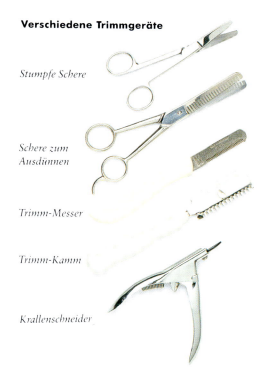

Stumpfe Schere

Schere zum Ausdünnen

Trimm-Messer

Trimm-Kamm

Krallenschneider

Ausrüstung

Sie brauchen mindestens eine Bürste und einen Kamm, aber ein richtiges Pflegeset besteht aus Stachelbürste, Borstenbürste, Glättbürste, Gummibürste, eng- und weitzahnigem Metallkamm, Borstenhandschuh, stumpfer Schere, Krallenschneider, Ausdünnungsschere, Trimm-Kamm, Trimm-Messer und einem Haartrockner. Wattestäbchen zum Entfernen des überflüssigen Ohrenschmalzes und eine Zahnbürste für die Zahnpflege sind sinnvolle Ergänzungen zum Set. Im Kapitel über Gesundheitsvorsorge finden Sie nähere Auskünfte über die Handhabung dieser Utensilien.

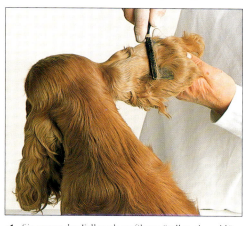

1 Sie tasten das Fell nach verfilzten Stellen ab und lösen diese mit einem weitzahnigen Kamm auf. Beim Spaniel ist besonders auf das lange seidige Haar an den Ohren zu achten.

2 Für die Unterseite des Unterkiefers und der Rute und hinter den Ohren verwenden Sie am besten einen engzahnigen Kamm. Schneiden Sie vorsichtig mit der abgerundeten Schere die Augenpartie aus sowie die Pfoten und den Anusbereich unter der Rute.

3 Korrektes Bürsten. Folgen Sie dem Haarstrich — jenen Linien des Haarwuchses also, die vom Kopf über den Rücken und die Seiten zu den Läufen und Pfoten verlaufen.

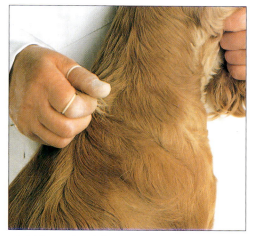

4 Seiden- und Drahthaar müssen im Nacken- und Rückenbereich vorsichtig von abgestoßenem Haar befreit werden. Ein Gummifingerling — wie hier gezeigt — schützt dabei die Fingerkuppen.

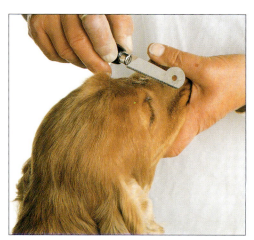

5 Der Fachmann im Hundesalon darf, wie hier gezeigt, mit Trimm-Kamm und Trimm-Messer arbeiten. Er kann auch vor dem Bad, wenn erforderlich, das Haar mit einer Spezialschere ausdünnen.

6 Hier sehen Sie die Anwendung eines Trockenshampoos, umseitig ein Hundebad. Der Puder ist abschnittweise in das Fell einzureiben und dann wieder auszubürsten. Der Kopf kommt zuletzt an die Reihe.

7 Noch ein letztes Nachreiben mit einem feuchten Sämischleder, dann mit einem Stück Seide oder Samt nachpolieren. Mit einem Spezialspray verleihen Sie dem Fell den ganz besonderen Glanz, der bei Präsentationen Punkte bringt.

HUNDEHALTUNG

Das Hundebad

Der Hund darf nicht zu oft gebadet werden, sondern nur wenn er schmutzig ist oder übel riecht. Manche Hunde wie Scotties schuppen leicht und brauchen daher ein monatliches Bad. Andere Rassen müssen nur ein-, zweimal im Jahr gebadet werden. Vor dem Bad kommt immer zuerst die Haarpflege. Außerdem ist spezielles Hunde- oder Babyshampoo zu verwenden, niemals aber Schmierseife.

Trockenshampoo eignet sich im Bedarfsfall für eine kurze Reinigung, wenn das Fell nicht allzu verschmutzt oder übelriechend ist. Es handelt sich hierbei um ein Puder, das sorgfältig ins Fell eingerieben und wieder ausgebürstet wird. Eine gelegentliche Anwendung von Trockenshampoo ist vor allem bei Hunden mit etwas fettigem Fell zu empfehlen.

1 Prüfen Sie die Wassertemperatur, bevor Sie den Hund hineinheben, das Wasser soll warm, aber nicht heiß sein. Vielleicht kann Ihnen jemand helfen, den Hund ruhigzuhalten, während Sie großzügig Wasser über Rücken und Seiten gießen. Das Tier hält besser still, wenn Sie es am Fang festhalten.

2 Nun etwas Shampoo auf den Rücken auftragen und gut in das Fell einreiben, wobei Sie sich an den Seiten und Gliedmaßen entlang nach unten arbeiten. Den Kopf waschen Sie zuletzt. Achten Sie darauf, daß kein Shampoo in die Augen kommt. Wahrscheinlich schüttelt sich der Hund, wenn der Kopf naß wird.

3 Als nächstes muß das Shampoo ausgespült werden. Sie beginnen am Kopf und gehen weiter über den Rücken bis zur Kruppe. Sparen Sie nicht mit Wasser und spülen Sie das Fell gründlich aus. Schließlich drücken Sie das Wasser aus, wieder am Kopf beginnend, damit der Hund so trocken wie möglich aus dem Bad kommt.

4 Heben Sie jetzt den Hund aus dem Bad und stellen Sie ihn auf eine Bademmatte. Sie können ihn mit einem Handtuch oder mit dem Fön trocknen. Wenn der Hund nicht an den Fön gewöhnt ist, erschrickt er vielleicht. Sie fangen deshalb am besten vorne am Kopf an, dort kann er sehen, was Sie tun.

Krallenschneiden

Vielleicht überlassen Sie das Krallenschneiden lieber dem Tierarzt oder dem Fachmann im Hundesalon. Wenn Sie es aber selbst machen wollen, lassen Sie es sich vorher vom Tierarzt zeigen. Anstelle der für Menschen konzipierten Nagelschere benutzen Sie am besten eine spezielle Krallenzange, die von oben nach unten schneidet. Um Schmerzen und Blutungen zu vermeiden, müssen Sie spätestens zwei Millimeter vor der rosigen Stelle, also dem »lebenden« Teil der Kralle, zu schneiden aufhören. Falls Sie unsicher sind, schneiden Sie lieber zuwenig ab als zuviel.

Die Krallen der Welpen sollte man schon nach zwei bis drei Wochen erstmals schneiden, damit die knetenden Bewegungen der Pfoten beim Säugen die Bauchhaut der Mutter nicht verletzen. Außerdem sparen Sie sich viel Mühe, wenn Sie schon den Welpen frühzeitig ans Krallenschneiden gewöhnen.

Badzubehör

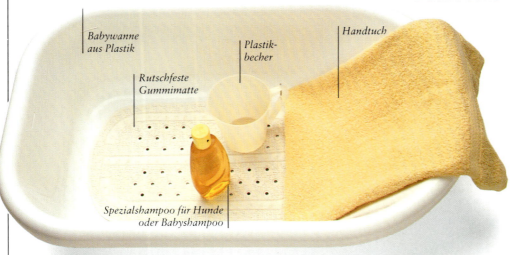

Reisen mit dem Hund

Das beste Mittel, Ihren Hund vor Reisekrankheit zu schützen, besteht darin, ihn frühzeitig an Verkehrsmittel zu gewöhnen. Regelmäßige Autofahrten, die beispielsweise mit einem langen Spaziergang belohnt werden, machen ihm das Autofahren bald zur Freude.

Autoreisen

Große Hunde sind am besten im Fond eines Kombi-Wagens hinter einem Hundegitter untergebracht. Kleine Hunde lassen sich auch in speziellen Fiberglas- oder Korbbehältern »verstauen«. Auch Kartons eignen sich für einmalige oder gelegentliche Reisen. Welpen lassen sich am bequemsten in einem ganz normalen gut ausgepolsterten und mit einer Wärmeflasche versehenen Karton transportieren.

Gegen Reisekrankheit verschreibt Ihnen der Tierarzt entsprechende Tabletten. Beruhigungsmittel sind keine gute Lösung, da sie den Wärmehaushalt des Hundes beeinträchtigen können. Sehr nervöse und unruhige Hunde können jedoch mit speziellen Medikamenten, die Sie beim Tierarzt bekommen, zwischenzeitlich ruhiggestellt werden.

Lassen Sie einen Hund niemals längere Zeit allein im Auto, besonders nicht an heißen Tagen. Das Tier kann nämlich erstaunlich schnell einen Hitzeschlag erleiden, der oft tödlich ausgeht. Regulierbare Schutzgitter, die in offene Fenster passen, bieten Sicherheit und an warmen Tagen Belüftung, aber verlassen Sie sich nicht zu sehr darauf.

Geben Sie vor jeder Reise Ihrem Hund Gelegenheit, sein Geschäft zu erledigen. Etwa zwei Stunden vor der Abfahrt bekommt er einen kleinen Imbiß und etwas Wasser. Alle zwei bis drei Stunden sollte man anhalten, damit der Hund Wasser trinken und sein Geschäft erledigen kann. Auf längeren Touren sollte das Tier nach vier bis fünf Stunden etwas zu fressen bekommen.

Die meisten Hunde lieben das Autofahren. Am sichersten aufgehoben sind sie hinter einem Hundegitter.

Flugreisen

Über größere Entfernungen sind Flugreisen vorteilhaft, da sie vergleichsweise günstig sind und wegen ihrer meist relativ kurzen Dauer auch die Belastung auf ein Minimum beschränken. Wie auch bei Reisen mit anderen Verkehrsmitteln bekommt der Hund zwei Stunden vor dem Abflug etwas Wasser und eine Kleinigkeit zu fressen. Hunde müssen im Flugzeug grundsätzlich in einem Container reisen, der den Bestimmungen der IATA, des internationalen Luftbeförderungsverbands entspricht. Manche Fluggesellschaften haben zusätzlich noch eigene Vorschriften. Verzögerungen lassen sich am besten vermeiden, wenn Sie sich rechtzeitig nach diesen Bestimmungen und den im Zielland gültigen Vorschriften erkundigen.

Weitere IATA-Empfehlungen für Flugreisen sind:

- Stupsnasige Hunde (Boxer, Bulldogge, Pekinese und Mops) dürfen vor Antritt der Reise nicht an Atembeschwerden leiden. Ihre Container dürfen an der Vorderseite nur mit Gitterstangen verschlossen sein.
- Flugreisen sind für läufige Hündinnen nicht empfehlenswert.
- Säugende Hündinnen und noch säugende Welpen sind nicht zum Lufttransport zugelassen.
- Entwöhnte Welpen unter acht Wochen sollten ebenfalls nicht auf dem Luftweg transportiert werden.
- Welpen können gemeinsam reisen, einige Länder bestehen jedoch darauf, daß jedes Tier getrennt transportiert wird.
- Ein vertrauter Gegenstand, den man in den Container legt, tröstet den Hund ein wenig.
- Der Name des Hundes ist an der Außenseite des Containers zu vermerken.

Auslandsreisen

Wollen Sie Ihren Hund ins Ausland mitnehmen, müssen Sie sich zuerst nach den Vorschriften für die Einfuhr von Tieren in das Einreiseland erkundigen. Es bestehen vielleicht Impf- oder Quarantänevorschriften, und ganz sicher werden Papiere verlangt, zu denen auch entsprechende tierärztliche Bescheinigungen des Herkunftslandes gehören. Es ist Ihre Aufgabe, rechtzeitig vor Antritt der Reise alle erforderlichen Informationen und Unterlagen von den entsprechenden Botschaften, Konsulaten oder Behörden zu beschaffen.

Container-Bestimmungen

Die Hundebox für den Lufttransport muß den Vorschriften der IATA entsprechen. Die Mindestmaße richten sich nach der Größe des Hundes, wie hier abgebildet.

Die Box muß mit einem Aufkleber mit der Aufschrift »Hier oben« versehen sein und mit dem IATA-Etikett »Lebendes Tier«.

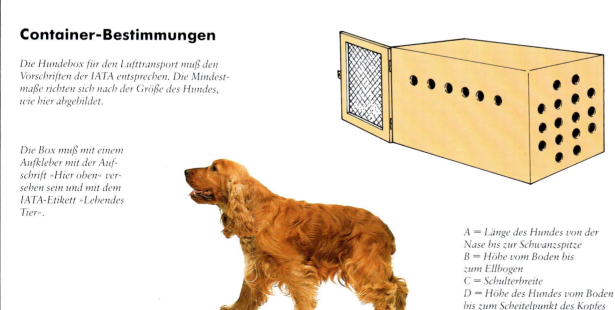

*A = Länge des Hundes von der Nase bis zur Schwanzspitze
B = Höhe vom Boden bis zum Ellbogen
C = Schulterbreite
D = Höhe des Hundes vom Boden bis zum Scheitelpunkt des Kopfes*

HUNDEHALTUNG

Erziehung

Auch wenn Ihr Vierbeiner kein Blindenführer oder Meister im Schafehüten werden soll, sollten Sie gleichwohl nicht vergessen, daß Hunde ebenso wie ihre Besitzer ohne eine gewisse Erziehung nicht gesellschaftsfähig sind.

Stubenreinheit

Die praktische Erziehung beginnt mit der Stubenreinheit. Man beginnt damit, sobald der Welpe feste Nahrung bekommt, etwa im Alter von sechs Wochen. Wenn Sie tagsüber viel zu Hause sind, bringen Sie den Welpen sofort ins Freie, sobald er aufwacht, gefressen oder irgendeine Aktivität beendet und wenn er längere Zeit nicht uriniert hat und erkennen läßt, daß er ein Geschäft verrichten muß. Tragen Sie ihn aber nicht — er soll Ihnen nachlaufen, damit er den Weg kennenlernt. Nachts ist es ratsam, innen vor der ins Freie führenden Tür Zeitungspapier auszubreiten.

Wenn Sie allerdings in einer Wohnung leben oder tagsüber häufig für längere Zeit abwesend sind, sperren Sie den Welpen am besten in einen Raum, dessen Fußboden mit Papier ausgelegt werden kann. Sehr bald sucht sich der Welpe eine »Klo-Ecke«, dann können Sie alles übrige Papier wegnehmen. Allmählich verschieben Sie dieses Papierklo in Richtung Tür. Bei schönem Wetter legen Sie das Papier dann vor die Tür, und schließlich nehmen Sie es ganz weg.

Passiert dem Welpen jedoch trotzdem ein kleines Malheur, räumen Sie das Resultat sogleich fort und besprühen Sie die Stelle mit desodorierendem Raumspray. Dann wird der Hund durch zurückbleibende Düfte nicht mehr in Versuchung geführt, die »Tat« an der gleichen Stelle noch einmal zu begehen. Und verlieren Sie nicht die Geduld. Bestrafen Sie den Welpen nie, weil er zu langsam begreift oder ihm gelegentlich ein Fehler unterläuft. Andererseits müssen Sie ihn aber ausgiebig loben und großes Aufhebens machen, wenn er sich wunschgemäß verhalten hat.

Grundausbildung

Wenn Sie Hundeabrichtung als Hobby oder professionell betreiben möchten, gibt es zahlreiche Abrichteplätze und -vereine, denen Sie sich anschließen können. Doch gibt es eine Reihe wünschenswerter Verhaltensweisen, die jeder Besitzer seinem Hund beibringen sollte. Am besten geht man hierfür in eine Hundeschule, wo Herr und Hund gemeinsam mit einem Fachmann die wichtigsten Umgangsformen lernen. Und Sie werden bald feststellen, daß diese Arbeit sehr zur Festigung Ihrer Beziehung zu Ihrem Hund beiträgt.

Bei-Fuß-Gehen
Mit der Leine in der linken Hand und dem Hund neben Ihrem linken Bein gehen Sie geradeaus. Zieht der Hund nach vorne, holen Sie ihn mit einem deutlichen Ruck zurück und sagen laut: »Bei Fuß«. Loben Sie ihn, solange er die richtige Position einhält. Als nächstes üben Sie zuerst das Rechtsabbiegen, später auch die Linkswende. Die Übungen dürfen nicht zu lange dauern, legen Sie immer wieder Ruhe- und Spielpausen ein.

Sitz
Auf Befehl sitzen lernt der Hund, indem Sie anhalten, die Leine in die rechte Hand wechseln, mit der linken Hand den Rücken entlangstreichen und die Kruppe leicht nach unten drücken, damit sich der Hund setzt. Dazu sagen Sie »Sitz« und loben ihn, wenn er es richtig gemacht hat.

Kann der Hund an der Leine und ordentlich *bei Fuß* gehen, dann lernt er als nächstes, sich auf Befehl zu setzen sowie immer dann, wenn Sie stehenbleiben, zum Beispiel vor dem Überqueren einer Straße. Auf einem Spaziergang in ruhiger Umgebung bleiben Sie stehen und »zwingen« den Welpen durch leichten Druck mit der Hand über dem Schwanzansatz sanft in die Sitzstellung; dabei sagen Sie: »Sitz«. Er wird schon bald verstehen, was von ihm verlangt wird.

Im Alter von drei oder vier Monaten beginnt die Erziehung. Der Welpe hat sich nun an Ruhe und Gehorsam im Freien gewöhnt. Bleiben Sie nicht bei anderen Hunden stehen, lassen Sie ihn auch nicht an Laternen schnuppern und gewöhnen Sie ihn ganz allmählich an Menschenmengen und lärmenden Straßenverkehr. Und sprechen Sie immer mit angenehmer, ruhiger und deutlicher Stimme zu ihm.

Das »Bei-Fuß-Gehen« lernt er, indem Sie ihn an der Leine führen, diese dann verkürzen bis der Hund mit der rechten Schulter neben Ihrem linken Bein läuft. Zuerst üben Sie dies im Stehen. Später schreiten Sie dann munter aus und sagen beim »Start« laut und deutlich: »Bei Fuß«. Dann üben Sie das Rechtsabbiegen, dabei entfernen Sie sich etwas vom Hund, damit der kleine Anfänger nicht zwischen Ihre Beine gerät, später üben Sie auch das Linksabbiegen.

Warte und komm

212

ERZIEHUNG

Sitz und bleib

Sie geben den Befehl »Sitz«, der Hund sitzt, und Sie gehen mit nach oben gestraffter Leine um den Hund herum. Versucht er aufzustehen, rucken Sie an der Leine und bringen den Hund wieder in die richtige Ausgangsposition. Zugleich mit dem Befehl »Sitz und bleib« erfolgt auch das Handzeichen, und allmählich werden die Kreise um den Hund immer weiter. In mehreren Übungsstunden vergrößert sich der Abstand soweit, bis Sie schließlich aus dem Blickfeld des Hundes verschwinden. Vergessen Sie das Lob nicht, wenn Sie zurückkehren.

Sitz und bleib

Hat der Hund gelernt, auf Befehl zu sitzen, beginnen Sie mit dem Befehl »Bleib«. Sie gehen mit dem Hund bei Fuß, bleiben dann stehen und geben Befehl zum Sitzen. Jetzt halten Sie die Leine straff und senkrecht nach oben, befehlen »Bleib« und gehen mehrmals um den Hund herum. Versucht er sich zu bewegen, folgt ein sanfter, aber entschiedener Ruck an der Leine. Wenn der Hund allmählich versteht, was Sie von ihm erwarten, wird die Leine ein wenig lockerer gehalten und Sie können in etwas größeren Kreisen um den Hund herumgehen. Geben Sie jetzt den Befehl »Sitz — bleib« und entfernen Sie sich ganz langsam immer weiter vom Hund. Verstärken Sie den mündlichen Befehl durch ein deutliches Handzeichen, indem Sie einen Arm mit der Handfläche nach vorne in Richtung des Hundes ausstrecken.

Nachdem Sie diesen ersten »Schritt« eine Weile regelmäßig geübt haben, gehen Sie allmählich zur nächsten Phase über. Jetzt lassen Sie zuerst die Leine locker baumeln, benutzen diese dann gar nicht mehr, drehen sich um, gehen weg und entfernen sich schließlich auch aus dem Blickfeld des Hundes. Loben Sie den Hund jedesmal überschwenglich, wenn Sie zurückkommen.

Die Befehle »Warte« und »Komm« lernt der Hund am leichtesten mit Hilfe einer ausziehbaren oder um 10 bis 15 m verlängerten Leine. Das Warten lernt der Hund ebenso wie den Befehl »Bleib«. Sitzt der Hund ordnungsgemäß, ertönt der Befehl »Warte«. Sie drehen sich um und entfernen sich nun einige Meter. Dann wenden Sie sich dem Hund zu, rufen ihn beim Namen und mit deutlicher Betonung des neuen Befehlswortes »Komm«.

In einer Hundeschule lernen Sie wahrscheinlich auch den Befehl »Stop und Platz«, der unter Umständen über Leben oder Tod entscheidet, wenn der Hund auf eine Straße zuläuft. Überdies wird man Ihnen vermutlich zeigen, wie man dem Hund beibringt, auf Befehl Kot abzusetzen. Wenn alle Hundebesitzer ihren Tieren diese beiden »Kunststücke« beibringen würden, hätte die Lobby der Hundegegner weniger Grund zur Klage und fände weniger Unterstützung in der Öffentlichkeit.

Bei sämtlichen Übungen muß der Hund so lange an der Leine bleiben, bis er den Befehl verstanden hat. Und versuchen Sie niemals, Ihren Hund zu erziehen, wenn Sie schlecht gelaunt sind. Der Hund sollte auch nicht durch zu lange Übungen — ohne Pause — überfordert werden. Geben Sie die Befehle mit fester, aber freundlicher Stimme, rufen Sie vorher den Namen des Hundes, damit er seine ganze Aufmerksamkeit auf den jeweiligen Befehl konzentriert. Und denken Sie immer daran: Wenn der Hund nicht folgt, dann hat er noch nicht verstanden, was er tun soll. Schlagen hilft da überhaupt nicht.

Bei allen Übungen darf Bestechung durch kleine Leckerbissen nur sehr sparsam eingesetzt und niemals zur Regel werden. Ausgiebiges Lob und kurze Spielpausen sind eine weit bessere Belohnung für einen gehorsamen Hund.

An der langen Leine soll der Hund zuerst sitzen, dann kommt der Befehl »Warte«, und Sie gehen weg. Nach ein paar Metern drehen Sie sich um, sagen erneut »Warte« und geben gleichzeitig das Handzeichen.

Rufen Sie jetzt den Hund beim Namen und fügen Sie ein zusätzliches »Komm« hinzu. Leiten Sie das Tier nun mit der offenen, nach unten in Richtung Hund ausgestreckten Hand zu sich her.

Holen Sie die Leine ein, während der Hund näherkommt. Geben Sie nun den Befehl »Sitz«, wobei Sie die Hände in Hüfthöhe auf den Bauch legen, und bringen Sie den Hund wieder in die korrekte Stellung.

HUNDEHALTUNG

Hundeausstellungen

Ein äußerst interessantes, wenn auch selten einträgliches Hobby, das sehr viel Freude macht, ist die Präsentation besonders schöner Tiere auf Hundeschauen. Für seriöse Züchter ist es wichtig, die herausragenden Eigenschaften ihrer Zuchttiere unter Beweis zu stellen. Für den Besitzer eines liebenswerten Mischlings ist eine solche Präsentation allerdings eine weniger ernste Sache. Einen unterhaltsamen Nachmittag lang tritt sein Liebling auf der örtlichen Hundeschau in der Klasse »Neuheiten« zum Wettbewerb an.

Die erste richtige Hundeschau wurde 1859 in Newcastle-upon-Tyne organisiert und beschränkte sich ausschließlich auf Pointer und Setter. Cruft veranstaltete seine erste Schau 1886 nur für Terrier. Die erste Präsentation, auf der alle Hunderassen zugelassen waren, fand 1891 in London statt. In den USA begann die Geschichte der Hundeschauen 1877 mit der renommierten Westminster Dog Show in New York.

Neben den zahlreichen lokalen, regionalen und nationalen Hundeschauen, die in den meisten Ländern der Welt abgehalten werden, gibt es heute auch Wettbewerbe für abgerichtete Schutzhunde, für Hütehunde und Feldwettbewerbe für Jagdhunde.

Verschiedene Ausstellungen
Meisterschaft: Hier wird — nach Rassen getrennt — je nach Alter und Handicap in verschiedene Klassen unterteilt: Klasse der Jüngsten, der Jugend, der Neulinge, Offene Klasse und Veteranenklasse. Rüden und Hündinnen treten in getrennten Klassen an. Außerdem gibt es noch die Siegerklasse nach Rasse. Der beste Rüde und die beste Hündin jeder Rasse erhal-

Auf Ihrer ersten Schau dürften Sie einen solchen Pokal wohl kaum gewinnen. Der Erfolg kommt erst mit der Erfahrung.

Der Richter weiß es zu schätzen, wenn Ihr Hund gelernt hat, sich von Fremden anfassen zu lassen.

Üben Sie das Traben mit Ihrem Hund in dem Tempo, das ihn am vorteilhaftesten zur Geltung bringt.

Die Konkurrenz einer großen Ausstellung kann für Hund und Besitzer ziemlich nervenaufreibend sein — entspannen Sie sich und genießen Sie die Schau, das ist das ganze Geheimnis.

Manche Rassen benötigen besonders viel Fellpflege und Vorbereitung für eine Hundeschau. Diesem Bobtail hat man die Backen- und die Pony-Haare zurückgebunden, damit sie sauber und trocken bleiben.

HUNDEAUSSTELLUNGEN

Die Teilnehmer einer lokalen Hundeschau bringen ihre Whippets in Position, zur Beurteilung gehen die Richter dann der Reihe nach von einem zum anderen.

ten einen Siegertitel. In der nächsten Runde treten dann die Sieger der einzelnen Rassen nach »Funktionsgruppen« (Jagdhunde für die Parforcejagd, Gebrauchshunde, Zwerghunde usw.) gegeneinander an, um den Gruppensieger zu ermitteln. Und schließlich erhält der Beste sämtlicher Gruppensieger die Auszeichnung des Ausstellungssiegers.

Offene Wettbewerbe: Sie verlaufen ähnlich wie die Meisterschaften, doch ist das Verfahren insofern gekürzt, als der Sieger der Ausstellung direkt aus den Rassesiegern ermittelt wird.

Sonderschauen: Bei diesen Präsentationen gelten nicht alle Regeln des Hundezüchterverbands, daher bieten sie eine gute Gelegenheit für Neulinge, sich mit dem Ausstellungswesen vertraut zu machen. Sie verlaufen ähnlich wie die Meisterschaftsschauen.

Klubschauen werden von den Zuchtverbänden veranstaltet und sind für Zuchtbegeisterte ebenso interessant wie für Anfänger, die gerade erst mit der Zucht einer bestimmten Rasse begonnen haben.

Verlauf einer Ausstellung

Vor der Schau wird der Hund natürlich gründlich gepflegt. Dabei dürfen allerdings keine Überreste von Kalk, Talkum, Nagellack oder Haarspray auf dem Fell zurückbleiben. Das Haar darf im übrigen weder gefärbt noch gebleicht werden. Auch der Biß und die Zähne dürfen nicht künstlich reguliert worden sein, denn auch dies kann Disqualifikation bedeuten.

Melden Sie sich frühzeitig für die Ausstellung an. Sie erhalten dann eine Teilnehmerkarte, eine Boxennummer und den genauen Zeitpunkt der Vorführung zugesandt. Mitnehmen sollten Sie am besten: Ihre Teilnehmerkarte und eine Ringklammer zur Befestigung der Vorführnummer an Ihrem Hund, das Pflegeset, den Hundekorb und eine Decke, eine Wasserschüssel, eine Flasche Wasser (für besonders lange Ausstellungstage auch einen Futternapf und etwas Futter), eine kurze Leine (wird auf manchen Schauen benötigt, um den Hund am Liegeplatz anzuleinen) und eine schöne Vorführleine aus Leder oder Nylon.

Kaufen Sie sich gleich am Eingang einen Katalog und gehen Sie unverzüglich zu dem Ihnen zugewiesenen Boxenplatz. Der Hund darf jetzt ein bißchen trinken, aber noch nichts fressen und soll ansonsten im Korb oder auf seiner Decke liegen. Prüfen Sie Ihren Eintrag im Katalog. Wenn Sie die Uhr im Auge behalten und gleichzeitig die Abfolge der Teilnehmer verfolgen, deren Nummern auf dem Richtertisch angezeigt werden, können Sie den ungefähren Zeitpunkt für die Vorführung Ihres Hundes abschätzen.

Im Ring begleiten und führen Sie Ihren Hund. Er sollte vorher schon gelernt haben, »versammelt« (diszipliniert) zu traben und im Stehen eine ruhige, aber aufmerksame Position einzunehmen, damit er sich von seiner besten Seite zeigt. Achten Sie darauf, daß der Hund nicht auf einer Bodenunebenheit zu stehen kommt. Während der Beurteilung bleiben Sie ruhig und vermeiden jedes unnötige Getue.

Checkliste für Ausstellung:

- Eintrittskarte,
- Ringklammer (zum Festklemmen Ihrer Teilnehmernummer)
- Fellpflegeset
- Liegematte und Decke
- Wasser (normale Menge, in einer Glasflasche)
- Futter und Futterschüssel (für lange Ausstellungstage)
- Liegeleine und Vorführleine

Schönheit muß leiden: Dieser herausgeputzte Yorkshire Terrier mit Pantöffelchen und Lockenwicklern (links) hat sich (rechts) in einen potentiellen Champion verwandelt.

215

HUNDEHALTUNG

Gesundheitspflege

Eine komplizierte Maschine braucht einen qualifizierten Mechaniker. Pfuschen Sie jedoch nicht an Ihrem Hund herum. In diesem Kapitel geht es lediglich darum, Ihnen einige der häufigsten Symptome zu erklären und was Sie dagegen unternehmen können. Außerdem finden Sie im folgenden ein paar einfache, aber sehr nützliche Erste-Hilfe-Anleitungen. Der Tierarzt sollte auf jeden Fall hinzugezogen werden, wenn es sich nicht um ganz kleine und rasch vorübergehende Wehwehchen handelt. Die häufigsten Hundekrankheiten, ihre Entstehung und Behandlung durch den Tierarzt soll in diesem Abschnitt angesprochen werden.

Häufige Erkrankungen

Die meisten Hundekrankheiten sind leicht zu behandeln, wenn sie früh genug erkannt werden. Sie müssen bei Ihrem Hund immer auf Anzeichen ungewöhnlichen Verhaltens oder des Unwohlseins achten und bei hartnäckigen Symptomen den Tierarzt aufsuchen.

Das Maul

Symptome, die auf Beschwerden im Bereich der Mundhöhle schließen lassen, sind Speichelfluß, Kratzen des Maulbereichs, übertriebene Kaubewegungen, Empfindlichkeit beim Kauen und schlechte Zähne.

Solchen Störungen können Sie vorbeugen, wenn Sie die Mundhöhle des Hundes regelmäßig inspizieren und ein- bis zweimal wöchentlich mit einer weichen Zahnbürste oder einem mit Salzwasser getränkten Wattebausch (oder mit Spezialhundezahnpasta) die Zähne putzen, um der Bildung von Zahnstein vorzubeugen. Zahnstein ist eine gelblich-braune zementähnliche Substanz, die sich an den Zähnen ansammelt. Diese Substanz verletzt die Zahnfleischränder, so daß Bakterien Infektionen in den Zahntaschen hervorrufen und langfristig die Zähne lockern können. Zahnstein verursacht aber auch Zahnfleischentzündungen und schlechten Atem. Gegen Zahnstein helfen Kauknochen aus entsprechend behandelter Tierhaut.

Zeigt Ihr Hund plötzlich einige der soeben beschriebenen Symptome, dann sollten Sie die Mundhöhle auf Fremdkörper untersuchen, die möglicherweise zwischen den Zähnen steckengeblieben sind. Mit etwas Geduld und mit Hilfe eines Löffelstiels oder eines anderen stumpfen Gegenstands lassen sich solche Fremdkörper meist ohne weiteres entfernen.

Hellrote Zahnfleischränder, die sich an den Zahnreihen entlangziehen, sind ein Zeichen für Zahnfleischentzündung. Klopfen Sie jeden Zahn mit dem Finger oder einem Bleistift ab. Wenn Sie dabei lockere oder weiche Zähne entdecken, ist die Mundhöhle mit warmem Salzwasser auszuwaschen und eine Aspirintablette zu verabreichen. Viel mehr können Sie ohne tierärztliche Hilfe nicht tun.

Die Behandlung der Zähne ist für den Tierarzt ein leichtes. Mit Hilfe eines Beruhigungsmittels oder eines kurzzeitig wirkenden Narkotikums kann er mit speziellen Kratzinstrumenten oder Ultraschallgeräten Zahnbelag rasch und gründlich entfernen. Schlechte Zähne müssen gezogen werden, damit es nicht zu Wurzelabszessen oder Zahnbettentzündungen kommt, die zu Blutvergiftung, Sinusitis oder sogar Nierenschädigungen führen können. Füllungen sind nur selten nötig.

Tumoren, Geschwüre in der Mundhöhle und Mandelentzündungen können ebenfalls die Ursache für die oben aufgeführten Symptome sein. Hier ist die Diagnose und Behandlung durch den Tierarzt unerläßlich.

Die Augen

Erste Hinweise auf Probleme sind entzündete, tränende Augen oder sogenannte »Schnupfenaugen« (mit klebrigem Ausfluß). Auch ein bläulicher oder weißlicher Überzug über dem Auge verheißt nichts Gutes.

Tritt als einziges Symptom der wäßrige oder klebrige Ausfluß an nur einem Auge auf, dann sollten Sie das betreffende Auge alle paar Stunden mit einer lauwarmen Lösung auswaschen, wie man sie auch für Menschen verwendet. Auch eine leicht antiseptische Augensalbe, im unteren Augenlid aufgetragen, kann Linderung bringen. Aus Sicherheitsgründen ist es ratsam, die Tube stets parallel zur Augenoberfläche zu halten.

Die Entstehung von Zahnstein läßt sich am besten durch Zähneputzen einmal wöchentlich vermeiden. Benutzen Sie dazu eine in Salzwasser getauchte weiche Zahnbürste oder einen Wollappen. Sie können natürlich auch spezielle Hundezahnpasta verwenden.

Augenbehandlung

1 Ein entzündetes oder wäßriges Auge wird alle zwei bis drei Stunden mit lauwarmem Augenwasser ausgespült, wie man es auch bei Menschen verwendet, oder einfach mit warmem Wasser, das man aus einem Gazebausch preßt.

2 Wenn Sie Augentropfen verabreichen, sollten Sie am besten die Hand von hinten zum Auge führen und sich beim Einträufeln auf der Stirn des Hundes abstützen. Halten Sie die Pipette immer parallel zur Oberfläche des Auges, wie auf dem Bild dargestellt.

Besonders bei jungen Hunden kann eine Entzündung beider Augen auf Staupe, eine schwere Viruserkrankung, hinweisen. Anhaltende wäßrige Absonderungen eines oder beider Augen können auch auf ein nach innen umgestülptes Augenlid (Entropium) oder auf gestörten Tränenfluß zurückzuführen sein. Eine Entzündung der Cornea (Keratitis) macht sich durch einen bläulich-weißen Schleier auf einem oder beiden Augen bemerkbar. Es handelt sich hierbei zwar nicht um grauen Star, dennoch ist sofortige tierärztliche Behandlung erforderlich. Trübung der Linse (grauer Star) ist an einem etwas tiefer im Auge liegenden blauen oder weißen Schleier zu erkennen und tritt meist nur bei älteren Tieren auf.

Hält eines der im Innern oder in der Nähe des Auges auftretenden Symptome länger als einen Tag an, sollten Sie den Patienten zum Tierarzt bringen. Augenentzündungen können auf verschiedene Weise behandelt werden. Zur Linderung der Entzündung gibt

GESUNDHEITSPFLEGE

Zwar ist es durchaus richtig, daß eine feuchte Nase, wie sie zu sehen ist, auf einen gesunden Hund schließen läßt, aber eine ständig laufende Nase kann auch auf eine Erkrankung hindeuten.

man Medikamente, Geschwüre am Auge werden unter örtlicher Betäubung durch einen chirurgischen Eingriff entfernt. Viele Beschwerden können heute chirurgisch behoben werden, wie zum Beispiel nach innen umgestülpte oder deformierte Augenlider, vom Augapfel umschlossene Fremdkörper und sogar einige Arten von Star.

Die Nase

Eine kranke Nase erkennt man häufig an einem trockenen, spröden und wunden Nasenspiegel oder an eitrigem Nasenausfluß und den klassischen Schnupfensymptomen. Es kann jedoch durchaus passieren, daß ein Hund, dessen Augen und Nase eitrig sind, wegen »Erkältung« behandelt wird, obwohl er tatsächlich unter Staupe leidet.

Erleichterung bei verstopften oder verkrusteten Nasenlöchern verschafft vorsichtiges Auswaschen mit warmem Wasser und das Einreiben der Nase mit ein wenig Vaseline. Treten die typischen »Erkältungssymptome« auf, ist sofort der Tierarzt hinzuzuziehen.

Die Ohren

Erkrankungen der Ohren erkennt man daran, daß der Hund häufig den Kopf schüttelt, sich am Ohr kratzt, den Kopf zur Seite neigt, schlechter Geruch oder Ausfluß aus dem Ohr bemerkbar wird, die Ohrmuscheln anschwellen und der Hund beim Berühren des Ohrs Schmerz und Unbehagen äußert.

Tauchen solche Symptome ganz plötzlich auf, hilft zur Sofortbehandlung und Schmerzlinderung das vorsichtige und ausgiebige Einträufeln von reichlich Paraffinöl, das vorher leicht angewärmt, aber nicht erhitzt wurde. Verwenden Sie auf keinen Fall sogenannte Parasitenpulver, die sehr leicht verkleben und dann wie Fremdkörper wirken und die Irritation nur noch verschlimmern.

Bei Ohrenbeschwerden muß der Hund sofort einem Tierarzt vorgeführt werden. Chronische Erkrankungen sind sehr schwer auszuheilen und sollten daher frühzeitig behandelt werden.

Häufiges Reinigen der Ohren ist wichtig — mindestens einmal pro Woche —, wenn der Hund zu Erkrankungen der Ohren neigt. Mit warmem Olivenöl angefeuchtete Wattestäbchen eignen sich zur Reinigung des sichtbaren Teils der Ohren. Durch vorsichtiges Hin- und Herdrehen des Stäbchens läßt sich überflüssiges braunes Ohrenschmalz leicht entfernen. Bei manchen Rassen wie Pudel oder Kerry Blue Terrier wachsen Haare im Gehörgang, die Sie mit Daumen und Zeigefinger herauszupfen, aber nicht wegschneiden. (Lassen Sie es sich vom Tierarzt zeigen, wenn Sie nicht genau wissen, wie Sie dabei vorgehen sollen.)

Ohrenreizung kann auf diverse kleine Objekte, die in den Gehörgang geraten sind, zurückzuführen sein. Grassamen sind oft nur mit ärztlicher Hilfe zu entfernen. Kleine, kaum sichtbare weiße Milben, die im Ohr leben, verursachen Juckreiz, Bakterien kommen hinzu und verursachen Sekundärinfektionen. Schweiß und Schmutz, die sich in den schlecht belüfteten Ohren etwa des Spaniels ansammeln, bilden die idealen Grundlagen für Keime. Der Tierarzt kann feststellen, ob Milben, Bakterien, Pilzbefall oder andere Ursachen die Entzündung bewirkt haben, und verschreibt entsprechende Gegenmittel. Häufig kann bei chronisch entzündeten Ohren nur ein chirurgischer Eingriff Abhilfe schaffen.

Obwohl das seitliche Neigen des Kopfes auch durch eine lediglich einseitige Reizung hervorgerufen werden kann, deutet es bisweilen darauf hin, daß das Mittelohr in Mitleidenschaft gezogen ist. Mittelohrerkrankung ist nicht unbedingt Folge einer Entzündung des äußeren Gehörgangs, sondern kann auch durch eine Beeinträchtigung der Eustachschen Röhre verursacht sein, die das Mittelohr mit dem Rachenraum verbindet. In jedem Fall ist strikte Überwachung durch den Tierarzt geboten. Gegebenenfalls müssen Sie auch unter tierärztlicher Aufsicht Antibiotika oder entzündungshemmende Medikamente verabreichen und in seltenen Fällen sogar operativ eine Drainage durchführen lassen.

Das Anschwellen einer Ohrmuschel sieht zwar beunruhigend aus, ist aber meistens nichts Ernstes. Es handelt sich dabei lediglich um einen großen Bluterguß, der durch das Platzen eines Blutäderchens in der Ohrmuschel entsteht. Die Ursache ist im allgemeinen entweder der Biß eines anderen Hundes oder zu starkes Kratzen des juckenden Ohrs. Eine chirurgische Behandlung ist in diesem Fall unerläßlich.

Ohrenpflege und Ohrenbehandlung

1 Ohrenleiden vermeiden Sie am besten durch regelmäßiges Entfernen überflüssigen Ohrenschmalzes. Mit einem in warmem Olivenöl angefeuchteten Wattestäbchen reinigen Sie dabei nur den Teil des Ohres, den Sie sehen können.

2 Bei plötzlich auftretenden Ohrenbeschwerden ist der Tierarzt aufzusuchen. Erste Linderung verschafft das Einträufeln von warmem Paraffinöl mit Hilfe einer Pipette oder einer Spritze; ein Löffel eignet sich dazu weniger gut.

3 Legen Sie die Ohrmuschel wieder zurück und massieren Sie das schmerzlindernde Öl sanft bis in die tieferen Regionen des Ohrs. Schauen Sie nach einer Weile wieder nach und entfernen Sie mit einem Wattestäbchen oder Wattebausch eventuell aufsteigendes Ohrenschmalz.

HUNDEHALTUNG

Der Brustkorb

Erkrankungen im Brustbereich beginnen mit Husten, Keuchen oder schwerem Atem. Hunde können Bronchitis, Rippenfell- oder Lungenentzündung, Herzkrankheiten und andere Beschwerden in der Brust bekommen. Husten und Niesen möglicherweise zusammen mit eitrigen Augen, Durchfall und Lustlosigkeit sind nicht selten ein Hinweis auf Staupe. Manchmal überleben Hunde diese Krankheit, aber die Aussichten sind schlecht, sobald erst Symptome wie Krämpfe, unkontrollierte Muskelzuckungen in den Gliedmaßen oder Lähmungen auftreten, was darauf schließen läßt, daß das Nervensystem bereits in Mitleidenschaft gezogen ist. Diese Anzeichen werden oft erst Wochen, nachdem das Virus sich längst im ganzen Körper ausgebreitet hat, sichtbar. In manchen Fällen sind dies auch die einzig erkennbaren Symptome.

Um solche Sorgen zu vermeiden, lassen Sie Ihren Hund so früh wie möglich gegen Staupe und andere infektiöse Hundekrankheiten impfen, achten Sie auch später auf notwendige Wiederholungsimpfungen.

Bei den ersten Anzeichen einer Erkrankung ist der Tierarzt aufzusuchen. Halten Sie das Tier warm, reichen Sie genügend Flüssigkeit und leicht verdauliches nahrhaftes Futter. Ist Ihr Hund zu schwach zur Nahrungsaufnahme, versuchen Sie, ihm mit dem Löffel Krankenkost wie Fleischbrühe oder Traubenzucker mit Wasser einzuflößen.

Nur der Tierarzt kann bestätigen, ob es sich um Staupe oder eine andere Infektionskrankheit handelt. Da Staupe von einem Virus ausgelöst wird, ist sie nur schwer zu behandeln. Antibiotika und andere Medikamente helfen Sekundärinfektionen durch Bakterien zu unterdrücken. Das Staupe-Serum steht zwar heute weitgehend zur Verfügung, bringt aber als Behandlungsmittel wenig Erfolg. Es dient vor allem dem Schutz solcher Tiere, die mit der Krankheit in Berührung gekommen sind und sich vielleicht angesteckt haben.

Die Impfung der Welpen gegen Staupe ist gefahrlos und sicher, Nebenwirkungen treten kaum auf. Die erste Impfung soll mit sechs bis neun Wochen gegeben werden, die zweite zwei bis vier Wochen später. Eine jährliche Wiederholungsimpfung hält die Immunität aufrecht.

Andere Erkrankungen im Brustbereich kann der Tierarzt mit Hilfe des Stethoskops, durch Röntgenaufnahmen, Labortests und Elektrokardiographie feststellen. Herzkrankheiten sind bei älteren Hunden nicht selten, doch sprechen sie meist gut auf medikamentöse Behandlung an.

Der Magen-Darm-Trakt

Die häufigsten Symptome für Störungen im Magen-Darm-Trakt sind Erbrechen, Durchfall, Verstopfung und Blut im Kot. Hierfür kann es viele Ursachen geben. Ein Symptom, das trotz vernünftiger Erstbehandlung länger als zwölf Stunden anhält, erfordert tierärztliche Behandlung.

Erbrechen kann auf eine leichte Magenverstimmung (Gastritis) oder Nahrungsmittelvergiftung zurückzuführen sein. Starkes, anhaltendes oder von anderen Symptomen begleitetes Erbrechen kann jedoch auch auf ernsthafte Erkrankungen wie Staupe, ansteckende Hundehepatitis, Leptospirose, starken Wurmbefall oder Darmverschluß hinweisen.

Durchfall ist vielleicht nichts weiter als eine kleine Darmstörung, kann jedoch ebenfalls — durch Bakterien oder Viren ausgelöst — ernsthaft und anhaltend auftreten. Dies gilt auch für manche Arten der Vergiftung und bestimmte Allergien.

Verstopfung hängt vielleicht mit dem Alter zusammen oder mit einer falschen Ernährung, die zuviel zermahlene Knochen enthält (die wie Zement im Darm liegen), ist aber möglicherweise auch auf Darmverschluß zurückzuführen.

Blut im Kot kann viele größere und kleinere Ursachen haben: von einem Knochensplitter, der die Rektalregion aufreißt, bis hin zu einer gefährlichen Parvovirus-Infektion.

So verabreichen Sie Medikamente

Es gibt verschiedene Möglichkeiten, einem Hund Medikamente zu verabreichen:

- Öffnen Sie vorsichtig das Maul durch Anheben des Oberkiefers. Plazieren Sie die Tablette dann soweit wie möglich hinten auf der Zunge. Schließen Sie das Maul wieder und massieren Sie den Kehlbereich des Hundes, um diesen zum Schlucken zu animieren.

- Geben Sie die Tablette in Honig, Butter oder eine andere zähflüssige — und schmackhafte — Substanz, damit der Hund sie gar nicht wahrnimmt.

- Schlitzen Sie ein Stück Fleisch auf und »spikken« Sie es mit der Tablette.

- Zerstoßen Sie die Tablette in aromatisierter Milch, die Sie dann als flüssige Medizin verabreichen (siehe rechts). (Manche Tabletten müssen ganz gegeben werden. Fragen Sie den Tierarzt.)

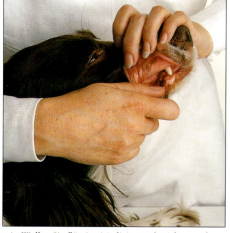

1 Wollen Sie flüssige Medizin verabreichen, so heben Sie den Unterkiefer des Hundes an und ziehen die Lefzen sanft auseinander, so daß eine kleine Tasche entsteht.

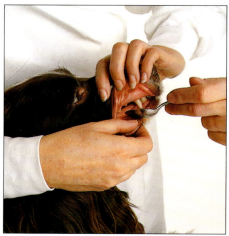

2 Träufeln Sie das Medikament nun in diese Tasche. Mit einer Pipette, einer Spritze oder einer Flasche geht das leichter als mit einem Löffel.

GESUNDHEITSPFLEGE

Magenblähung und Magendrehung

Hierbei handelt es sich um einen Notfall, der durch eine plötzliche Ansammlung von Luft oder Flüssigkeit im Magen verursacht ist. Der Magen bläht sich auf und kann sich verdrehen, wodurch der Mageneinund -ausgang blockiert und die Blutzufuhr zum Magen und zur Milz unterbrochen wird. Hier

Magenblähung erkennt man an einem plötzlichen Anschwellen des Magens im Flankenbereich. Außerdem leidet das Tier sichtlich Schmerzen und ist sehr geschwächt. Falls der Tierarzt nicht unverzüglich eingreift, stirbt der Hund an Schock.

hilft nur, rasch mit dem Tierarzt zu sprechen und den Hund so schnell wie möglich in die Klinik zu bringen. Die Magendrehung tritt häufig ab dem zweiten Lebensjahr bei größeren Rassen auf, die mit Trockenfutter ernährt werden und sofort nach dem Fressen herumtollen dürfen. Mögliche Vorkehrungen gegen Magendrehung sind kleinere, aber häufigere Gaben von Dosenfutter. Dabei sollte man die Futterschüssel etwas höher stellen, damit weniger Luft mit in den Magen gelangt. Außerdem soll der Hund zwei bis drei Stunden nach den Mahlzeiten weder wild herumtollen noch zu körperlicher Anstrengung angehalten werden.

Bei Magenbeschwerden können Sie eigentlich nur die Symptome lindern. Bei Erbrechen sollten Sie den Hund in den folgenden 24 Stunden weder fressen noch trinken lassen, am zweiten Tag geben Sie nur Wasser. Bei Durchfall geben Sie dem Hund alle drei Stunden 10 bis 40 ml (zwei bis acht Teelöffel) einer kaolinhaltigen Mischung, wie man sie auch bei Menschen anwendet. Bei der Behandlung von Durchfall ist es wichtig, den Flüssigkeitsverlust des Körpers zu ersetzen. Feste Nahrung, Milch und fettes Futter sind ungeeignet. Füttern Sie häufig kleine Mengen flüssiger Nahrung. Am besten Traubenzucker mit Wasser oder leichte Fleischbrühe. Vielleicht können Sie dem Hund auch ein paar Eiswürfel hinlegen, an denen er dann leckt. Er bleibt im Haus und muß warmgehalten werden.

Einem Hund, der an Verstopfung leidet, verabreicht man 10 bis 40 ml (zwei bis acht Teelöffel) Paraffinöl. Ist das Tier ansonsten wohlauf, vermuten oder wissen Sie jedoch, daß die Verstopfung durch einen Knochen verursacht ist, dann ist es besser, ihm ein kleines Klistier zu geben, das man in der Apotheke auch für menschliche Anwendungen bekommt.

Störungen im Bereich des Bauchraumes erfordern im allgemeinen immer den Tierarzt. Bei anhaltenden Symptomen ist spätestens am nächsten Tag der Tierarzt aufzusuchen. Erkrankungen wie Parvovirusinfektionen, ansteckende Hundehepatitis und Leptospirose müssen sofort intensiv mit Antibiotika, Infusionen zum Ersatz von Flüssigkeit, Vitaminen und Mineralstoffen behandelt und durch Blut- und Urinproben ständig überwacht werden.

Chirurgische Eingriffe zur Behebung von Verschlüssen oder zur Entfernung von Fremdkörpern oder auch zur Behandlung anderer Magenbeschwerden sind heute weit entwickelt. Der Tierarzt und seine Helfer setzen modernste Anästhesie-Verfahren ein und arbeiten in Operationssälen, die mit allen hochtechnischen Geräten eines modernen Krankenhauses ausgestattet sind.

Analdrüsen

Zwei kleine Drüsen zu beiden Seiten des Anus verursachen häufige Beschwerden. Hundebesitzer beklagen sich, daß ihr Hund auf dem Hinterteil am Boden entlangrutscht (auch »Schlittenfahren« genannt) oder sich plötzlich wie von einer Biene gestochen um die eigene Achse dreht. Es wird dann häufig, aber meist zu Unrecht, Wurmbefall vermutet. Die Analdrüsen sind meist die Ursache, denn sie sind häufig verstopft. Wenn eine Infektion entsteht, kann es zu Analdrüsenabszessen kommen. Das bedeutet dann eine Behandlung mit Antibiotika und in chronischen Fällen sogar die chirurgische Entfernung der Drüsen.

Diese Probleme lassen sich vermeiden, wenn Sie dafür sorgen, daß die Drüsen regelmäßig entleert werden, was durch massigen Kot am besten geschieht. Geben Sie dem Futter deshalb Faserstoffe in Form von Gemüse oder Kleie zu. Lassen Sie sich vom Tierarzt zeigen, wie Drüsen durch Auspressen mit Hilfe eines Wattebausches gereinigt werden können (siehe unten).

Entleeren der Analdrüsen

Ein Hund hat zwei Analdrüsen jeweils zu beiden Seiten des Anus. Sie dienen dazu, dem Kot des Hundes einen bestimmten Duftstoff zuzusetzen und so sein Territorium zu markieren. Für das Überleben des domestizierten Hundes sind sie natürlich im Grunde genommen nicht mehr nötig, können aber Beschwerden verursachen. Geschwollene Drüsen müssen entleert werden. Man kann sie als Schwellkörper unter der Haut ertasten. Der Tierarzt kann Ihnen zeigen, wie Sie die Drüsen selbst entleeren können. Vielleicht muß man dem Hund dazu das Maul zubinden und ein Helfer muß ihn halten. Gelingt der Versuch, so spritzt eine übelriechende Flüssigkeit aus dem Anus. Wenn dies nicht geschieht oder die Drüsen stark angeschwollen oder sichtlich entzündet sind, dann bringen Sie Ihren Hund am besten doch zum Tierarzt.

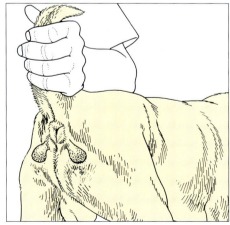

1 Biegen Sie den Schwanz nach oben, so daß er nicht stört. Tragen Sie Gummihandschuhe und halten Sie einen großen Wattebausch in der Handfläche, um damit die Flüssigkeit aufzufangen.

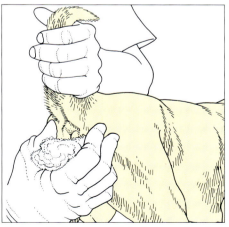

2 Legen Sie Daumen und Zeigefinger — wie auf dem Bild — links und rechts neben den Anus und drücken Sie diesen sanft, aber entschlossen nach innen zusammen.

HUNDEHALTUNG

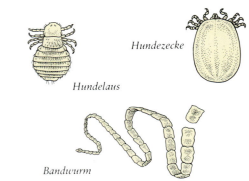

Hundelaus *Hundezecke*

Bandwurm

Messen der Temperatur

Am besten Sie kaufen ein elektronisches Thermometer und befolgen die mitgelieferten Anweisungen. Besitzen Sie ein solches nicht, verwenden Sie ein normales Thermometer mit kurzem Einschub.

- Schütteln Sie das Quecksilber auf 37 Grad herunter und fetten Sie das Ende mit etwas Vaseline oder Paraffinöl ein.
- Halten Sie den Schwanzansatz des Hundes hoch, damit er sich nicht setzen kann, und führen Sie etwa ein Drittel der Thermometerlänge in den Enddarm des Hundes ein.
- Nehmen Sie das Thermometer nach drei Minuten wieder heraus, wischen Sie es sauber und lesen Sie jetzt die Temperatur ab.

Die — nach dieser Methode gemessene — normale Körpertemperatur des Hundes beträgt etwa 38,5 Grad.

(Falls das Thermometer zerbricht, versuchen Sie erst gar nicht, die Splitter aus dem Rektum zu entfernen, sondern gehen Sie sofort zum Tierarzt.)

Harnwege

Häufige Anzeichen für Erkrankungen der Harnwege sind Schwierigkeiten beim Harnabsatz, übermäßiges Trinken und gehäufter Harnabsatz, Gewichtsverlust und Appetitlosigkeit sowie Blut im Urin.

Sobald Sie feststellen, daß die Harnwege Ihres Hundes beeinträchtigt sind, sollten Sie ihn unverzüglich zum Tierarzt bringen. Blasenentzündung (Cystitis), Blasensteine oder Steine in den Harnwegen oder Nierenerkrankungen treten häufig auf und erfordern sofortige tierärztliche Behandlung. Ganz gleich, was sie als Sofortmaßnahme unternehmen, halten Sie Ihren Hund auf keinen Fall davon ab, Wasser zu trinken. Denken Sie daran, das Tier gegen Leptospirose impfen zu lassen, und vergessen Sie auch die jährlichen Wiederholungsimpfungen nicht.

Eine rechtzeitig erkannte Blasenentzündung spricht auf eine Behandlung mit Antibiotika gut an. Die Diagnose von Steinen im Bereich des Harnapparates läßt sich durch Röntgenaufnahmen bestätigen, sie können in den meisten Fällen operativ entfernt werden.

Erkrankungen der Nieren erfordern eine gewissenhafte Behandlung und besondere Sorgfalt bei der Ernährung. Selbst chronische Nierenpatienten erreichen ein hohes Alter, wenn der Wasser-, Protein- und Mineralstoffgehalt der Ernährung überwacht, bakterielle Infektionen behandelt, der Proteinverlust gering gehalten und Streß jeglicher Art vermieden wird.

Genitalien

Obwohl auch der Rüde gelegentlich unter Erkrankungen der Genitalien leidet (Hodentumoren usw.) treten die schwerwiegenderen und häufigeren Leiden meistens bei der Hündin auf. Dazu zählen verlängerte Läufigkeit, starke Blutungen und Vaginalausfluß. Abgesehen von der Zeit kurz vor der Geburt oder während der normalen Läufigkeit muß jede Art von Ausfluß vom Tierarzt behandelt werden. Bei nicht tragenden Hündinnen ist etwaiger Vaginalausfluß immer ein Alarmsignal. Meist handelt es sich um eine eitrige Gebärmutterentzündung, auch bekannt als Pyometra, die aufgrund einer hormonellen Störung und anschließender Infektion entsteht. Hier muß sofort der Tierarzt aufgesucht werden. Er empfiehlt vielleicht kurzfristig eine medikamentöse Behandlung, aber früher oder später läßt sich eine chirurgische Entfernung der Gebärmutter (Hysterektomie) in solchen Fällen nicht umgehen. Diese große Operation ist meist erfolgreich, aber Sie können derartige Noteingriffe vermeiden, wenn Sie die Hündin kastrieren lassen, sobald Sie beschlossen haben, daß sie keine Welpen mehr bekommen soll.

Milchdrüsen

Drehen Sie ab und zu einmal Ihre Hündin auf den Rücken und streichen Sie ihr mit den Händen über den Bauch. Wenn Sie Verhärtungen im Bereich des Milchdrüsengewebes, in den Zitzen oder unter der Haut ertasten, gehen Sie sofort zum Tierarzt. Mammatumoren breiten sich rasch auf andere Körperteile aus, können aber, frühzeitig erkannt, chirurgisch entfernt werden.

Eine entzündete harte Milchdrüse während der Laktation weist auf eine beginnende Mastitis hin, die mit entzündungshemmenden und antibiotischen Medikamenten behandelt werden kann. In manchen Fällen verschreibt der Tierarzt Hormontabletten, um die Milchproduktion zu stoppen.

Die Haut

Hunde leiden an verschiedensten Hauterkrankungen, die der Tierarzt durch einfache Untersuchungen, bisweilen aber auch durch zusätzliche Analysen von Hautproben diagnostizieren kann. Häufige Symptome sind dünnbehaarte oder kahle Stellen im Fell, Kratzen und feuchte, trockene oder verkrustete Wundstellen. Räude, die von kaum sichtbaren Milben verursacht wird, ruft verkrustete kahle Stellen hervor. Auch Flöhe, Läuse und Zecken können zu Beeinträchtigungen des Haarkleids führen. Das Vorhandensein eines einzigen — kaum zu entdeckenden — Flohs auf dem Hund kann unter Umständen eine weitreichende Hautreizung als allergische Reaktion auf den Flohspeichel auslösen. Auch Ernährungsfehler, wie etwa ein Mangel an bestimmten Fettsäuren, können ursächlich für ein schlechtes, ungesund wirkendes Fell sein.

Untersuchen Sie die Milchdrüse Ihrer Hündin mindestens einmal im Monat auf Verhärtungen, die auf Tumoren schließen lassen könnten. Informieren Sie den Tierarzt, wenn Sie Schwellungen finden, die im Durchmesser größer als 0,5 cm sind.

GESUNDHEITSPFLEGE

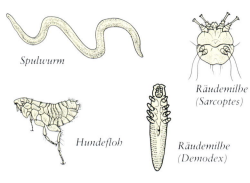

Spulwurm

Räudemilbe (Sarcoptes)

Hundefloh

Räudemilbe (Demodex)

Wenn Sie einen Parasiten im Fell sehen oder vermuten — Räudemilben, Flöhe, Zecken oder Läuse — kaufen Sie am besten eines der in der Apotheke, im Hundesalon oder beim Tierarzt angebotenen Sprays, Puder oder Badeshampoos gegen solche Schädlinge. Gegen Räude gibt es verschiedene Mittel, lassen Sie sich vom Tierarzt beraten.

Hautpilzbefall ist ein heikles Leiden und läßt sich am besten durch Prüfung unter ultraviolettem Licht oder durch eine Pilzkultur einer Haarprobe feststellen. Zur Heilung sind oral verabreichte Medikamente oder auf die Haut aufzutragende Salben erforderlich. Außerdem ist peinlich genau darauf zu achten, daß die Krankheit nicht auf Menschen übertragen wird.

Bei allen Behandlungen gegen Parasiten befolgen Sie am besten die Anweisungen auf dem jeweiligen Beipackzettel. Bei Flohbefall ist daran zu denken, daß sich die Eier nicht nur auf dem Tier, sondern auch in seiner gesamten Umgebung befinden können. Der Hundekorb, sein Liegeplatz, die Hundehütte usw., dies alles ist also zur gleichen Zeit wie der Hund mit einem Flohmittel zu behandeln.

Hauterkrankungen aufgrund von Mangelernährung lassen sich durch eine ausgewogene Diät leicht beheben. Wunde, nässende Stellen, die sich im Sommer oder Herbst oft ganz plötzlich zeigen, können durch eine allergische Reaktion auf Pflanzenpollen oder andere Substanzen hervorgerufen werden. Schneiden Sie rund um die betroffene Stelle die Haare dicht über der Haut ab und reiben Sie dort reichlich Paraffinöl ein. In hartnäckigen Fällen ist eine tierärztliche Behandlung mit Antihistaminika oder cortisonhaltigen Salben, Injektionen oder Tabletten notwendig. Obwohl solche Wunden schlimm aussehen, lassen sie sich doch schnell ausheilen.

Spulwürmer

Sie verursachen eine massive Irritation des Darms und Magenverstimmungen, besonders bei Welpen. Sie können aber auch auf den Menschen übertragen werden und die Gesundheit von Kleinkindern ernstlich schädigen.

Mit einem der modernen Wurmmittel, die Sie beim Tierarzt oder im Hundesalon bekommen, sollten Sie daher Ihren Hund alle drei Monate einer Wurmkur unterziehen.

Bandwürmer

Diese Würmer verursachen keine besonderen Beschwerden beim Hund, und nur ein einziger, nämlich der sog. Fuchsbandwurm, ist auf den Menschen übertragbar. Der »normale« Hundebandwurm, der seinen Zwischenwirt im Floh hat, ist für den Menschen ungefährlich.

Ist Ihr Hund frei von Flöhen, vermeiden Sie damit auch Bandwurmbefall. Die Segmente des Bandwurms sehen aus wie gekochte Reiskörner oder bis zu einem Zentimeter lange flache weißliche Stückchen, die sich manchmal noch ein bißchen bewegen. Wenn Sie sie im Kot entdecken oder in den Haaren rund um den Anus, verabreichen Sie dem Hund eine Dosis eines Wurmmittels, das Sie ebenfalls beim Tierarzt bekommen.

Das Festhalten eines Hundes

Besteht die Gefahr, daß der Hund beißt, so muß der Fang vor einer tierärztlichen Behandlung zugebunden werden. Machen Sie es so, wie auf den Bildern hier rechts gezeigt. Auch wenn der Fang zugebunden ist, muß der Hund festgehalten werden. Hierfür gibt es je nach Größe des Tieres verschiedene Methoden. Einen kleinen Hund kann man fest am Halsband und am Nackenfell packen. Ein mittelgroßer Hund wird so gehalten, wie links dargestellt. Der Kopf liegt fest in der Ellbogenbeuge, und das Vorderbein wird hochgehalten. Bei einem größeren Hund verfährt man ebenso und setzt zusätzlich das Körpergewicht ein, um ihn niederzuhalten. Notfalls muß ein Assistent das Hinterteil halten.

Das Zubinden des Fangs

Jeder Hund, der Angst oder große Schmerzen hat, könnte beißen. Sie können dem Hund mit Hilfe einer festen Binde oder eines Gaze- oder Stoffstreifens eine Art Maulkorb »verpassen«.

1 Machen Sie zuerst eine Schlinge, die Sie um den Fang des Hundes legen.

2 Nun kreuzen Sie die Enden unter dem Unterkiefer und verknoten sie hinter den Ohren.

3 Die Kiefer des Hundes sind auf diese Weise wirkungsvoll und schmerzlos immobilisiert.

Unfälle und Notfälle

Ein verletzter und verängstigter Hund, der sich bedroht fühlt, beißt möglicherweise. Indem Sie Ihrem Tier in einem solchen Fall den Fang zubinden, können Sie verhindern, daß andere zu Schaden kommen. Bringen Sie den Hund nun aus der Gefahrenzone an einen warmen ruhigen Platz im Haus. Legen Sie ihn auf ein Bettlaken, dann können Sie ihn gegebenenfalls wie in einer Hängematte tragen. Wenn Sie keines zur Hand haben, nehmen Sie ihn am Nackenfell hoch. Vergeuden Sie keine Zeit, denn der Schock ist das schlimmste. Legen Sie den Hund bequem auf eine Decke und eine warme Wärmeflasche neben ihn. Verabreichen Sie ihm keine alkoholischen Anregungsmittel, auch kein Aspirin. Sie können ihm höchstens mit dem Löffel ein bißchen warmen süßen Tee einflößen. Legen Sie auf stark blutende Stellen einen dicken Watte- oder Leinenbausch oder ein gefaltetes Taschentuch und drücken Sie dieses fest auf die Wunde, notfalls bis zum Eintreffen des Tierarztes. Versuchen Sie erst gar nicht, Gliedmaßen zu schienen oder Staubinden anzulegen.

Denken Sie daran, daß Sie Zeit sparen, wenn Sie all dies im Auto auf dem Weg zum Tierarzt tun, anstatt zu warten, bis der Tierarzt zu Ihnen kommt.

Biß- und andere offene Wunden

Sobald Sie eine Wunde entdecken, schneiden Sie mit einer Schere rundherum die Haare dicht über der Haut weg. Baden Sie die Stelle sorgfältig in einer starken (gesättigten) lauwarmen Magnesiumsulfatlösung. Auf kleinere Wunden, die nicht so schlimm sind, daß

Alle älteren Tiere sollten täglich eine zusätzliche Multivitamingabe in Form von Tabletten, Pulver oder Flüssigkeit erhalten.

sie ärztliche Versorgung benötigen, streichen Sie etwas antiseptische Salbe oder Puder. Bei Bißverletzungen ist eine Antibiotikum-Injektion mit anhaltender Wirkung eine Vorsichtsmaßnahme des Tierarztes. Kleinere Wunden sollten Sie nicht verbinden.

Aufgeschnittene Pfotenballen heilen zwar langsam, sind aber nicht gefährlich. Ziehen Sie eine Kinderwollsocke über die Pfote, nachdem Sie die Schnittwunde gereinigt und mit desinfizierender Salbe versorgt haben. Auf einen wasserdichten Verband, etwa eine Plastiktüte, sollten Sie — bis auf Spaziergänge im Regen — verzichten. Befestigen Sie einen Pfotenverband im übrigen niemals mit einem Gummiband. Der Verband sollte stets luftdurchlässig und trocken sein und kann mit einem Klebestreifen oder ein paar Umwicklungen einer Mullbinde in Position gehalten werden.

Der alternde Hund

Wie ihre Besitzer leben heute auch die Hunde länger, aber nur wenige werden älter als 17 Jahre, was beim Menschen einem Alter von 84 entspricht. Die Versorgung und Pflege eines älteren Hundes (über zehn) bedarf besonderer Sorgfalt. Alle älteren Tiere brauchen eine tägliche Multivitamingabe.

Alterskrankheiten

Übergewichtige Tiere leben nicht so lange, wie sie eigentlich könnten, denn Fettleibigkeit führt zu Herzkrankheiten, Leberversagen und Diabetes. Wenn man einen extrem übergewichtigen Hund abspecken möchte, ist es ratsam, zuerst mit dem Tierarzt zu sprechen, der vielleicht eine Spezialdiät für fettleibige Hunde empfehlen kann.

Andere alte Hunde entwickeln sich in die andere Richtung und verlieren an Gewicht. Eine häufige Ursache hierfür ist eine unzureichende Nierenfunktion, die bewirkt, daß Körperproteine mit dem Urin ausgeschieden werden. Auch hier brauchen Sie den Rat des Tierarztes.

Oft sind es die Nieren, an denen sich die Auswirkungen des Alters zuerst zeigen. Wurde das Tier als junger Hund gewissenhaft gegen Leptospirose geimpft und hat es alle Wiederholungsimpfungen erhalten, so besteht wenig Gefahr, daß es an chronischer Nephritis erkrankt, einer früher häufigen Todesursache.

Richtiger Rheumatismus kommt bei Tieren selten vor, dafür treten häufig Arthritis und Arthrosen in verschiedenster Form auf. Wie beim Menschen gibt es auch bei Hunden keine absolute Heilung, aber man kann viel tun, um die Schmerzen zu lindern, die Gelenke beweglich zu halten und Steifigkeit zu vermeiden. Schon bei den ersten Anzeichen dafür, daß der Hund nicht mehr so gut laufen kann, sollte ihn der Tierarzt untersuchen. Eine ganze Palette von antiarthritischen Therapien von Goldinjektionen über Corticosteroide bis hin zu Akupunktur und entzündungshemmenden Medikamenten wird heute eingesetzt, um diese Krankheit zu lindern.

Transportieren eines verletzten Hundes

1 Nach einem Unfall muß der Hund zuallererst aus der Gefahrenzone gebracht werden. Benutzen Sie, wenn möglich, ein flaches Stück Karton als Trage oder auch ein Handtuch, eine Decke oder einen Mantel. Bitten Sie umstehende Personen, Ihnen beim Tragen des Hundes zu helfen, vermeiden Sie jede Beugung des Rückgrats und bemühen Sie sich, so sanft wie möglich vorzugehen.

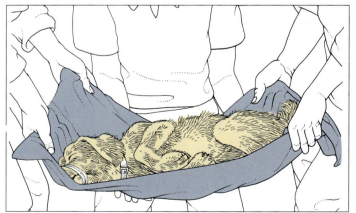

2 Der Hund kann rascher behandelt werden, wenn Sie den Tierarzt verständigen und den Hund selbst in die Klinik bringen, anstatt zu warten, bis der Tierarzt kommt. Wenn der Hund in ein Fahrzeug gehoben wird, muß innen jemand die Trage entgegennehmen, damit der Hund nicht zu sehr gerüttelt oder das Rückgrat bewegt wird.

GESUNDHEITSPFLEGE

Schon beim ersten Ansatz von Fettleibigkeit muß der Besitzer das Nahrungsangebot reduzieren. Überfütterung verkürzt die Lebenserwartung Ihres Hundes beträchtlich.

Darmtrakt

Im Laufe der Jahre ist der Darm des Tieres schlaff geworden, hat sich gedehnt und arbeitet nicht mehr so gleichmäßig. Achten Sie daher darauf, daß die Nahrung genügend Ballaststoffe enthält: fasriges Gemüse und Vollkornbrot zum Beispiel. Füttern Sie nicht zu oft Leber und keine Knochen.

Einschläfern

Wenn die Zeit gekommen ist, haben Sie vielleicht das Glück, daß Ihr Hund friedlich im Schlaf stirbt. Wenn nicht, dann haben Sie als verantwortungsbewußter Besitzer, der sein Tier liebt, die Pflicht, Ihrem Hund ein würdiges Ende zu ermöglichen. Sie können mit Ihrem Tierarzt über das Einschläfern des Hundes sprechen, wenn er unter starken Schmerzen leidet, die nicht mehr gelindert werden können, oder wenn er unheilbar krank ist oder aus anderen Gründen kein normales Hundeleben mehr führen kann.

Die beste Art der Euthanasie ist eine Überdosis eines Narkotikums, meist eines Barbiturats, das der Tierarzt verabreicht. Dies gewährleistet ein friedvolles Ende. Hat der Hund erst einmal das Bewußtsein verloren, sind Schmerzen und Leiden für immer ausgelöscht.

Das alles gilt natürlich in gleicher Weise auch für den kleinsten Welpen. *Nie, niemals* dürfen Sie einen Welpen ertränken — das ist schiere Grausamkeit und Tierquälerei!

Gerüche

Ältere Hunde riechen manchmal ein bißchen unangenehm, meist aus dem Maul. Verschwenden Sie kein Geld auf entsprechende Tabletten, die Chlorophyll enthalten und nur vorübergehende Besserung bringen. Gehen Sie lieber gleich zum Tierarzt, der die Maulhöhle untersucht und Zahnfleisch und Zähne reinigt.

Oft kommen die Gerüche auch aus den Ohren oder dem Hinterteil. Gerade bei Rassen mit Hängeohren, etwa dem Spaniel, entwickeln sich häufig übelriechende, chronisch eitrige bis geschwürige Entzündungen des äußeren Gehörgangs. Wenn der Hund nicht mehr sauber Kot absetzen kann, ist es wichtig, lange Haare im Anusbereich, die leicht beschmutzt werden können, wegzuschneiden.

Ursache für den typischen Geruch des alternden Hundes kann auch eine allgemeine Verschlechterung des Haarkleids sein, das mehr Schuppen und Fett produziert. In diesem Fall sollte der Hund alle zwei Wochen in einer Badewanne mit einem sanften, Selen enthaltenden Shampoo eingeschäumt werden.

Eine tierärztliche Untersuchung

Der Tierarzt beurteilt den Zustand des Hundes, indem er ihn auf äußerlich erkennbare Anzeichen einer Krankheit untersucht, ihn abtastet, Gewicht und Aussehen prüft und nach empfindlichen oder schmerzhaften Punkten sucht. Er wird vielleicht auch:

- die Temperatur messen,

- den Bauch des Hundes abtasten, um Größe, Position und Zustand der wichtigsten Organe zu fühlen,

- Herz und Lungen mit dem Stethoskop abhören oder durch Beklopfen des Brustkorbs mit der Fingerspitze untersuchen,

- andere Bereiche wie Pfoten, Anus, Genitalien und Bauchdecke prüfen,

- das äußere Ohr auf mögliche Erkrankungen untersuchen,

- Augen, Nase und Maulhöhle ansehen, das Augenlid nach unten ziehen, um die Farbe der Bindehaut zu prüfen, und dem Hund das Maul öffnen, um Zähne, Zahnfleisch, Zunge und Rachen zu untersuchen.

Wenn dies alles nicht genügt, um eine genaue Diagnose zu stellen, schlägt der Tierarzt vielleicht spezielle Untersuchungen oder besondere Diagnosemethoden vor.

Fortpflanzung

Für so manchen Hundeliebhaber ist es eine große Freude, wenn sich in seinem Zwinger Nachwuchs einstellt. Auch wenn Sie mit Ihrem Hund nicht züchten wollen, müssen Sie doch einiges über die Fortpflanzung dieser Tiere wissen.

Die Familie der Caniden ist einem saisonalen Fortpflanzungszyklus unterworfen. Nach einer Tragzeit von sieben Wochen beim großohrigen Wüstenfuchs, neun Wochen beim domestizierten Hund und bis zu elf Wochen beim Afrikanischen Wildhund bringt die Hündin im allgemeinen einen Wurf pro Jahr zur Welt. Von allen fleischfressenden Säugetieren »produziert« der Afrikanische Wildhund die größten Würfe (bis zu 16 Welpen).

Haushunde unterscheiden sich von den Wildformen dadurch, daß die Hündin meist zweimal jährlich läufig wird. Die Wahl des Partners erfolgt eher zufällig, obwohl es Hinweise darauf gibt, daß der Beagle bestimmte Partner bevorzugt. Auch Wolf, Schakal und Kojote kennen durchaus stabile Partnerbindungen und Treue und paaren sich in Freiheit nicht wahllos.

Durch Beeinflussung des Fortpflanzungszyklus und dank der im Vergleich zu anderen Säugetieren relativ kurzen Tragzeit des Hundes konnte der Mensch die große Vielfalt an Hunderassen züchten, die wir heute kennen. Mit der Einführung der selektiven Zucht, die sich heute überwiegend an den ästhetischen Wünschen der Ausstellungsrichter orientiert, sind die großen Zeiten der Hundezucht vielleicht schon bald vorbei.

FORTPFLANZUNG

Geschlechtstrieb und Vererbung

Wer für Ausstellungszwecke züchten möchte, muß vor allem die Gesetze der Vererbung kennen. Lebende Körper bestehen aus Zellen, innerhalb jeder Zelle liegt ein Zellkern. Dieser Kern enthält unter anderem eine Reihe von Strukturen, die man Chromosomen nennt. Diese sehen aus wie mikroskopisch kleine Perlenketten, wobei jede Perle ein Gen darstellt. Jedes Gen auf einer Chromosomenkette enthält detaillierte Informationen über das Aussehen, die Größe und die Funktion eines bestimmten Körperteils, und zwar in Gestalt einer erstaunlichen chemischen Substanz, die man DNS nennt. Körperliche Merkmale wie Augenfarbe, Ohren, Form und Länge des Haarkleids werden von diesen Genen bestimmt.

Die Chromosomen

Die Gene sind in einer bestimmten Reihenfolge in den Chromosomen angeordnet und bilden gemeinsam mit diesen eine Art Entwurf für das gesamte Aussehen eines einzelnen Lebewesens. Chromosomen liegen immer paarweise im Zellkern. Jeder Zellkern enthält den gleichen Satz Chromosomen, somit den kompletten Bauplan des ganzen Körpers, auch wenn es sich um eine Zelle der Leber, eines Zahns oder eines Ballens handelt. Haushunde haben 78 in 39 Paaren angeordnete Chromosomen, bei der Katze sind es 19 und beim Menschen 23 Chromosomenpaare.

Vermehren sich nun die Zellen des Hundes durch Zellteilung, dann produzieren die 78 Chromosomen 78 identische Kopien von sich selbst, indem sie sich der Länge nach teilen. So wird die genetische Information von Generation zu Generation weitergereicht.

Von den 39 Chromosomenpaaren in einem Zellkern sind 38 Paare tatsächlich absolut identisch, nur eines unterscheidet sich ein wenig. Dieses Paar bestimmt das Geschlecht des Individuums. Weibliche Tiere sind durch ein Paar »XX«-Chromosomen, männliche Tiere durch ein »X«- und ein »Y«-Chromosom charakterisiert. Die für die Fortpflanzung zuständigen Keimzellen des Körpers, die Eizellen des Weibchens und die Sperma-

Die Paarung

Die beste Zeit für die Paarung sind der zehnte und der zwölfte Tag der Läufigkeit, allerdings handelt es sich bei dieser Angabe nur um einen Durchschnittswert. Die Dinge entwickeln sich besser, wenn wenigstens einer der beiden »Partner« schon etwas Erfahrung hat.

1 Geben Sie den Hunden Zeit, sich kennenzulernen – hier knabbert die Hündin spielerisch an den Läufen des Rüden, um ihr Paarungsinteresse zu bekunden.

2 Nach dem ersten Beriechen und Belecken durch den Rüden signalisiert die Hündin ihre Paarungsbereitschaft, indem sie den Schwanz zur Seite hält.

5 Wird die Hündin nicht von ihrem Besitzer festgehalten, kann sie den Rüden durch ihr Wehren verletzen. Die korrekte Position des »Hängens« ist Hinterteil an Hinterteil.

6 Nach etwa 20 Minuten ist das »Hängen« beendet, die Hunde gehen auseinander, beide ziehen sich zurück, um sich sauberzulecken.

tozoen des Männchens sind einzigartige Körperzellen, da sie anstelle eines Paares nur einen einfachen Satz Chromosomen enthalten (nämlich den 39.). Dies bedeutet, daß bei der Verschmelzung im Augenblick der Befruchtung normale Chromosomenpaare gebildet werden, bestehend jeweils aus einem Chromosom vom weiblichen und einem zweiten vom männlichen Tier. Alle Geschlechtschromosomen des Weibchens sind »X«-Chromosomen, die des Männchens sind »X«- oder »Y«-Chromosomen. Deshalb hängt das Geschlecht eines Welpen davon ab, ob ein »X«- oder ein »Y«-Spermatozoon zuerst in die Eizelle des Weibchens eindringt.

Das befruchtete Ei enthält in gleicher Anzahl Gene des Vaters und der Mutter, die jedoch in etwas anderer Reihenfolge entlang der Chromosomenkette angeordnet sind als bei den Eltern. Diese neue Ordnung macht jedes befruchtete Ei so einzigartig und ebenso jeden Welpen, der daraus hervorgeht.

Mutationen

Gelegentlich können äußere Faktoren die Grundmerkmale der Gene eines Zellkerns verändern. Dieses kann durch atomare Strahlung, Röntgenstrahlen und manche Medikamente bewirkt werden. Die Veränderungen, die an dem aus den betroffenen Zellen hervorgehenden Organismus auftreten, nennt man Mutationen. Um derartige Mutationen zu verhindern, müssen Geschlechtsorgane besonders vor übermäßig ionisierender Strahlung geschützt werden. Manchmal, wenn auch sehr selten, tritt eine Genmutation ganz zufällig auf. Solche genetischen »Sprünge« sind die Grundlage sämtlicher evolutionärer Prozesse und bewirken, daß plötzlich neue Rassen, Farben und Hundetypen auftreten.

Neben Mutationen können auch nichtgenetische und nichtvererbliche Prozesse die Entwicklung des Embryos nach der Befruchtung beeinflussen. Es kann vorkommen, daß die Zellanordnung in einem wachsenden Gewebe leicht von der Regel abweicht. Diese zwar angeborenen, aber nicht vererblichen Abweichungen bewirken Erscheinungen wie zum Beispiel die unvorhersagbare Verteilung von weißen Flecken auf einem mehrfarbigen oder gescheckten Fell. Auch hier können chemische Substanzen und bestimmte Arten der Strahlung die Anordnung der im Embryo heranwachsenden Zellen beeinflussen. Deshalb dürfen tragende Hündinnen Medikamente nur mit Genehmigung des Tierarztes erhalten.

3 Der Rüde besteigt die Hündin, umklammert sie dabei mit den Vorderpfoten im Lendenbereich. Er führt stoßende Bewegungen aus, der Samenerguß erfolgt innerhalb einer Minute.

4 Nach der Ejakulation des Samens schwillt der Penis des Rüden an und bleibt in der Vagina stecken. Man spricht vom »Hängen« des Rüden, dem sich die Hündin bisweilen zu entziehen versucht.

7 Nach sorgfältiger Reinigung spielen die Hunde vielleicht ein wenig miteinander oder ruhen sich friedlich nebeneinander aus.

FORTPFLANZUNG

Trächtigkeit und Geburt

Die Hündin erlangt die Geschlechtsreife etwa mit acht bis zwölf Monaten. Die erste Läufigkeit kann in Einzelfällen auch schon mit sechs Monaten auftreten oder bis zum 18. Monat auf sich warten lassen. Wenn die erste Läufigkeit bis zum 20. Monat nicht erfolgt ist, sollte man besser einen Tierarzt aufsuchen.

Die Läufigkeit

Eine Läufigkeit dauert im Normalfall 18 bis 21 Tage, obwohl für die Paarung und Befruchtung nur wenige Tage etwa in der Mitte dieser Zeit in Frage kommen. Die erste Phase erkennt man an der Schwellung der Schamlippen. Kurz danach setzt die Blutung ein (die nicht identisch ist mit der Menstruation bei Frauen). Während der Blutung, die vier bis vierzehn Tage (im Schnitt etwa zehn Tage) dauert, ist die Hündin höchst interessant für Rüden, wird jedoch entsprechende Annäherungsversuche abwehren.

Nach Ablauf dieser Phase nimmt die Blutung ab oder hört völlig auf, die Vulva erreicht ihre maximale Größe, und die Hündin ist nun bereit für den Rüden. Jetzt folgen fünf bis zwölf Tage der Paarungsbereitschaft, die ihren Höhepunkt allerdings schon in den ersten zwei bis drei Tagen erreicht. Wenn Sie wünschen, daß Ihre Hündin Nachwuchs bekommt, ist es an der Zeit, für die Paarung zu sorgen. Zwei Tage später sollte die Paarung noch einmal wiederholt werden, um die Chance einer erfolgreichen Befruchtung zu verbessern. Falls die Hündin aufgenommen hat, klingt die Läufigkeit meist rasch ab.

Beim Haushund tritt die Läufigkeit normalerweise zweimal jährlich auf, ausgenommen beim Basenji, der wie Wildhund, Wolf und Fuchs nur einen Fortpflanzungszyklus pro Jahr kennt. Die meisten Hündinnen werden im Frühjahr zwischen Januar und März und noch einmal im August–September läufig. Ausnahmen sind jedoch nicht selten. Bei manchen Hündinnen sind die Intervalle zwischen den Läufigkeiten länger oder auch kürzer.

Man kann oral oder als Injektion Hormone geben, die die Läufigkeit abbrechen, zeitlich verschieben oder den Fortpflanzungszyklus völlig unterdrücken. Lassen Sie sich von Ihrem Tierarzt beraten, wenn Sie die Absicht haben, Hormone in dieser Weise bei Ihrer Hündin einzusetzen.

Die Trächtigkeit

Im Durchschnitt dauert die Tragzeit 63 Tage. Von der fünften Woche an erkennt man schon eine Umfangsvermehrung des Abdomens, obwohl dieser Hinweis auf kommende Mutterfreuden oft gar nicht so leicht auszumachen ist, wenn die Hündin nur ein oder zwei Junge trägt oder von Natur aus etwas rundlicher gebaut ist.

Um den 35. Tag der Trächtigkeit werden die Milchdrüse und die Zitzen größer und nehmen eine rosige Farbe an. Drei bis vier Tage vor dem Geburtstermin sondern die Zitzen auf Druck ein wäßriges Sekret ab. Bei Hündinnen, die schon mehrere Würfe ausgetragen haben, schwillt die Milchdrüse oft erst in der letzten Woche an, und schon fünf bis sechs Tage vor den Geburtswehen wird vollwertige Milch produziert. In der Tragzeit muß die Hündin besonders hochwertiges Futter erhalten, mit zusätzlichen Multivitamin- und Kalziumgaben. Sie können bis zum Schluß behutsam mit ihr spazierengehen. Zu Beginn der Trächtigkeit und jeweils zehn Tage vor und nach der Geburt sollte die Hündin Tabletten gegen Spulwurmbefall erhalten.

Bereiten Sie alles für die Geburt der Welpen vor. Die werfende und säugende Mutter braucht einen ruhigen, sauberen Ort der Zuflucht, eine Kiste etwa, einen Korb oder eine Hütte mit viel altem Zeitungspapier ausgelegt als wegwerfbare Unterlage. Wenn Sie

4 Der Welpe ist geboren, eingehüllt in die Haut der Fruchtblase.

3 Die Fruchtblase, die den Fötus enthält, erscheint in der Vulva. Dieser Welpe kommt mit dem Hinterteil zuerst heraus. Ein Pfötchen und das Schwänzchen sind schon zu sehen.

2 Die Hündin preßt, wenn der Fötus das Becken erreicht. Jetzt kommt der Welpe bald zur Welt.

1 In der ersten Phase der Wehen schläft die Hündin ganz friedlich.

TRÄCHTIGKEIT UND GEBURT

5 Die Hündin leckt die Haut ab und beißt die Nabelschnur durch.

6 Durch die Leckbewegungen der Mutter wird der Welpe angeregt, die ersten Atemzüge zu tun.

7 Zwischen den »Geburten« der einzelnen Welpen ruht die Hündin und überwacht ihre säugenden Kinder.

zum ersten Mal vor dieser Situation stehen, sollten Sie sich vielleicht vorher einmal mit einem zuverlässigen Züchter oder mit dem Tierarzt über den großen Tag unterhalten.

Das »Werfen« der Welpen

Selbst wenn Sie den Zeitpunkt der letztmöglichen Deckung genau kennen, gibt es keinen Grund zur Beunruhigung, falls die üblichen 63 Tage um einige Tage überschritten werden, sofern die Hündin normal frißt, wohlauf ist, keinen gefärbten Ausfluß aus der Vulva absondert und außer beim Kotabsatz kein auffälliges Pressen zu beobachten ist. Sobald Sie jedoch eines dieser Symptome beobachten und die Welpen nicht innerhalb von zwei Stunden auf die Welt kommen, fragen Sie sofort den Tierarzt um Rat.

Unmittelbar vor der Geburt wird die Hündin nervös, verweigert die Futteraufnahme, hechelt und atmet in kurzen Stößen und bereitet sich auf die Geburt vor. Sie geht auf und ab, wählt manchmal ein ganz anderes Lager als das von Ihnen vorgesehene, kratzt nervös an der Unterlage herum und dreht und wendet sich wieder und wieder, bevor sie sich endlich niederlegt, nur um gleich wieder aufzustehen. Diese Phase der Vorwehen dauert in der Regel etwa zwölf Stunden, kann allerdings auch sehr viel kürzer ausfallen oder aber sich auf ein oder zwei Tage erstrecken, mit Intervallen völlig normalen Verhaltens. Ist kein Pressen, kein dunkler Ausfluß aus der Vulva erkennbar und verhält sich die Hündin ansonsten normal, dann besteht kein Grund zur Sorge.

Die eigentlichen Wehen setzen ein, wenn Sie die ersten Bauchpressen oder das Auftreten eines oft flaschengrünen Ausflusses beobachten. Jetzt dauert es nicht mehr lange. Innerhalb der nächsten Stunde muß der erste Welpe auf die Welt kommen. Zuerst kommt eine Fruchtblase, die manchmal durch das Lecken der Hündin zerreißt. Dann folgt der Welpe, ganz oder teilweise in die Haut der Fruchtblase gehüllt. Häufig kommen die Welpen mit den hinteren Extremitäten zuerst heraus; es handelt sich dabei aber um keine Steißlage, und es besteht somit auch kein Anlaß zur Beunruhigung.

Nach der Geburt bleibt der Welpe noch durch die Nabelschnur mit der Nachgeburt verbunden, bis die Mutter sie mit den Zähnen durchtrennt. Tut sie das nicht und ist das Gesicht des Welpen noch von der Fruchthülle bedeckt, so können Sie etwas nachhelfen. Säubern Sie die Nasenlöcher und das Gesicht von dieser Haut und durchtrennen Sie die Nabelschnur — aber nicht mit einer Schere, sondern durch einfaches Zerreißen. Die Trennung sollte etwa vier Zentimeter vom Nabel entfernt erfolgen. Dann ist es aber an der Zeit, das Kleine seiner Mutter zurückzugeben.

Zwischen der Geburt der einzelnen Welpen ruht die Hündin einige Minuten oder auch mehrere Stunden. Die Intervalle werden gegen Ende zu kürzer, können aber recht unterschiedlich ausfallen.

Notfälle

Die Ankunft eines jeden Welpen ist mit neuen Wehen verbunden. Ist zwei Stunden nach dem Einsetzen des jeweiligen Wehenschubs der betreffende Welpe noch nicht geboren, so rufen Sie am besten den Tierarzt. Die Gesamtdauer der Geburt eines durchschnittlich großen Wurfes von vier bis sechs Welpen liegt bei etwa sechs Stunden.

Die Nachgeburten folgen entweder nach jedem Welpen oder in unregelmäßigen Abständen in Klumpen oder ganz am Schluß. Versuchen Sie die Hündin nicht daran zu hindern, diese Plazenta-Stücke aufzufressen, wenn sie das will, da dieses Verhalten einem ganz natürlichen Instinkt entspricht.

Die meisten Hündinnen bringen ihre Jungen ohne Schwierigkeiten zur Welt. Kommt es zu Komplikationen, kann der Tierarzt dem Tier manuell helfen, Medikamente verabreichen oder zu einem Kaiserschnitt raten. Dieser wird unter Vollnarkose durchgeführt und ist immer dann zu empfehlen, wenn die Geburt schon länger als zwölf Stunden andauert. Ein Kaiserschnitt bedeutet nicht das Ende der Empfängnis- oder Gebärfähigkeit der Hündin und schließt eine normale Geburt des nächsten Wurfs nicht aus.

Sie dürfen erst eingreifen, wenn ein Welpe den Mutterleib bereits halb verlassen hat und nur langsame Fortschritte macht. Vorher müssen Sie aber Ihre Hände sorgfältig waschen und bürsten. Dann ergreifen Sie den Welpen mit fester Hand und ziehen ganz vorsichtig und gleichmäßig unter gleichzeitig leichter Drehung, während Sie mit der anderen Hand gegen den Körper der Hündin drücken. Versuchen Sie im Rhythmus der natürlichen Wehen der Hündin zu ziehen.

8 Ein neugeborener, kaum einige Minuten alter Welpe

FORTPFLANZUNG

Die Hündin als Mutter

Hündinnen sind gute Mütter, Sie können dem Tier daher beruhigt die Versorgung der Welpen überlassen. Es ist aber besser, wenn Sie die Entwicklung ein bißchen überwachen.

Wegen der biologischen Besonderheit der Hündin können bisweilen Schwierigkeiten auftreten, selbst wenn das Tier nicht trächtig ist oder für Welpen zu sorgen hat. Ein verantwortungsbewußter Besitzer sollte wissen, wie man mit diesen Problemen umgeht.

Scheinträchtigkeit

Es kommt relativ häufig vor, daß eine nicht gedeckte Hündin Anzeichen von Trächtigkeit zeigt. Acht bis neun Wochen nach der Läufigkeit wird sie ruhelos, ordnet ihren Liegeplatz, und das Gesäuge schwillt wie bei einer wirklich trächtigen Hündin an. Es wird Milch abgesondert und ein alter Pantoffel oder ein Kinderspielzeug wird an dem Platz, den sie sich für die Aufzucht der Welpen ausgesucht hat, sorgsam bewacht und gepflegt.

Wenn diese Symptome auftreten, so bedeutet dies jedoch nicht, daß sich die Hündin bewußt oder unbewußt nach Welpen sehnt. Die entsprechenden Erscheinungen verursachen auch nicht etwa eine Erkrankung der Eierstöcke oder der Gebärmutter. Sie können vielmehr nach jeder Läufigkeit auftreten.

Verursacht werden solche Scheinträchtigkeiten durch die Physiologie des Eierstockes, der nach dem Eisprung am Ende der Läufigkeit einfach »annimmt«, daß eine Befruchtung stattgefunden haben muß. Also werden die Hormone produziert, die den Körper auf die Ankunft der fiktiven Welpen vorbereiten. Die Behandlung ist denkbar einfach. Sie lassen den Dingen ihren Lauf (nur etwa zwei Wochen lang), oder Sie gehen zum Tierarzt. Er verschreibt kontrazeptive Pillen, die ganz nebenbei auch Scheinträchtigkeit verhindern, oder wird — besonders bei häufig auftretender Scheinträchtigkeit — evtl. eine Kastration empfehlen.

Nach der Mahlzeit leckt die Hündin das Gesicht und den Genitalbereich eines jeden Welpen und entfernt ihre kleinen Häufchen.

Kastration

Als Kastration (oftmals fälschlich auch Sterilisation) wird die operative Entfernung der Eierstöcke (Ovariektomie) bezeichnet. Nach diesem Eingriff kann die Hündin keine Welpen mehr bekommen. Dazu ist jedoch ein größerer chirurgischer Eingriff nötig, der nicht mehr rückgängig zu machen ist. Er wird unter Vollnarkose ausgeführt. Der Tierarzt öffnet die Bauchdecke der Hündin entlang der Mittellinie oder an einer Seite. Die Operation kann theoretisch ab der zwölften Lebenswoche durchgeführt werden, am besten aber eignet sich der Zeitpunkt nach der ersten Läufigkeit.

Bei kastrierten Hündinnen treten Scheinträchtigkeiten nur höchst selten auf. Auch entwickeln sie nicht so häufig Mammatumoren, wenn die Operation vor dem zweiten Lebensjahr vorgenommen wird. Manche Tie-

Diese einen Tag alten Welpen säugen bereits ganz professionell, und obwohl sie blind und taub sind, findet jeder seinen Weg zu einer Zitze.

Väterliches Verhalten

Selten lernen Welpen ihren Vater kennen. Theoretisch verhalten sich beide zueinander wie Fremde, die ihre unter- bzw. übergeordnete Stellung in der Hundehierarchie erst festlegen müssen.

Hier begegnet ein vier Wochen alter Welpe seinem Vater, der ihn zuerst einmal ziemlich desinteressiert beschnuppert.

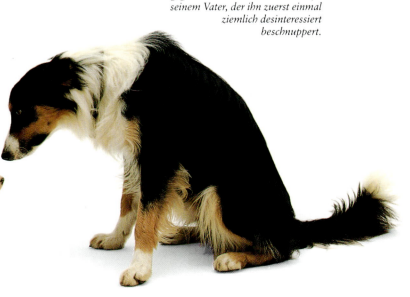

DIE HÜNDIN ALS MUTTER

Diese Hündin und ihre Welpen ruhen sich nach der Mahlzeit aus und schlafen ein wenig.

Inzwischen sind die Welpen schon 26 Tage alt (unten), und für die Hündin ist es nun leichter, sie im Stehen zu säugen. In diesem Stadium benötigt sie etwa dreimal soviel Futter wie normal.

re werden nach der Operation etwas dicker, was aber eher auf überfürsorgliche Besitzer und zuwenig Bewegung zurückzuführen ist.

Eine Kastration ist die sicherste Methode, ungewollte Welpen zu verhindern. Sie blockiert aber auch verläßlich die Entwicklung einer eitrigen Gebärmutterentzündung, einer schwerwiegenden und häufigen Krankheit, die vorwiegend bei älteren Hündinnen auftritt.

Obwohl die Operation nicht gerade billig ist, wird sie im allgemeinen dem Wohlergehen und der Lebenserwartung Ihres Lieblings zugute kommen — vorausgesetzt natürlich, Sie sind sich ganz sicher, daß Sie keine Nachkommen von Ihrer Hündin haben möchten. Ist Ihre Entscheidung noch nicht endgültig, dann können Sie es ja eine Zeitlang mit der »Antibaby-Pille« versuchen. Eine Kastration können Sie schließlich auch später noch vornehmen lassen, zum Beispiel wenn die Hündin schon einen oder zwei Würfe zur Welt gebracht hat.

Die Versorgung der neugeborenen Welpen

Die Hundemutter braucht eine bequeme Welpenkiste, die täglich mit einem frischen weichen Bodenbelag ausgestattet wird, und sie muß besonders gut ernährt werden. Eine säugende Hündin kann man fast nicht überfüttern, ihr Nahrungsbedarf liegt bei etwa dem Dreifachen des Normalbedarfs. Schon in den letzten Wochen der Trächtigkeit steigt ihr Freßbedürfnis ganz beträchtlich. Dieser Appetit nimmt abrupt wieder ab, sobald die Welpen nicht mehr säugen.

Neugeborene Welpen aus einem gesunden Wurf finden schon bald nach der Geburt die Zitzen der Mutter. Die Muttermilch der ersten paar Tage (Kolostrum) liefert dem Welpen für die ersten sechs bis zehn Lebenswochen genügend Abwehrstoffe gegen die meisten Krankheiten. Es ist daher besonders wichtig, daß alle Welpen des Wurfs gerade in den ersten Tagen gleichmäßig zum Säugen kommen.

Ernährt die Hündin aus irgendeinem Grund ihre Welpen nicht richtig oder kommt es zu einem Mangel an Milch, muß der Tierarzt hinzugezogen werden. Im allgemeinen bewirkt die Injektion eines Hypophysenhormons einen sofortigen Milchfluß. Auf Dauer ist aber meist die Zufütterung von im Fachhandel oder beim Tierarzt erhältlicher Welpenmilch nötig.

Allmählich beginnt der Vater den Welpen spielerisch zu umkreisen und leckt ihm schließlich sogar fürsorglich den Kopf.

Schließlich wird der Vater von anderen Welpen des Wurfs »überwältigt« und spielt sogar mit ihnen.

FORTPFLANZUNG

Die Entwicklung der Welpen

Auch nach sieben Tagen kann der Welpe erst zwei Dinge: schlafen und säugen.

Mit 14 Tagen sind die Augen geöffnet, und das kleine Tier kann schon hören.

Mit drei Wochen kann der Welpe dann mit den Augen Gegenstände unterscheiden und bereits ein bißchen herumtapsen.

Welpen kommen blind und taub zur Welt. Erst nach zehn bis vierzehn Tagen öffnen sie die Augen, genau sehen können sie aber erst nach einer weiteren Woche. Um den 13. bis 17. Tag öffnen sich dann auch die Gehörgänge.

In der ersten Woche ihres Lebens tun Welpen nichts anderes als schlafen und säugen. Allmählich werden sie etwas aktiver, und mit drei Wochen beginnen sie, ihre Kiste zu inspizieren. Bis zum Alter von drei Monaten verbringt der Welpe seine Zeit abwechselnd zwischen Perioden übermütigen Spiels und Phasen tiefsten Schlafs.

Welpen brauchen Wärme

Die Welt ist kalt verglichen mit den konstanten 38,5 Grad Celsius im Bauch der Mutter. Die Welpen kommen naß auf die Welt und erkälten sich leicht. Zwar treten die entsprechenden Symptome vielleicht erst nach 48 Stunden auf, bis dahin kann die Infektion jedoch bereits in eine ernste, unter Umständen sogar tödliche Krankheit umgeschlagen sein.

Vor dem siebten oder zehnten Tag können Welpen ihre Körpertemperatur noch nicht selbst regulieren. In den ersten zwei Wochen müssen Sie deshalb für entsprechende Temperaturen sorgen, durch Heizkörper, Wärmflaschen, Wärmedecken oder Infrarotlampen, und zwar auch wenn die Welpen in der Wurfkiste sind. Noch länger sind die kleinen Tiere auf künstliche Wärme angewiesen, wenn sie verwaist sind, von der Mutter verstoßen oder von vornherein vom Menschen aufgezogen werden.

Die Raumtemperatur muß auf etwa 30 bis 33 Grad Celsius gehalten werden, obwohl kurzzeitige Abweichungen den Welpen nicht gleich schaden werden. Sie können natürlich die Raumtemperatur auch auf ein Minimum von 20 Grad Celsius senken und dafür die Wurfkiste zusätzlich beheizen. Alle zwei Wochen darf die Raumtemperatur um etwa drei Grad Celsius gesenkt werden, bis schließlich die normale Temperatur erreicht ist. Achten Sie auch darauf, daß sich die Welpen nicht an den von Ihnen zusätzlich installierten Wärmequellen verbrennen. Eine allzu direkte Hitzeeinwirkung kann überdies die empfindliche Haut verletzen.

Tagesmenü für sechs bis zwölf Wochen alte Welpen

Frühstück
Eine Schale Welpenflocken, Babyflocken oder Frühstücksflocken mit Milch

Mittagessen
Gekochtes feingehacktes Dosenfutter, halbtrockenes Fertigfutter oder Komplett-Trockenfutter

Nachmittagsmahlzeit
Wie das Mittagessen; mit einem Tropfen Multivitamin-Sirup, wie ihn auch Menschen einnehmen

Abendessen
Wie das Mittagessen; plus Welpenflocken oder Getreideflocken mit Milch

Mit zwölf Wochen können Sie entweder das Mittagessen oder die Nachmittagsmahlzeit weglassen, geben aber weiterhin den Multivitamin-Sirup. Vom sechsten Monat an genügen zwei Mahlzeiten pro Tag.

Hündinnen sind sehr gute Mütter und kümmern sich voll Hingabe um ihre Kleinen, aber auch Menschen können den heranwachsenden Welpen auf vielerlei Weise helfen.

DIE ENTWICKLUNG DER WELPEN

Mit 30 Tagen fängt der Welpe an, mit den Geschwistern zu spielen.

Mit sechs Wochen sind die Milchzähne des Welpen komplett. Er kann nun entwöhnt werden.

Von der Mutter darf man Welpen frühestens im Alter von acht Wochen trennen.

Gesund oder krank?

Einen gesunden Welpen erkennen Sie an seinem elastischen Fell und daran, daß er sich warm und trocken anfühlt. Die kleinen Tiere winden sich, wenn man sie aufnimmt, und obwohl sie noch winzig sind, fühlen sie sich muskulös und kräftig an. Die Laute, die ein gesunder Wurf von sich gibt, klingen wie ein sanftes Schnurren, das lediglich zur Essenszeit von begeistertem Quieken unterbrochen wird. Schwächliche Welpen hingegen fühlen sich schlaff an, und ihre Haut schnellt nicht in die Ausgangsposition zurück, wenn Sie eine Hautfalte hochziehen und wieder loslassen. Die Tierchen kriechen ruhelos umher und stoßen dabei dünne Klagelaute aus. Schließlich geben sie auf und liegen teilnahmslos in einer Ecke — meist weit weg von der Mutter. Ihr Körper kühlt rasch aus. Achten Sie auch auf Welpen, die nicht genug Milch bekommen, denn ein Hundebaby, das mehrere Fütterungen verpaßt, ist bald zu schwach zum Säugen. Man muß es dann wahrscheinlich aus dem Wurf nehmen und von Hand aufziehen. Fragen Sie in einem solchen Fall und bei sonstigen Gesundheitsproblemen der Welpen Ihren Tierarzt um Rat.

Zwischen der sechsten und zwölften Woche erlernt der Welpe die lebenswichtigen Regeln des Sozialverhaltens.

Wichtige Pflegehinweise

- Bei einigen Rassen muß der Tierarzt am fünften bis siebten Tag die Afterkrallen vorne und/oder hinten entfernen.

- Gleichzeitig kann der Schwanz kupiert werden, aber nur, wenn der Rassestandard es vorschreibt und Sie die Absicht haben, den Hund auf Ausstellungen zu zeigen. Das Kupieren der Ohren ist in Deutschland seit dem 1. 7. 1987 per Gesetz generell für alle Hunderassen verboten.

- Mit zwei bis drei Wochen müssen vielleicht schon die Krallen geschnitten werden, damit die Welpen beim Säugen nicht die Bauchhaut der Mutter aufkratzen.

- Mit drei bis fünf Wochen beginnt das Zahnen. In diesem Alter ist genau nach den Anweisungen des Tierarztes auch die erste Wurmkur fällig. Diese Kur ist bis zur 16. Woche alle zwei bis drei Wochen zu wiederholen.

- Sobald die Welpen Zähne haben, werden sie allmählich an festes Futter wie Welpenflocken oder Getreideflocken mit Milch gewöhnt. Aber überstürzen Sie diese Umstellung der Ernährung nicht.

Diese 18 Tage alten Welpen kuscheln sich wärmesuchend aneinander.

- Mit sechs bis acht Wochen werden die Welpen erstmals gegen schwere Hundekrankheiten geimpft, die zweite Impfung folgt etwa zwei bis vier Wochen später. Halten Sie die Welpen nach der ersten Impfung zwei Wochen lang von anderen Hunden und öffentlichen Plätzen fern.

- Mit sechs Wochen beginnt man ernsthaft mit der Entwöhnung, die mit der zehnten Woche abgeschlossen sein müßte.

- Im vierten Monat kann es beim Durchbruch der bleibenden Zähne ähnlich wie bei Kindern zu »Zahnungsschmerzen« kommen.

- Mit sechs Monaten ist eine weitere Wurmkur fällig, die im Alter von zwölf Monaten wiederholt wird.

FORTPFLANZUNG

Aufzucht und Pflege

Es kann vorkommen, daß ein Welpe zu schwach ist oder eine Hündin nicht genug Milch produziert, dann müssen Sie den Welpen von Hand aufziehen. Sind die Welpen (oder der Welpe) gesund und liegt die Schwierigkeit in der Milchversorgung, so ist es manchmal möglich, die kleinen Tiere einer anderen säugenden Hündin unterzuschieben.

Wenn Sie Welpen von Hand aufziehen möchten, dann können Sie sich nicht damit begnügen, eine Flasche und Sauger zu kaufen und regelmäßig Ersatzmilch anzurühren. Sie müssen auch eine Reihe anderer Versorgungsaufgaben übernehmen, selbst wenn Sie die Welpen zwischen den Mahlzeiten der Hundemutter zurückgeben. Allerdings lehnen manche empfindliche Hündinnen ihre Jungen ab, wenn diese vom Menschen gefüttert wurden. Andere wiederum versuchen ihre Jungen durch übermäßiges Lecken vom menschlichen Fremdgeruch zu befreien, so daß sie die Welpen dabei verletzen. Aber die meisten Hündinnen haben nichts dagegen, daß sich ihre menschlichen »Bezugspersonen« in die Aufzucht der Jungen einmischen, und es macht ihnen gar nichts aus, wenn ihnen die Aufgabe des Säugens entzogen wird.

Wie sich die Hündin auch verhalten mag, Welpen, die bei ihrer Mutter bleiben, sollten so wenig wie möglich angefaßt werden. Auf jeden Fall müssen Sie sich vorher die Hände mit unparfümierter Seife waschen und dann die Hündin mehrmals mit beiden Händen streicheln, damit der Eigengeruch des Tieres den Ihren ein wenig überdeckt. Zu früh geborene Welpen und Welpen von Hündinnen, die wenig Milch produzieren, sollten am besten ganz bei der Mutter bleiben und nur zum Säugen herausgenommen werden, denn die Gegenwart der Kleinen regt die Milchproduktion an.

Flaschenernährung bei Welpen
Wenn Sie nicht umhin können, einen Welpen künstlich zu ernähren, sollten Sie sich wenigstens bemühen, dem kleinen Tier einige Tropfen Kolostrum von der Mutter zu verschaffen, notfalls durch sanftes Melken der Zitzen. Denn mit dieser Milch nimmt der Welpe wertvolle Abwehrstoffe auf.

Für Welpen ist es wichtig, daß sie im Spiel und in der Begegnung mit anderen Tieren und mit Menschen ihre sozialen Fähigkeiten entwickeln können.

Mit ein bißchen liebevoller Fürsorge entwickeln sich Welpen auch ohne ihre leibliche Mutter ziemlich normal.

Besorgen Sie sich in einem Zoogeschäft oder beim Tierarzt eine spezielle Saugflasche für Tiere oder eine Flasche für frühgeborene Welpen. Zwischen den Mahlzeiten müssen Flasche und Sauger in kochendem Wasser oder Desinfektionslösung sterilisiert werden.

Neugeborene Welpen werden in zweistündigem Abstand gefüttert, später dann alle drei Stunden. Die Menge hängt vom Appetit der Kleinen ab. Fassen Sie den Welpen sanft, aber fest am Oberbauch und schieben Sie ihm dann den Sauger vorsichtig ins Maul. Die Beinchen müssen dabei freibleiben, damit das Tierchen beim Saugen nicht in seinen natürlichen Tretbewegungen behindert wird.

Die Nahrung wird ähnlich zubereitet wie für menschliche Säuglinge. In der Regel füllt man das gängige Hunde-Milchpulver mit warmem Wasser auf. Befolgen Sie einfach die Zubereitungsanweisungen auf dem Etikett. Fragen Sie den Tierarzt, falls Sie sich für keine bestimmte Marke entscheiden können. Es ist auch hier wie bei Kindern, manchen Welpen bekommt die eine Marke einfach besser als die andere. Mischen Sie jeden Tag eine frische Portion dieser künstlichen Milch, die Sie im Kühlschrank aufbewahren sollten. Für die Welpen wird die Milch auf eine Temperatur von etwa 38 Grad Celsius erwärmt.

Sie können natürlich auch selbst eine Ersatzmilch aus leicht erhältlichen Zutaten nach folgendem Rezept herstellen:
- 800 ml Vollmilch,
- 200 ml Kondensmilch (10 % Fett),
- 1 Eigelb,
- 6 g (1 TL) sterilisiertes Knochenmehl,
- 4 g (1 TL) Zitronensäurepulver,
- 2—3 Tropfen einer Vitaminlösung für Kinder.

Schwache Welpen brauchen vielleicht leichtere Nahrung. Geben Sie solchen Tieren zunächst ein paar Mahlzeiten mit einem Drittel Wasser verdünnter Kuhmilch und 10 g (2,5 TL) Glucose pro 500 ml. Um fehlendes Kolostrum wenigstens teilweise zu ersetzen, fügen Sie pro 500 ml zwei Tropfen einer Kinder-Vitaminmischung hinzu.

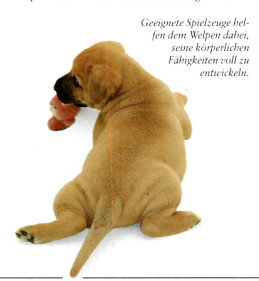

Geeignete Spielzeuge helfen dem Welpen dabei, seine körperlichen Fähigkeiten voll zu entwickeln.

Überwachen Sie die Gewichtszunahme der Welpen. Jeder einzelne ist regelmäßig zu wiegen.

AUFZUCHT UND PFLEGE

Flaschenaufzucht eines Welpen

1. Halten Sie die Beinchen nicht fest, sonst behindern Sie die natürliche Tretbewegung beim Säugen.

2. Reiben Sie die Genitalien mit einem feuchtwarmen Tuch, um die Darmentleerung anzuregen.

3. Nach jeder Fütterung muß das Fell des Welpen mit einem frischen feuchten Tuch gesäubert werden.

Erwärmen Sie diese Mischung auf etwa 38 Grad Celsius und füttern Sie die Welpen damit mindestens alle zwei Stunden. (Sehr schwache Welpen brauchen vielleicht jede halbe Stunde winzige Mengen, bis es ihnen allmählich besser geht.)

Ein Welpe, der nicht trinken kann oder will, wird bald vor Schwäche sterben. Lassen Sie einem solchen Tier zwei Stunden Zeit, damit es sich von den Strapazen der Geburt erholen kann, und träufeln Sie ihm inzwischen ein paar Tropfen Milch ins Maul. Sollte dies nicht gelingen, dann rufen Sie den Tierarzt, der das kleine Tier vielleicht künstlich ernähren kann. Einem Welpen gewaltsam Milch einzuflößen ist sehr gefährlich, denn wenn versehentlich auch nur ein paar Tropfen Milch in die Luftröhre gelangen, kann dies sehr rasch zu einer tödlichen Lungenentzündung führen.

Säubern

Nach jeder Fütterung müssen Sie das tun, was die natürliche Mutter durch Lecken des Welpen tun würde — nämlich ihn säubern. Dabei wird zugleich auch die normale Funktion des Darmtrakts und der Harnblase angeregt. Reinigen Sie das Gesicht des Tierchens mit einem feuchtwarmen Lappen, mit dem Sie dann auch sanft das Bäuchlein und den Anusbereich massieren. Danach tragen Sie etwas Vaseline rund um den Anus auf.

Gelegentlich führt die Ernährung mit »künstlicher« Milch allerdings zu Verstopfung. Das können Sie jedoch dadurch vermeiden, daß Sie der Milch einen Tropfen Paraffinöl beigeben oder dieses dem Welpen direkt ins Maul träufeln. Hilfreich kann es auch sein, den Anus etwas einzuölen, und zwar mit Hilfe eines Thermometers mit stumpfem Ende, das Sie vorher in Vaseline getaucht haben und vorsichtig nicht weiter als einen Zentimeter in das Rektum einführen. Hat der Welpe Durchfall, dann sollten Sie die Ersatzmilch auf halbe Konzentration verdünnen. Hält der Durchfall länger als 24 Stunden an, ist der Tierarzt hinzuzuziehen.

Diese selbst »kinderlose« Hündin scheint Gefallen daran zu finden, die verwaisten vier Wochen alten Fuchswelpen zu wärmen und zu putzen.

Nützliche Adressen

Bei diesen Stellen erhalten Sie Auskunft in allen Hundefragen, die Anschriften von kynologischen Landesverbänden der FCI (Fédération Internationale Cynologique), von Zuchtvereinen in aller Welt und von Zuchtbuchämtern.

DEUTSCHLAND
VDH/Verband für das Deutsche Hundewesen e. V.
Westfalendamm 174
Postfach 104154
4600 Dortmund 1
Tel. 02 31/59 60 96/97

ÖSTERREICH
Österreichischer Kynologenverband
Johann-Teufel-Gasse 8
A 1238 Wien
Tel. 00 431/88 70 92

SCHWEIZ
Schweizerische Kynologische Gesellschaft
Postfach 8217
CH 3001 Bern
Tel. 0041 31/23 58 19

Adressen von Züchtern bestimmter Hunderassen, Hundeclubs, Hundesalons und -pensionen, Tierheimen etc. in Ihrer näheren Umgebung können Sie (zum Beispiel unter dem Stichwort Hundezucht) auch den Gelben Seiten Ihres Telefonbuches entnehmen.

Natürlich war es nicht möglich, sämtliche von den Weltzuchtvereinen zugelassenen Hunderassen in einem solchen Buch vorzustellen. Dafür bitten wir um Ihr Verständnis. Sollten Sie über eine hier nicht enthaltene Rasse spezielle Informationen wünschen, wenden Sie sich bitte an eine der angegebenen Adressen.

Danksagungen

Danksagung des Autors
Ein Buch wie dieses beruht natürlich weit mehr als viele andere auf der fruchtbaren Zusammenarbeit von Personen mit höchst unterschiedlichen Kenntnissen und Fähigkeiten. Den einen Mitarbeiter über einen anderen stellen zu wollen, wäre ganz einfach ungerecht. Auch diesmal wurde ich wieder in großzügiger Weise von den erfahrenen Mitarbeitern des Dorling-Kindersley-Verlags beraten, unterstützt und ermutigt. Mein besonderer Dank gilt dennoch der Lektorin Vicky Davenport und Gill Shaw, der Teamleiterin. Dank auch an die Herstellung — Richard Williams, Sharon Lucas, Sally Hibbard, Maria Pal und Eunice Paterson.

Und, natürlich, ein besonderes, »schwanzwedelndes Dankeschön« an alle vierbeinigen Freunde, die so bezaubernd und fröhlich vor der Kamera posierten. Und schließlich geht mein Dank an meinen Kollegen, Dr. John Lewis, der an der Formulierung zahlreicher Texte mitgewirkt hat.

Der Verlag Dorling Kindersley dankt Nick Harris für seine Hilfe und Beratung, Jillian Somerscales und Jane Mason für redaktionelle Dienste, Sandra Schneider und Lester Cheeseman für ihre Unterstützung beim Layout, Margaret Little für ihre Mitarbeit am Manuskript, Ella Skene für das Erstellen des Registers, Anne Lyons für die Bildbeschaffung, Debbie Harris für das Ausdrucken und Erstellen der Disketten, Karen Tanner, John Fisher und Vivienne Braddon für den sachkundigen Umgang mit den Tieren, Gerry und Cathy von Intellectual Animals, Hazel Taylor für die Aufzucht, Pflege und vor allem das Zustandekommen der Welpen, und Teresa E. Slowick vom Kennel Club of Great Britain für ihre sachkundige Beratung.

Der Wilhelm Heyne Verlag dankt dem VDH/ Verband für das Deutsche Hundewesen, Dortmund, für seine Hilfsbereitschaft und die erteilten Auskünfte.

Bildnachweis:
l = links, M = Mitte, o = oben, r = rechts, u = unten

S. 8 gegen den Uhrzeigersinn: Bernard Gerard/ Hutchinson Library; Syndication International; Stephen J. Krasemann/Bruce Coleman;

S. 9 im Uhrzeigersinn: Henry Ausloos/NHPA; Stephen J. Krasemann/NHPA; Jen & Des Bartlett/Bruce Coleman; Steve Krongard/Image Bank;

Cabon/Vloo/Animal Photography: S. 52 ul; A. H. de Raad/Animal Photography: S. 68; Bernard Rebouleau/Vloo/Animal Photography: S. 53 u.; Sally Anne Thompson/Animal Photography: S. 32 o, 50 M, 51 u, 55 ul, 59 Mr, 62 l, 63 r, 64 l, 79 ol, ur, 82 u, 84 l, 92 ul, 118 or, 132 l, 136 l, 137 ur, 142 ul, 143 r, 146 M, 159 lM, 161 ul, 175 ur, 176 ul, 208 ur, 223 o;

R. Willbie/Animal Photography: S. 58 ul, 60 ul, 109 ur;

Paddy Cutts/Animals Unlimited: S. 15 ur, 61 ur, 65 ol, 214 ol, ul, 215 o;

J. P. Ferrero/Ardea: S. 10 ul, 145 ur;

Jan Baldwin: S. 211 o;

Jane Burton: S. 10/11 o, 14, 15, o, 204/205 außer 204 o, 220 o, 226/235;

Hans Reinhard/Bruce Coleman: S. 95 ol, 183 Mr; Norbern Rosing/Bruce Coleman: S. 11 ur;

L. Fried/Image Bank: S. 214 Mr; Peter M. Miller/Image Bank: S. 11 ul; Sobel/Klonsky/Image Bank: S. 15 ul;

Gerard Lacz/NHPA: S. 139 r, 150 M;

Stephen Oliver: S. 202/203 außer 202 o.; 206/ 207, 208 or, 209 ol, 210 ul, 223 u;

Robert Piercy/Animals Animals/OSF; S. 36 or;

Syndication International: S. 214 or;

Zefa: S. 10 ur, 115 o; D. J. Fisher/Zefa: S. 94 M; M. Schneider/Zefa: S. 133 o;

alle weiteren Photos von Dave King.

ABGEBILDETE HUNDE

Abgebildete Hunde

S. 16/17
Japanischer Akita Inu
Telsdale Acer
Jack Russell Terrier
Chip
Weimaraner
Brancaster Maximillian
Border Collie
Larkins Little Inch
Besitzer: John Fisher

S. 20/21
Afghanischer Windhund
Amudarya Shafi
Besitzerin: Linda Llewelyn

S. 22/23
Basenjis
Zizunga Beguiling Whim
Zizunga Satin Doll
Besitzerin: Irene Terry

S. 24/25
Basset
Kentley Blind Date
Besitzerin: Mrs. Humphries

S. 26/27
Beagle
Rivenlea Gangster
Besitzerin: Angela Haddy

S. 28/29
Bloodhounds
Nineveh's Miracle of Brighton
Besitzerin: Mrs. Ickeringill
Nineveh's Mimosa of Chasedown
Besitzer: Mr. und Mrs. D. Richards

S. 30/31
Barsoi
Vronsky Zapata
Besitzerin: Rosemarie Downes

S. 32/33
Dachshunde (Glatthaar)
Yatesbury Big Bang
Yatesbury Evening Star
Besitzerin: Pam Sydney

Zwergdachshunde
Southcliff Starsky
Starsky of Springbok
Besitzer: Alan Sharman

S. 34/35
Elchhunde
Llychlyn Morgan
Kestos Adheryn
Besitzer: R. Lee

S. 36/37
Foxhounds
The Berks and Bucks Draghounds

S. 38/39
Greyhound
Singing the Blues of Solstrand
Besitzerin: Dagmar Kenis

Segugio Italiano
Ira's Girl of Chahala
Besitzerin: Jenny Startup

Italienischer Greyhound
Philtre Foulla
Besitzerin: Mrs. Carter

S. 40/41
Irish Wolfhounds
Finneagle Frederick
Finneagle Forever True
Besitzerin: Alexandra Bennett

S. 42/43
Rhodesian Ridgebacks
Bruet the Gentleman
Bruet the Countryman
Besitzer: Peter und Cilla Edwards

S. 44/45
Salukis
Al Caliphs Damn Flight
Al Caliphs Joel
Besitzer: Tom Fryer

S. 46/47
Whippets
Hammonds Sebastian
Norwell Barley at Hammonds
Besitzerin: Angela Randall

S. 50/51
Deutsch-Kurzhaar
Jennaline Kentish Krumpet
Besitzerin: Jenny Jennings

S. 52/53
Bracco Italiano
Lory
Besitzer: Jonathan und Liz Shaw

S. 54/55
Golden Retriever
Melfricka Wassailer of Saintcloud
Alphinbrook Lodestar of Saintcloud
Sequantus Valkyr of Saintcloud
Besitzerin: Shirley Skinner

S. 56/57
Basset Griffon Vendéen
Ambassador at Dehra
Besitzer: Mr. Frost

Spinone Italiano
Kevardhu Fyn
Besitzerin: Andrea Bullock

S. 58/59
Labrador Retriever
Donacre High Climber
Besitzer: Mr., Mrs. und Miss
Heyward

S. 60/61
Irischer Setter
Caskeys Jezamy
Besitzerin: Mrs. Heron

S. 62/63
Amerikanischer Cocker Spaniel
Ashweald Shoo Shoo Baby
Besitzerin: Carol Jarvis

S. 64/65
Cocker Spaniels
Donlawn Partners Choice of Bidston
Misty of Bidston
Besitzerin: Hillary Bidston

S. 66/67
Magyar Vizslas
Russet Mantle Quiver
Russet Mantle October
Besitzer: G. Gottlieb

S. 68/69
Weimaraner
Wilhelm Maximillian
Besitzerin: B. von Dwingezo-Luïten

S. 72/73
Airedale Terrier
Bradus Quicksilver
Besitzerin: Mrs. Wild

Welsh Terrier
Kadabra Go To Work Onan Ogg
Besitzerin: Mrs. Edge

S. 74/75
Bedlington Terrier
Dalip Limited Edition
Besitzer: Mr. Kitchen

S. 76/77
Border Terrier
Moonline Dedication
Thoraldby Tolomeo
Halstow First Lady
Besitzerin: Mrs. Moonie

S. 78/79
Bullterrier
Kerby's Tipple
Besitzerin: Mrs. Youatt

S. 80/81
Cairn Terrier
Deneland Super Trooper
Besitzerin: Mrs. Towers

Australischer Terrier
Elve Cruella de Ville
Besitzer: Michael Crawley

S. 82/83
Dandie Dinmont Terrier
Josal Jester of Margham
Besitzerin: Margaret Hamilton

S. 84/85
Foxterrier
Flyntwyre Flyntlock
Besitzerin: Hazel Bradford

S. 86/87
Jack Russell Terrier
Ryemill Fudge
Ryemill Mighty Mouse
Besitzerin: Mrs. Edge

S. 88/89
Kerry Blue Terrier
Deedilly Didilly Dee of Downsview
Besitzerin: Mrs. Campbell

S. 90/91
Manchester Terrier
Plutarch the Wise of Tyburn
L. de Lavis-Trafford
Besitzer: Mr. Crawley

S. 92/93
Norwich Terrier
Elve the Sorcerer
Besitzer: Michael Crawley

S. 94/95
Zwergschnauzer
Courtaud Carefree Casey
Besitzer: Mr. und Mrs. S. Court

S. 96/97
Sealyham Terrier
Stephelcher Snow Wizard
Besitzer: Stephen Woodcock und
Richard Belcher

S. 98/99
Soft-Coated Wheaten Terrier
Berkley Brockbuster
Besitzer: Lesley und Neil Smith

S. 100/101
West Highland White Terrier
Cedarfell Movie Star
Besitzerin: Karen Tanner

Scottish Terrier
Anniversary of Kennelgarth
Cherry Brandy of Clemegarn
Besitzerin: Mrs. Hills

S. 104/105
Bichon Frisé
Kynismar Heaven Sent
Besitzerin: Myra Atkins

S. 106/107
Boston Terrier
Chilka Kirsty
Besitzer: Mr. und Mrs. Barker

S. 108/109
Bulldogge
Mipoochi Delilah
Besitzerin: Leah Edwards

S. 110/111
Chow Chow
Benchow the Chinaman
Besitzerin: M. Bennett

S. 112/113
Dalmatiner
Eiaridge Endeavour
Besitzerin: Mrs. Stokes

S. 114/115
Keeshond
Neradmik Jupiter
Besitzerin: Mrs. Sharp-Bale

237

ABGEBILDETE HUNDE

S. 116/117
Lhasa Apsos
Chobrang Misha
Chobrang Le-Shi
Besitzerin: Irene Chamberlain

S. 118/119
Toy Pudel
Philora Silver Warlord
Besitzerin: Sandra Martin

Zwergpudel
Glayuar Galactica
Besitzerin: June Clark

S. 120/121
Schipperke
Keyna's Artful Rogue
Besitzerin: C. Hart

S. 122/123
Shar Pei
Bao Shou-Shi of Jentiki
Besitzerin: Jenny Baker

S. 126/127
Japanischer Akita Inu
Overhills Cherokee Lite Fut
Besitzerin: Meg Purnell-Carpenter

S. 128/129
Alaskan Malamute
Highnoons Nansamund
Besitzer: Mr. und Mrs. Croly

S. 130/131
Australischer Viehtreiberhund
Formakin Kulta
Formakin Minky
Besitzer: John Holmes

S. 132/133
Belgische Schäferhunde
Heritière du Pays des Flandres of Questenberg
Questenberg Oklahoma Kid
Besitzerin: Karen Watson

S. 134/135
Berner Sennenhund
Sir Stanley from Meadowpark
Besitzer: G. und B. Rayson

S. 136/137
Bouvier des Flandres
Mr. Bo Jangles at Aiulys
Besitzerin: Sue Garner

S. 138/139
Boxer
Bitza Shout and Roar
Besitzer: Mr. und Mrs. A. Varney

S. 140/141
Bullmastiffs
Dajean Loganberry
Dajean Rocky Won
Besitzerin: S. Wood

S. 142/143
Bearded Collie
Desborough Dulcinea of Snowmead
Besitzerin: Mrs. Waldren

S. 144/145
Rough Collie
Leighvale Oliver Twist
Besitzer: Les und Viv Norris

S. 146/147
Dobermann
Sallate's Ferris
Besitzer: Mr. und Mrs. Bevan

S. 148/149
Deutsche Schäferhunde
Charvorne Dielander
Charvorne Lolita
Besitzer: Mr. und Mrs. P. Charteris

S. 150/151
Deutsche Dogge
Daneton Kiri of Maricol
Besitzer: Colin und Marie Stevens

S. 152/153
Mastiffs
Tresylyan Bitter Sweet
Brookview Lucy Lastic of Tresylyan
Besitzer: Mr. und Mrs. K. Taylor

Mastino napoletano
Kwintra Imra
Besitzer: John Turner und Dr. Jean Clark

S. 154/155
Neufundländer
Seebar von Drachenfels of Yaffles
Besitzerin: Rosemary Miller

S. 156/157
Altenglischer Schäferhund
Kalaju Resident Rascal
Besitzerin: June Wilkinson

S. 158/159
Pyrenäenberghund
Clarance Brynhafod Barkin-Side
Besitzer: Mr. und Mrs. S. Clark

S. 160/161
Rottweiler
Potterspride Pure 'n' Free
Besitzerin: Violet Slade

S. 162/163
Bernhardiner
Groveacre Sophie's Choice
Besitzer: Mr. und Mrs. Garey

S. 164/165
Samojeden
Krishe Khloe of Nikara
Nikara Special Edition
Besitzerin: Val Freer

S. 166/167
Shetland Schäferhunde
Willow Tarn Telstar
Willow Tarn Trueman
Willow Tarn Tokaji
Trinket of Willow Tarn
Besitzerin: Rosalind Crossley

S. 168/169
Sibirische Huskies
Leejo's Tumak Musinka
Snowolf's Brecon
Besitzer: Ray Ball

S. 170/171
Pembroke Welsh Corgi
Kaytop Dice of Rossacre
Cardigan Welsh Corgi
Deavitte Blue Fox of Rossacre
Besitzerin: Alli Boughton

S. 174/175
Chihuahua
Natimuk Wilf
Besitzer: Dr. Geoffrey Curr

S. 176/177
King Charles Spaniels
Simannie Corny's Pride and Joy
Besitzer: Barry und Sheila Byers
Grenajay Julie's Boy of Curtana
Besitzerin: Julia Huggins

S. 178/179
Japan Chins
Sangria Eclipse
Sangria Imperial Dragon
Besitzer: Bryan Bond und George Farmer

S. 180/181
Malteser
Caramalta Sweet Melody of Ellwin
Besitzer: M. Lewin

S. 182/183
Zwergpinscher
Tygorsaf Tendertrap for Torilea
Besitzerin: P. Powers

S. 184/185
Papillons
Ju John Miss Ash at Ringlands
Ringlands Stella Star
Besitzerin: Mrs. Norula

S. 186/187
Pekinesen
Chophoy Have a Nice Day
Chophoy Pittsburgh Stealer
Besitzerin: S. Stag

S. 188/189
Pommeraner
Taurusdale Intan Merah
Besitzer: Mr. Kee

S. 190/191
Möpse
Puggleberry Pippa
Puggleberry Pingpong
Besitzer: Mr. und Mrs. Hicks

S. 192/193
Shih Tzu
Magique Magpie of Chelhama
Besitzerin: Mrs. Goodwin

S. 194/195
Australischer Silky Terrier
Marshdae Tumberlong
Besitzerin: Anne Marshall

S. 196/197
Yorkshire Terrier
Bananas du Domaine de Monderlay at Gaysteps
Besitzerin: Anne Fisher

S. 198/199
Mischlinge
Nipper
Besitzerin: Mrs. Westrope
Barney
Besitzerin: Mrs. Burke
Tizzy
Besitzerin: Mrs. Gardener

S. 224/225
Golden Retriever
Gemma und Welpen
Besitzerin: Carolyn Partridge

Register

A

Aberdeen Terrier 70, 100
Abszesse 219
Afghanischer Windhund 18, 20 f., 202, 208
Afghanistan 20
Afrika 8, 9, 22, 42
Afrikanischer Wildhund 8, 224
Afterkrallen 233
Airedale Terrier 70, 72 f.
Alaska 125, 128
Alaskan Malamute 125, 128 f.
Altenglischer Schäferhund 124 f., 156 f., 208, 214
Alter und Ernährung 206
Alter und Krankheit 216, 218, 222 f.
Ältere Hunde 202, 206, 222 f.
Amerikanischer Cocker Spaniel 62 f.
Amerikanischer Foxhound 36
Amerikanischer Staffordshire Terrier 79
Analbereich 205
Analdrüsen 219
Anatomie 10—13
Anschwellen des Ohrs 217
Ansteckende Hundehepatitis 219
Arabisches Windspiel 44
Arthritis 222
Aufzucht von Hand 234 f.
Augen 12, 204, 205, 216
Ausbildung, Erziehung 212 f.
Auslauf, Bewegung 202, 228
Ausstattung 202 f., 208—211
  für Ausstellungen 215
Ausstellung 201, 214 f.
  nach Rassegruppen 16, 103
Australien 9, 130
  Begleithunde 94 f., 108, 140, 147, 192
  Jagdhunde 16
  Toy-Hunde 104, 194
Australischer Kelpie 145
Australischer Silky Terrier 194 f.
Australischer Terrier 80
Australischer Viehtreiberhund 124 f., 130 f.
Autoreisen 211

B

Baden 208 ff.
Bandscheibenvorfall 33, 204 f.
Bandwurm 220 f.
Barsoi 30 f., 202
Basenji 9, 22 f.
  Fortpflanzungszyklus 228
Basset Artésien Normand 56
Basset Bleu de Gascogne 56
Basset Fauve de Bretagne 56
Basset Griffon Vendéen 56 f.
Basset 18, 24 f., 204
Beagle 19, 26 f.
  Paarung 224
Bearded Collie 124, 142 f.
Beauceron 161
Bedlington Terrier 70, 74 f., 207
Begleithunde 16, 48, 102 f.
  Rassen 94 f., 104 f.
Belgien 28, 120, 132, 136
Belgischer Schäferhund 132 f.
Belgischer Tervueren 132 f.
Bergamasker Hirtenhund 143

Berner Sennenhund 125, 134 f.
Bernhardiner 125, 162 f.
Bichon Frisé 104 f.
Biß 222
Black and Tan Terrier 70, 72, 90
Blenheim King Charles Spaniel 177
Bloodhound (Bluthund) 13, 19, 28 f.
Blut im Kot 218
Bobtail siehe Altenglischer Schäferhund
Border Collie 125, 142
Border Terrier 70, 76 f.
Boston Terrier 12, 103, 106 f.
Bouvier des Flandres 136 f.
Boxer 124, 138 f., 208, 211
Bracco Italiano, Italienische Bracke 52 f.
Bretonischer Spaniel 62
Briard 136
Brusterkrankungen 218
Buckhound 19
Bulldogge 102 f., 108 f., 204, 211
Bullenhetze 103, 108
Bullmastiff 140 f.
Bullterrier 70 f., 78 f.

C

Cairn Terrier 70, 80 f.
Canis familiaris 7, 8 f., 15, 124, 198
Canis lupus pallipes 8 f.
Cantab Terrier 92
Cardigan Welsh Corgi siehe Welsh Corgi
Cavalier King Charles Spaniel 176
Chesapeake Bay Retriever 58
Cheshire Terrier 70
Chihuahua 173, 174 f.
Chilenischer Wildhund 9, 206
China 10, 102, 110, 122, 173, 178, 186 f.
China-Spitz siehe Chow Chow
Chinesischer Kampfhund 122 f.
Chinesischer Schopfhund 8
Chow Chow 102, 110 f.
Clumber Spaniel 65
Clydesdale Terrier 70
Cocker Spaniel 10, 48, 64 f., 209
Collie 30, 124 f., 142 f.
Congo Hund 22 f.
Coquetdale Terrier 76
Corgi siehe Welsh Corgi
Coverthound 19
Cruft's Show, Hundeausstellung 103
Cynodictis 8
Cystitis 220

D

Dachshund (Dackel) 10, 19, 204, 208
  -rassen 32 f.
Dalmatiner 102 f., 112 f.
Dandie Dinmont Terrier 82 f.
Darmtrakt 223
Deutsche Dogge 124, 150 f., 202
Deutscher Mastiff 150 f.
Deutsch-Drahthaar 50
Deutsch-Kurzhaar 48, 50 f.

Deutscher Schäferhund 11, 13, 124, 148 f., 202, 204, 207 f.
Deutschland 68, 94, 182
  Gebrauchshunde 138, 148, 150, 160
  Laufhunde (Hounds) 18 f., 32
Dingo 9, 16, 130
Dobermann 124 f., 146 f.
Dobermann, Louis 146
  Durchfall 205, 218, 219
  bei Welpen 235

E

Edwardes, Captain John 96
Einschläfern 223
Elchhund 18, 34 f.
Elternverhalten 230 f.
Embryo-Entwicklung 227
Englischer Pointer 50 f.
Englischer Schäferhund 125
Englischer Setter 60 f.
Entropium 216, 217
Entwöhnung 233
Erbdefekte 22, 33, 78, 202, 204
Erbrechen 218 f.
Erkrankungen 216 f., siehe auch Erbdefekte
  Genitalbereich 220
Ernährung 206 f., 211
  der Hündin 228, 231
  der Welpen 232
Ernährungsplan 206 f., 220 f., 223
Erste Hilfe 222
Eskimohund 9
Euthanasie 223

F

Fellpflege 203, 208 f.
  Gewöhnung 212
Festhalten des Hundes 221
Finnischer Spitz 172
Flöhe 220 f.
Flugreisen 211
Fortbewegung 10 f.
Fortpflanzung 224—234
Fortpflanzungszyklus 228
Foxhound 19, 36 f.
Foxterrier 11, 70 f., 84 f.
Frankreich 11, 19, 52
  Begleithunde 103, 104
  Gebrauchshunde 136, 161
  Laufhunde 24, 26
Französische Bracke 52
Französische Bulldogge 109
Französischer Pointer 52
Fremdkörper 217
Fuchs 8, 10, 206
  Fortpflanzungszyklus 224, 228
Futter siehe Ernährung

G

Gazellenhund 44
Gebrauchshunde (Non-Sporting) 16, 94, 102, 104, 108, 124 f., 192
  Rassen 126—171
Geburt 228 f.
Gehör 12, 13, 78, 124, 144
Geruchssinn 10 f., 14 f., 18, 48, 49
  Beeinträchtigung des 223

Geschmackssinn 11
Geschwindigkeit 10
Gesundheit 198, 201, 216—223
  Welpen 232 f.
Gesundheitsbescheinigung 204
Gesundheit siehe auch Erbdefekte
Golden Retriever 49, 54 f.
Gordon Setter 60
Graham, Captain George 40
Grauer Star
Greyhound 8 ff., 16, 19, 38 f.
  Sehvermögen 12, 18
Griffon 53
Groenendael 132 f.
Großbritannien 18 f., 125, 203
  Begleithunde 16, 94, 102—123, 192
  Gebrauchshunde 71, 125, 126—171
  Jagdhunde 16, 48—69
  Ohrenstutzen 95, 139, 183
  Terrier 70—101
  Zwerghunde 104, 172—191, 194—197
Großspitz 115

H

Haarkleid 13, 205, 220
  Arten 70, 208
Haarwechsel 208
Harnapparat, Krankheiten 220
Harrier 19
Hautkrankheiten 220 f.
Haut 205, 208
Hepatitis 205
Herzkrankheit 218
Herzschlag 211
Hinks, James 78
Holländischer Partridge Hound 68
Hormone 228
Hound-Gruppe 18 f.
Hound-Rassen 20—47
Hubertushund 19, 28
Hüftgelenkserkrankung 204
Hulme, John 90
Hundekorb 202, 228 f.
Hysterektomie 220

I

Impfung 205, 211, 220
  Staupe 218
  Welpen 233
Indien 8, 17
International Air Transport Association (IATA) 211
Irischer Blue Terrier 88 f.
Irischer Greyhound 40
Irischer Setter 60 f.
Irischer Terrier 70 f.
Irischer Water Spaniel 64
Irish Wolfhound 18, 40 f.
Irland 70, 88, 98
Italien 11, 19, 159
Italienischer Hound 52 f.
Italienisches Windspiel (Greyhound) 39, 172 f.

J

Jack Russell Terrier 71, 86 f.
Jagdhund-Gruppe 16, 48 f.
  Rassen 50—69

REGISTER

Japan 10, 126, 178
Japan Chin 173, 178 f.
Japanischer Akita Inu 126 f., 172
Jones Terrier 92

K

Kabul-Hund 20 f.
Kanada 16, 137, 150
Kaninchenteckel 32
Kastration 203, 220, 230 f.
Kauf eines Hundes 106, 204 f.
Keeshond 9, 103, 114 f., 172
Keratitis 216
Kerry Blue Terrier 70 f., 88 f., 208, 217
King Charles Spaniel 172 f., 176 f.
Kleinpudel 118
Königspudel 118
Körpersprache 14 f.
Körperteile 12
Kommunikation 14, 34, 190
Kontrazeptiva 203, 230 f.
Korea 102
Krallenschneiden 210, 233
Krankheiten 216—223 siehe auch Erbdefekte
Kraushaariger Retriever 59
Krebsartige Geschwüre 204
Kupieren 233

L

Labrador Retriever 11, 48, 58 f., 208
Laekenois 132
Läuse 220 f.
Laverack Setter 60
Leptospirose 205, 218 f., 220, 222
Lhasa Apso 102, 116 f., 173, 208
Liegedecke 202, 215
Lundehund 125

M

Magenblähung 219
Magendrehung 219
Magyar Vizsla 49, 66 f.
Malemuten 128
Malinois 132
Malteser 180 f., 208
Manchester Terrier 70 f., 90 f.
Mandelentzündung 216
Maremmer Schäferhund 159
Mastiff 152
Mastiffähnliche Hunde 8, 108, 138
Mastino Napoletano 153
Mastitis 220
Maulschlinge 221 f.
Medikamente, Verabreichung 218
Mexikanischer Nackthund 8 f., 208
Miacis 8
Mischling 198 f., 202, 204 f.
Mittelohrentzündung 217
Mongolei 102, 110
Mops 172, 190 f., 204, 208, 211
Mundhöhle 205 f., 216
Tumoren 216
Mutation 227

N

Naher Osten (Herkunftsgebiet) 8 f., 16, 18
Hounds 38, 44, 52

Nase, Pflege der 217
Nephritis 222
Neufundland 58, 154
Neufundländer 154 f., 208
Niederlande 11, 68, 103, 114 f.
Nierenerkrankung 220, 222
Norfolk Terrier 92
Norwegischer Lundehund 125
Norwich Terrier 92 f.
Notfälle 222

O

Ohren 13, 204 f., 217
Kupieren der 95, 137, 139, 183
Otterhound 70, 72

P

Paarung 224, 226 ff.
Papillon 172, 184 f.
Pariahund 16
Parvovirus 205, 218
Pekinese 28, 173, 186 f., 207, 211
Pembroke Welsh Corgi siehe **Welsh Corgi**
Perry, Commodore 178
Persisches Windspiel (Greyhound) 44
Phalène 184
Pinscher 124
Pocket Beagle 26
Pointer 8 f., 17, 48 f., 50 f.
Poltalloch Terrier 70, 100
Pommeraner 172 f., 188 f.
Portugiesischer Wasserhund 125
Prince Charles Spaniel 177
Pudel 71, 102 f., 118 f.
Pflege 208, 217
Puffin-Hound 125
Pyometra 220, 231
Pyrenäenberghund 124, 158 f.

Q

Quarantäne 211
Queensland Heeler siehe **Australischer Viehtreiberhund**

R

Rassen 7, 16, 204
Räudemilben 217, 220 f.
Red Setter 60
Reedwater Terrier 76
Reisen 211
Retriever 48 f.
Retriever, Glatthaar 55
Rheumatismus 222
Rhodesian Ridgeback 42 f.
Riesenschnauzer 94, 124
Roseneath Terrier 70, 100
Rothbury Terrier 74
Rottweiler 124, 160 f.
Rough Collie 144 f.
Russel, Reverend Jack 86
Russischer Wolfshund 30 f., siehe auch **Barsoi**

S

Saluki 8 ff., 18, 44 f.
Samojede 125, 164 f., 172
Säugen 230 f.

Schäferhund 8 f., 16, 124 f., 156
Schakal 8, 10, 224
Schipperke 103, 120 f.
Schlechter Atem 216
Schnauzer 94 f., 208
Schock 222
Schottland 70, 80, 100, 125, 144
Schweiz 125, 134 f.
Schwimmen 10 f., 49, 72, 125, 154
Scottish Terrier (Scotch) 70, 100
Sealyham Terrier 70, 96 f.
Segugio Italiano 19, 38
Sehvermögen 12, 18
Setter 48 f., 60 f., 208
Shar Pei 102, 122 f.
Shetland Schäferhund 124, 166 f.
Shih Tzu 102, 173, 192 f.
Sibirien 9 f., 125, 164, 168
Sibirischer Husky 9, 125, 168 f.
Signale 14, 34, 190
Sinne, die 10—13
Skandinavien 34, 182
Skye Terrier 70, 82
Sloughi 236
Soft-Coated Wheaten Terrier 71, 98 f.
Sozialverhalten 10, 14 f., 233 f.
Spaniel 48, 62—65, 208, 217
Spanien 50, 64
Speichelfluß 216
Spiel 14 f.
Spielzeug 203
Spitzähnliche Hunde 9, 11, 16, 34, 114 f., 164, 208
Spitz (Zwergformen) 172, 188 f.
Spinone Italiano 49, 56
Springer Spaniel 48, 63, 64, 207
Sprungvermögen 10 f.
Spulwurm 221, 228
Squirrel Spaniel 184
Staffordshire Bullterrier 79
Staghound 19
Staupe 205, 216 ff.
Steine (Nieren-) 220
Stubenreinheit 202, 212
Südafrika 42
Südamerika 8 f., 174 f.
Sydney Silky 194

T

Talbot 19, 36
Tatarenhund siehe **Chow Chow**
Temperatur (Messen der) 220
Terrier-Gruppe 70 f.
Rassen 72—101
Tibet 8, 102, 116, 192
Tibet-Apso 102, 116 f., 173
Tibetischer Löwenhund 102, 116 f., 173
Tibetischer Mastiff 236
Tibetischer Spaniel 172
Tierarzt 201, 203 f., 216
Tierärztliche Bescheinigungen 211
Tierärztliche Untersuchung 223
Tollwut 205
Toy Pudel 118 f.
Trächtigkeit 206, 224, 228—230
Trimmen 119, 209
Tumoren 216, 220
Tweedmouth, Lord 54

U

Übergewicht 206, 222 f.
Unfälle 222, 229
Ungarischer Puli 124 f., 208
Ungarn 66, 125
USA 16, 106 f., 125, 139, 182, 192
Begleithunde 48
Gebrauchshunde 16, 102 ff., 108
Hounds 19, 36
Jagdhunde 62 f.
Stutzen der Ohren 95, 139, 150, 183
Terrier 95
Zwerghunde 192

V

Verstopfter Tränenkanal 216 f.
Verstopfung 218 f., 235
Vitalität 10
Vorstehhunde siehe **Pointer**

W

Wärme 232 f.
Wales 19, 70, 125, 170 f.
Waschbär-Hund 10
Wasserbedarf 207
Weimaraner 49, 68 f.
Welpen
Aufzucht 206 f., 234 f.
Geburt 203, 228 f.
Impfung 218, 233
-Kiste 228 f.
Pflege 28, 204, 210, 230 f., 234 f.
Welsh Corgi 9, 124 f., 170 f., 208
Welsh Hound 19
Welsh Terrier 70 ff.
West Highland White Terrier 70, 100 f.
Whippet 46 f., 208
White English Terrier 70
Wildhund 8 f., 10
Fortpflanzungszyklus 224, 228
Wingfield-Digby, Mrs. 114
Wolf 8 ff., 17
Paarung 224, 228
Wolfsspitz 114
Wunden 222
Wurmkur, Welpen 233

Y

Yorkshire Terrier 172, 196 f., 208
Ausstellung 215

Z

Zahnen 233
Zähne 13, 204, 207, 216
Zahnfleischentzündung 216
Zecken 220 f.
Zigeunerhund 74
Zittern, Frieren 46, 174
Zoogeschäft 204
Zucht 18 f.
Zwerghunde 48, 104, 118 f., 172 f., 202
Rassen 174 ff.
Zwergpinscher 182 f.
Zwergpudel 118
Zwergschnauzer 94 f., 103
Zwergspitz siehe **Pommeraner**